Copyright © 2024 MITRA SHAYA

Tous droits réservés.

ISBN : 978-2-3224-9766-9

www.infinity-quest.com

Quête de l'infini

par les sons et la Lumière

TOME 4 : LA TRAHISON

MITRA SHAYA

Préface

Profondément heureuse de vous retrouver, chers amis lectrices et lecteurs, je vous invite en ce quatrième tome intitulé *La Trahison* à ouvrir encore davantage votre cœur et votre conscience, en évoquant divers sujets de la vie de tous les jours et en élargissant la Connaissance aux mondes de l'Au-delà et de l'Intra-Terre.

Quatre années riches et intenses d'expérimentations m'auront été nécessaires pour intégrer cellulairement l'enseignement de l'école du Ciel, au fil d'initiations quotidiennes ô combien diverses et variées, pour enfin concrétiser la canalisation de ce quatrième tome. J'éprouve une infinie gratitude envers le maître Christ'Al Shaya pour sa généreuse patience, son immense sagesse et son incommensurable amour.

C'est en ces mots que le maître Christ'Al Shaya s'adresse à vous aujourd'hui :

« Chères âmes incarnées sur la Terre en cette époque si particulière de son évolution, Je vais vous parler dans ce quatrième tome *« La Trahison »* de ce qu'est la **mission de**

l'âme qui s'incarne sur terre, des différents états évolutifs de l'âme qui engendrent des conditions de vie particulières, distinctives et originales pour chaque être humain, qu'il s'agisse de la maladie, du vécu des guerres ou du suicide, du handicap, de la famille, du couple, etc.

A l'aide des mots du cœur qui parlent à l'âme, J'expliquerai également, en complément des trois premiers tomes de la série *Quête de l'infini par les sons et la Lumière*, la Vie dans l'**Au-delà** et dans l'**Intra-Terre**, vous apportant ainsi la compréhension des maillons encore manquants.

Que le lecteur se laisse porter par le rythme du livre, aussi surprenant soit-il ! Son fil conducteur le mènera à une intégration progressive de la connaissance sacrée.

Puisse votre lecture attentive faire descendre sur chacune et chacun de vous le soin vibratoire depuis le Paradis, Royaume des maîtres ascensionnés d'où Je suis, et vous aider à avancer concrètement sur votre chemin d'ascension !

Je vous aime ! »

Christ'Al Shaya

Maître ascensionné de la Fraternité Dorée

Chapitre 1

LE MANDAT DE L'ÂME OU MISSION DE VIE

La Vie sur Terre est un cadeau !

Fredonnons ensemble, chers amis lectrices et lecteurs, ce mantra que vous connaissez si bien maintenant !

Vous le savez, votre âme a choisi de s'incarner sur la Terre en cette vie et dispose ainsi du temps de cette vie terrestre pour s'alléger, s'embellir afin d'être créatrice et d'œuvrer dans la direction de son mandat.

Tant d'êtres se posent encore de nos jours la question de **savoir où, quand et comment** s'établit ce **mandat d'âme** ?

Mon Guide de Lumière apporta aussitôt des précisions:

« Le mandat **reçu et accepté par l'âme** qui choisit de s'incarner sur la Terre est unique.

Plus exactement, seule une **partie plus spécifique du mandat correspond aux dons et potentiels personnels de l'être et à l'état vibratoire de son âme juste avant l'incarnation.**

L'autre **partie majeure** de ce mandat est **commune** à celle du mandat de tout être qui s'incarne sur la planète Terre.

Une fois sur Terre, l'être incarné **choisit – ou non –** de réaliser cette mission. »

J'avais hâte d'entendre les mots de mon Guide de Lumière !

Tandis que **l'axe commun au mandat de toute âme incarnée sur Terre** se dessinait devant moi, Christ'Al Shaya poursuivit avec les mots du cœur qui parlent à l'âme:

« Une fois incarnée dans le corps physique de matière dense de l'être humain, l'âme a pour première mission de **lever le voile de l'oubli**, ce voile qui maintient sa **conscience en sommeil**. En effet, l'âme incarnée ne se souvient ni de la **Source originelle Divine** qui lui a donné naissance, ni de son **parcours antérieur** au cours de ses pérégrinations dans le Cosmos – sur les étoiles et sur la planète Terre – ni de son **but originel de vie.** »

« Comment y arriver ? » demandai-je aussitôt.

« Pour parvenir à lever ce voile de l'oubli, l'être travaille chaque jour à vivre le **moment présent** dans le plus grand **lâcher-prise** possible, en conscience et dans le ressenti réel de l'énergie Divine Céleste et de l'énergie d'Amour Terrestre qui le nourrissent au quotidien, si toutefois il s'y connecte.

La prière et la méditation l'aideront considérablement. »

Tandis que j'écoutais les paroles de mon Guide de Lumière, je captais en même temps intensément cette énergie Divine Céleste et cette énergie d'Amour Terrestre, m'emplissant de force et de joie profonde.

Christ'Al Shaya reprit :

« L'âme volontaire et pure perçoit tout d'abord, tu le sais, la matrice artificielle créée par la source de synthèse, cette **matrice anti-vie** qui entoure la planète Terre et prive ainsi l'humanité de sa liberté innée de vivre **sans** fausses croyances, d'être et d'agir **en union à tout ce qui est vivant**.

Puis cette âme apprend à se connecter de plus en plus intensément à l'énergie Divine **Céleste** du Divin Père-Ciel et à l'énergie d'amour maternel **Terrestre** de la Divine Mère-Terre, dans le **but** d'**élever sa vibration** et ainsi de développer son potentiel, malgré l'environnement en troisième dimension au quotidien. Cette âme fait le **choix définitif** de se relier aux énergies Divines Céleste et Terrestre et de s'en nourrir exclusivement. »

Mon attention se porta soudain sur ces nouvelles âmes qui s'incarnent de nos jours chez nombre d'enfants, les âmes **cristal**[1] et les âmes **arc-en-ciel**[2].

« Effectivement, reprit mon Guide de Lumière, les âmes cristal – et encore davantage les âmes arc-en-ciel – qui s'incarnent chez certains enfants venant au monde à cette époque de l'évolution de la planète Terre, sont dispensées de cette étape qui consiste à retirer le voile de l'oubli. En effet, ces âmes s'incarnent avec une belle ouverture de conscience. Dès le plus jeune âge, elles se souviennent d'où elles viennent, qui elles sont, pourquoi elles viennent sur la Terre, et ce vers quoi elles vont. Ces âmes pures, ou même parfois extra pures, entrainent le plus souvent **leurs parents** – eux-mêmes généralement nés enfants **indigo**[3] – vers une

---

[1] Enfants cristal : enfants nés approximativement à partir des années 2000, ils succèdent aux enfants indigo et sont télépathiques ; leur âme pure se souvient du monde des étoiles duquel elle provient. Leur karma est léger, leur aura est lumineuse et leur énergie vibre sur celle de l'amour inconditionnel, œuvrant naturellement et totalement au service du Plan Divin.

[2] Enfants arc-en-ciel : enfants qui s'incarnent actuellement sur la Terre. Leur âme, d'un amour et d'une sagesse immenses, ne portent quasiment pas de karma. De leur aura émanent les couleurs de l'arc-en-ciel et leur simple présence est guérisseuse. **Certains indigo** (*cf. note ci-dessous*), **aujourd'hui adultes, sont devenus des âmes arc-en-ciel.**

[3] Enfants indigo : enfants nés approximativement entre 1960 et 2000, profondément intuitifs et investis d'une mission au service du Plan Divin et de l'humanité. Cette mission leur tient intensément à cœur et consiste à installer le changement et préparer l'ascension de la planète Terre. Ces enfants, non adaptés à la cruauté du monde terrestre de la troisième dimension, se sentent différents ; ils sont clairvoyants, clairaudients et/ou clairsentients. La couleur indigo du troisième œil prédomine dans leur aura.

vibration supérieure. Si ces enfants sont bien accompagnés durant leur enfance par leur famille, ils avancent rapidement dans leur mission de transformer le monde de la troisième dimension vers celui de la cinquième dimension et de la multi dimensionalité. »

Ces mots cristal et arc-en-ciel me faisaient vibrer, stimulant en cette époque de transition les changements intérieurs encore nécessaires au sein de l'humanité pour installer au plus vite ce nouveau monde en cinquième dimension.

Dans cet **axe commun au mandat** de toute âme volontaire incarnée sur la Terre, il y avait donc l'installation de ce **lâcher-prise** avec vécu intense du **moment présent**, ceci en **connexion** intime avec **l'énergie Divine** du **Ciel** et de la **Terre**. Il y avait aussi la mise en mouvement de ces changements intérieurs et je pressentais l'importance cruciale du vécu expérientiel des **initiations quotidiennes de l'école de la Vie**.

« Est-ce bien ainsi que l'être humain de bon vouloir parvient à déchirer ce voile de l'oubli ? » demandai-je.

Mon Guide de Lumière acquiesça fortement :

« Oui, tu as raison ! Vivre pleinement le moment présent et apprendre quotidiennement des initiations mises sur le chemin par l'école de la Vie aident à lever le voile de l'oubli.

En effet, les initiations quotidiennes mises sur le chemin de vie de l'être incarné le confortent toujours davantage dans son choix de servir la Lumière. Ces initiations de vie à valider sur la route de **chacune et chacun** sont en effet **exactement adaptées** aux failles encore existantes chez la personne et l'invitent à se dépasser chaque jour pour guérir toujours plus en profondeur les faiblesses et blessures de son âme.

Ces blessures de l'âme sont pour la plupart déjà présentes à la naissance ; elles sont survenues durant les vies antérieures, terrestres ou galactiques sur les différentes étoiles, sans être guéries avant cette nouvelle incarnation sur Terre. Les expériences de la vie quotidienne entreront en résonnance avec ces blessures en les ravivant de façon à en prendre conscience et à travailler à leur guérison.

Les initiations quotidiennes sont vos **meilleures amies** ; elles sont mises en place durant votre existence terrestre par l'école de la Vie et elles sont le **reflet de ce qu'il reste à soigner en votre âme**. Ce processus initiatique de guérison est toujours un **point commun au mandat** d'âme des êtres artisans de Lumière incarnés sur Terre. »

Les différentes blessures de l'âme surgissaient en ma conscience et Christ'Al Shaya continua :

« L'être incarné sur la Terre porteur, par exemple, de la problématique consistant à toujours donner priorité aux autres tout en s'oubliant lui-même, sera stimulé dans sa vie par des initiations l'invitant à cultiver davantage l'amour de lui-même, de façon à ce que, davantage empli d'amour en lui-même, il puisse offrir encore plus d'amour à l'autre, sans que cela soit au détriment de sa santé globale.

Ainsi, s'il reste dans son schéma de fonctionnement vrillé, il agit dans le sacrifice, le devoir, la culpabilité qui sont des états d'âme reliés aux nébuleuses de sentiments négatifs et toxiques *(voir Tome 1, chapitre 7)*.

Plus il agit en ce sens, plus il se relie intensément à ces nébuleuses sombres, qui regroupent toutes les pensées, tous les états d'âme des êtres humains portant les mêmes blessures d'âme sur la planète.

En se connectant à cette nébuleuse (également appelée égrégore), il la nourrit encore davantage et en conséquence, reçoit **en retour** l'énergie de sacrifice, de devoir, de culpabilité, et ceci à la puissance 100 car enrichie de toutes ces mêmes énergies négatives de la Terre entière *(voir l'illustration A ci-après : La connexion d'un être humain aux différentes nébuleuses ou égrégores)*.

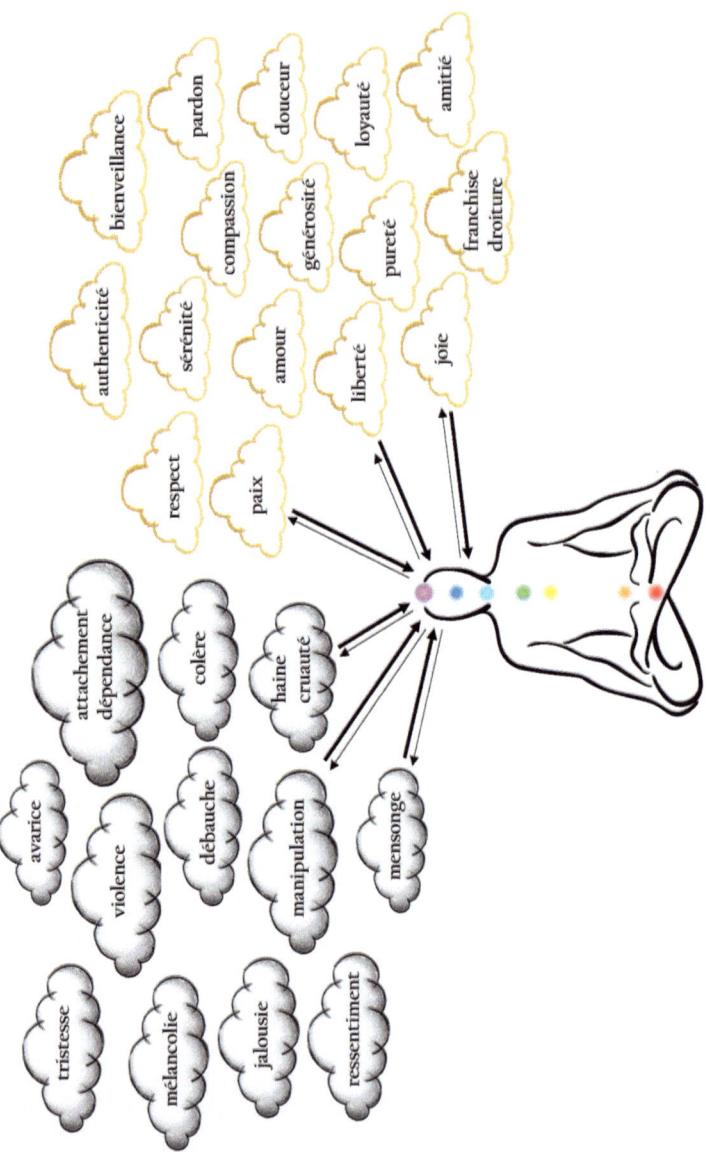

Illustration A : *La connexion d'un être humain aux différentes nébuleuses ou égrégores*

L'expérience ainsi vécue est douloureuse car, même si elle donne l'impression d'avoir rendu service ou aidé quelqu'un, elle maintient son auteur dans un état de frustration personnelle de ne pas avoir fait ce qui est juste pour lui-même. Et la frustration conduit à la tristesse, à l'aigreur, à la colère, à la violence, au rejet.

Au contraire, si l'être reconnait l'initiation avec l'envie sincère de sortir de ses schémas déviants, alors cette personne va laisser son **intuition** être infusée par ses guides de Lumière. En lâchant son mental, elle sortira de la fausse croyance que sacrifice, devoir et culpabilité sont une référence et optera pour un nouveau comportement. »

Je reconnus immédiatement le schéma du comportement dans le triangle noir satanique (*revoir tome 3, chapitre 8*) et celui, idéal, de la pensée, la parole et l'action dans le triangle or Divin *(voir l'illustration B ci-dessous : Le triangle satanique de l'ombre et le triangle or Divin de la Lumière)*.

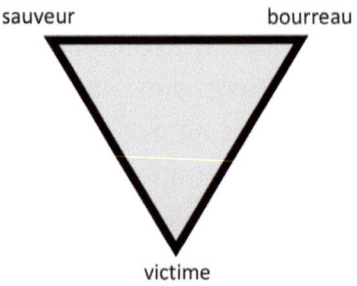

Triangle satanique de l'ombre

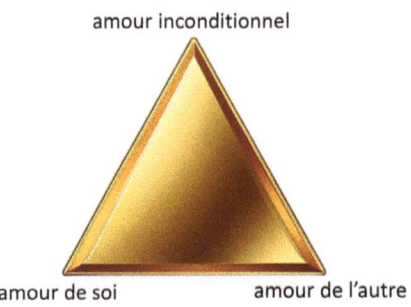

Triangle or Divin de la Lumière

Illustration B : *Le triangle satanique de l'ombre et le triangle or Divin de la Lumière*

« Oui, la société gérée par les forces sombres vous maintient dans le triangle noir, celui du sauveur, de la victime et du bourreau. Ce travail en développement personnel de quitter ce triangle infernal de l'ombre pour rejoindre et vivre au sein du **triangle or Divin** est une autre partie commune – et incontournable – du mandat de tous les êtres incarnés sur la Terre pour servir le Plan Divin.

En effet, lorsque l'être s'éveille et avance sur son chemin d'ascension, il quitte progressivement le triangle noir infernal du sauveur, de la victime et du bourreau, pour s'approcher. puis vivre au sein du triangle or Divin de l'amour de soi-même, de l'amour de l'autre et de l'amour inconditionnel. »

L'énergie du triangle or Divin circulait partout en moi, m'installant dans un état d'euphorie !

« Oui tu le ressens, vivre au sein du triangle or Divin apporte la joie, le respect de soi-même et de l'autre, la guérison des résidus de blessure de l'âme. Vivre au sein de ce triangle sacré, c'est penser, parler et agir dans le lâcher-prise en confiance totale que le Plan Divin pourvoira à tout en abondance si l'être est aligné aux Lois Divines et donc en allégeance à Dieu Père - Mère. C'est accepter et réussir à vivre dans le **détachement émotionnel** pour que cette distance face aux évènements vécus, telle celle d'un spectateur devant une pièce de théâtre, permette de ne pas être directement et primairement impacté par le vécu du quotidien de la Terre, mais plutôt d'en retirer le substantifique enseignement conduisant à **la sagesse et à l'amour inconditionnel**. »

Je me sentis soudain pleinement concernée ! En souriant, Christ'Al Shaya poursuivit :

« C'est effectivement bien cela que tu as vécu ces quatre dernières années ! Et ceci pour ta plus grande progression sur ton chemin d'ascension ! Ce détachement émotionnel, cette ouverture du cœur au fil des évènements vécus et cette expansion de la conscience au gré de la montée de ta vibration certes t'ont demandé du temps pour être prête aujourd'hui à écrire ce livre ; néanmoins **l'énergie du triangle or Divin** qui circule en toi maintenant autorise notre duo – toi et Moi – à transmettre aux lectrices et lecteurs bien-aimés, un enseignement hautement vibratoire et guérisseur pour l'âme de bon vouloir, sincère et appliquée lors de la lecture de ce livre. »

Vint alors à ma conscience la période de **réparation**, thème sur lequel Christ'Al Shaya rebondit joyeusement :

« C'est bien cela ma chère fille galactique ! Lorsqu'une partie significative de l'axe commun du mandat d'incarnation est **concrétisée** dans la matière du quotidien de vie, alors survient inéluctablement la période de **réparation**. Sans cette réparation, l'élévation vers les vibrations supérieures et donc l'avancée plus en avant sur le chemin d'ascension, sont stoppées. »

Je ressentais intensément la gratitude de cette **opportunité offerte à tout être de bon vouloir, incarné sur la Terre, de pouvoir réparer ses plus grosses erreurs**, en peu de temps et d'une façon d'autant plus allégée qu'il est désireux de servir pour toujours le Plan Divin. L'invitation joyeuse de mon Guide de Lumière à se replonger dans la lecture du premier tome *La Réparation* se faisait pressante, comme un besoin de raviver un dynamisme, un espoir, une flamme et j'éclatai de rire !

« Il est vrai que j'ai déjà maintes fois invité les êtres en cheminement sincère et volontaire vers l'ascension à la relecture du tome 1 : *La Réparation* ! C'est ainsi ! Les choses importantes doivent être dites et répétées **avec les**

mots du cœur qui parlent à l'âme pour conduire sereinement à la transformation, l'épanouissement et enfin l'illumination » souligna en riant Christ'Al Shaya, tout en poursuivant :

« Lorsque les étapes précédentes ont été vécues, à savoir lever le voile de l'oubli, vivre les initiations quotidiennes de l'école de la Vie et effectuer sa réparation, alors l'être incarné aborde la **dernière partie commune** du mandat des âmes incarnées sur la Terre qui consiste en **l'alchimie de la Lumière dans toutes les cellules de ses corps physique et énergétiques**.

Il intègre, chaque jour de sa vie, l'énergie du Divin Père reçue du Ciel et de la Divine Mère captée depuis la Terre et réunies en son cœur, pour les offrir à toutes les cellules de tous ses corps physique et énergétiques, ainsi qu'à l'humanité, selon la croix de Vie et le mandat de l'âme *(voir ci-après l'illustration C : La croix de vie à deux branches égales et symétriques et le karma et revoir tome 2, chapitre 18)*. Ce processus est grandement facilité par la prière et la méditation.

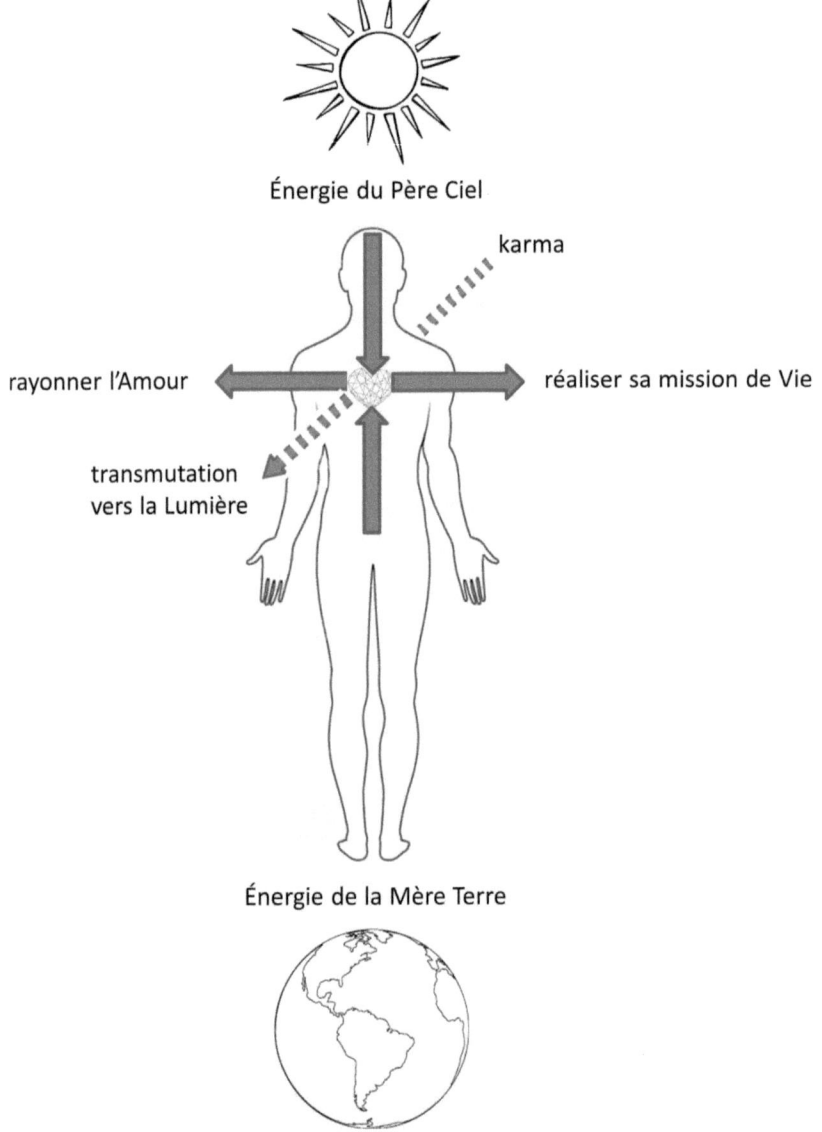

Illustration C : *La croix de vie à deux branches égales et symétriques et le karma*

L'être incarné diffuse enfin cette Lumière Divine du Divin Père-Mère en la planète Terre Gaïa. Cette intégration de la Lumière Divine en la matière du corps et en la planète Terre est le **processus alchimique** en vue duquel toute âme de bon vouloir pur et sincère s'incarne sur la Terre. C'est le Graal de l'être humain. »

Finalement, tout était limpide !

Dans un large pourcentage, les âmes avaient donc la même mission :

- tout d'abord celle de **retirer le voile de l'oubli**,

- ensuite celle de **valider les initiations** destinées à guérir leurs blessures, de sorte à évoluer vers le **triangle or Divin**,

- également celle de passer à un moment obligatoire par le stade de la **réparation**.

Ce passage de la réparation est en effet une **condition incontournable** pour atteindre la dernière partie commune du mandat, celle de faire **descendre la Lumière Divine dans la matière physique** du corps terrestre et jusque dans l'Intra-Terre de Gaïa, tel un processus alchimique qui aboutit à **l'illumination.**

« C'est exact ainsi ! ponctua Christ'Al Shaya. Chaque être humain incarné sur la Terre appartient à part entière au **cercle Divin sacré**, c'est-à-dire qu'il est et incarne **l'une des perles du collier** joliment dessiné en forme de cercle et représentant l'humanité. Toutes les perles sont reliées de façon égale les unes aux autres par le Fil de la Vie ;

cependant, chaque perle a sa couleur, sa forme, sa spécificité. »

Je captai intuitivement la notion de globalité du mandat d'âme – dans sa partie commune à toute âme incarnée tel qu'expliqué précédemment – ainsi que la partie singulière propre à chaque âme.

Christ'Al Shaya reprit :

« Le mandat d'âme repose effectivement sur **ce socle commun** précédemment détaillé et sur une **note originale, propre à chacun**.

Cette note originale varie selon le **cursus** antérieur de l'âme qui est soit galactique ou uniquement terrestre *(Tome 1, chapitre 8)*. Elle dépend aussi de son état d'avancement sur le chemin de la Lumière, c'est-à-dire de **sa vibration** (qui est en changement constant selon les progrès, la stagnation ou le recul de l'âme sur ce chemin de la Lumière), et aussi selon sa situation avant son incarnation dans telle ou telle autre strate de l'Au-delà – et souvenez-vous qu'à partir de la couche jaune d'or lumineux de la strate jaune des Pléiades, il n'existe plus de possibilité de réincarnation *(Tome 1, chapitre 15 et tome 3, chapitre 13)*. Elle résulte enfin de ses **capacités et dons personnels, ainsi que de ses potentiels** de prédilection. »

J'appelai télépathiquement des explications à ce propos et instantanément mon Guide de Lumière précisa :

« Prenons l'exemple d'une vieille âme, dont le parcours est à la fois galactique et terrestre et qui a le plus souvent été **connectée à la Nature et à tout ce qui est Vivant** ; cette âme aura la propension à être **soignante**, sa mission personnalisée consistera à aider l'autre que ce soit avec la pensée bienfaitrice, les mots du cœur ou les actes guérisseurs (voir *Tome 3, chapitre 14*). Si cette âme est enfermée dans un carcan cartésien empli de fausses croyances, et/ou porteuse de failles comme l'ego, l'égoïsme, le manque de générosité et d'amour envers l'autre, son impact en tant que soignant sera très limité voire parfois nocif.

Considérez le médecin qui, imbu de sa personne, est persuadé que la vibration de l'âme, l'énergie, les émotions, le mental, l'hygiène des pensées et de l'alimentation ne comptent pour rien du tout, alors que, selon sa conviction ou fausse croyance, la chimie peut tout résoudre. Ce médecin mettra en œuvre son mandat d'âme sur une voie erronée et il pourra, à la fin de sa vie terrestre, vibrer à un niveau bien inférieur à celui sur lequel son âme est arrivée lors de son incarnation sur la terre. Sa vie aura alourdi son âme au lieu de la propulser vers des niveaux de Lumière grandiose.

A l'opposé, le médecin ou soignant qui, à côté des **connaissances anatomiques et physiologiques totalement nécessaires**, accorde la **priorité à son ressenti intuitif**, ce médecin, accompagné par sa guidance et celle des médecins du Ciel, prodiguera des soins sur la vibration de l'amour de l'autre et de l'amour inconditionnel, au sein du triangle or Divin, avec un impact merveilleux à tout niveau sur la santé du receveur, l'être soigné.

Une autre vieille âme qui a vécu l'âge de l'**Atlantide** et a connu les immenses avancées technologiques de l'époque, réincarnée aujourd'hui, sera missionnée en **recherche scientifique**.

Vous vous souvenez du déluge de l'Atlantide avec engloutissement sous les flots de la population, suite à la perte de l'allégeance au Plan Divin d'une partie du peuple qui agissait désormais pour son intérêt personnel au lieu du service au bien commun, tandis que l'autre partie de la population avait conservé intact son alignement aux Lois Divines *(Tome 2, chapitre 3 et plus loin dans ce tome 4, chapitres 4, 6 et 11*. Ce chercheur aujourd'hui incarné aura le choix d'exercer son travail de recherche dans l'étroitesse d'esprit et la soumission totale à la rationalité et/ou aux conflits d'intérêts si son âme atlantéenne est restée accrochée à la dimension plus basse de l'ego, l'égoïsme, le service à soi-même. Au contraire, si cette âme a réparé cette déviance de l'époque en rejoignant à nouveau le vrai chemin de la Lumière ou si elle faisait partie des êtres restés fidèles aux Lois Divines – et ceci **sans distinction ni aucune priorité entre les dissidents repentis et les fidèles d'origine** – alors son travail de recherche se fera dans l'ouverture du cœur et de la conscience, sera profondément accompagné et enrichi par sa guidance, et le résultat de sa recherche servira l'humanité pour le bien de tous. »

Surgit en moi cette notion d'accueil miséricordieux incommensurable du Divin Père Mère, qu'il s'agisse des êtres en allégeance depuis toujours ou des êtres repentis et de nouveau alignés en allégeance.

« Merci pour ton ressenti ! Effectivement, il amène indubitablement la parabole biblique de **l'enfant prodigue**, dans laquelle le fils qui a expérimenté la voie sombre et qui s'est sincèrement repenti tout en effectuant totalement et courageusement sa réparation, est accueilli au même rang que son frère qui est toujours resté sur le bon chemin. »

Je pensai alors immédiatement à cette période que vit la planète. Ces dernières années, avaient eu lieu la première vague de turbulences énergétiques de début décembre 2019 à fin avril 2020, puis la deuxième vague de turbulences énergétiques de début décembre 2020 à fin avril 2021 (*Tome 3, chapitres 2, 4 et 8*) et enfin la troisième vague de turbulences énergétiques de début décembre 2022 à fin avril 2023 *(plus loin dans ce tome 4, aux chapitres 5 et 10)*. La manipulation perfide satanique des gouvernements associés aux scientifiques – qu'ils soient chercheurs, médecins ou journalistes – inculquant la peur et la privation de libertés à l'humanité face à une pandémie servant leurs propres intérêts, correspondait bien à cette déviance atlantéenne déjà vécue il y a des éons de temps, non transmutée, non réparée. Quel contraste avec l'intégrité des chercheurs, médecins, journalistes, avocats, gendarmes et policiers, politiciens, et autres corps professionnels fermement positionnés dans la diffusion de la vérité au service du bien commun !

Mon Guide de Lumière valida ce ressenti et continua sa description des **missions singulières** des âmes :

« Une autre âme peut être **un bâtisseur** et de la même façon, elle sera architecte bâtisseur en 3D – ou troisième dimension – en polluant la nature et asservissant les gens dans de viles constructions, ou au contraire, en bâtissant selon les Lois de la géométrie sacrée, du nombre d'or et la suite de Fibonacci en harmonie avec les êtres essentiels de la Nature et avec leur aide *(Tome 1, chapitres 11 et 12)*. Les premiers imaginent et construisent des immeubles ressemblant à des clapiers et les seconds créent et réalisent les édifices où les humains se sentent bien, prémices des constructions des futures communautés de Lumière de la 5D – ou cinquième dimension *(Tome 3, chapitre 6)*.

D'autres âmes encore ont la faculté **d'enseigner**. Si l'être enseignant est rivé aux valeurs de la 3D et donc éloigné de l'allégeance aux Lois Divines, il diffusera son savoir d'une façon intellectuelle, dans l'ego et la rétention de certaines informations cruciales, avec emprise sur l'élève, le privant d'une réelle et rapide progression. C'est ce que vous vivez en particulier dans les religions qui laissent planer les mystères, favorisant ainsi l'incompréhension, la dépendance de l'être aux dogmes enfermants, et donc retardent ou rendent impossible l'assimilation de la vraie connaissance ; alors qu'une **instruction fluide, authentique des Lois Divines, simples, incontournables et identiques pour tout ce qui est vivant dans le Cosmos** lui permettrait l'intégration de la Vérité Divine. Tout au contraire, si l'être incarné sur Terre avec la mission d'enseigner s'aligne totalement au service du Plan Divin, alors son don d'élocution – **éloquence facile et claire** – et sa **générosité** ainsi que son **désir de transmettre** ses connaissances et savoir-faire en font un valeureux enseignant qui parle et partage son savoir avec le cœur, dans l'intention pure de transmettre les **connaissances sacrées** et permettre toujours davantage la **diffusion du savoir intuitif**.

D'autres âmes sont éprises **d'art** et l'esthétique est prioritaire pour elles. Elles seront écrivains, peintres, musiciens, chanteurs, acteurs, stylistes, etc. Leur âme, encore fermée au service du bien commun, en fera des artistes accrochés à la dualité, avec réalisation d'œuvres disharmonieuses reliées à des vibrations très basses. A l'inverse, leur ouverture du cœur les conduira à des actions nobles, ainsi qu'à un charisme qui touchera les cœurs. Par exemple, le chanteur Daniel Balavoine a chanté sur la vibration du cœur Christique ; il a ainsi touché les êtres par les messages d'amour Christique de ses textes chantés. A l'opposé, d'autres chanteurs égrènent des messages sataniques subliminaux dans le texte de leurs chansons ou encore des réalisateurs diffusent des dessins animés emplis de références sataniques, qui sont regardés par toute une génération d'enfants. Ces œuvres maléfiques reposent sur des vibrations lourdes connectées à la source de synthèse. Il n'y a aucun jugement à porter, juste une mise en garde quant au discernement. »

Je rebondissais sur ce thème des artistes pactés à l'ombre. Je les voyais si nombreux actuellement !

« Oui, cela est juste ! En cette époque que vous vivez maintenant, quasiment aucun artiste, qu'il soit chanteur ou acteur, ne peut accéder au succès s'il n'a pas signé un pacte avec les forces sombres. La porte d'entrée du chemin vers la réussite est cadenassée et le pacte satanique en est la clef presque exclusive. De fait, la tentation est grande pour l'être humain qui souhaite une carrière brillante, et nombreux sont ceux qui, comme vous le dites, vendent leur âme au diable, avec ensuite d'immenses difficultés à sortir de ce pacte si un jour ils désirent servir la Lumière Divine. »

Me venait immédiatement à l'esprit ce concours de l'Eurovision 2024 avec son spectacle criblé de signes et rites sataniques et la promotion de chanteurs désalignés. Revenait aussi en ma mémoire cette cérémonie d'ouverture et de clôture des jeux olympiques de Paris 2024.

« Oui ! Cette année 2024 s'approche de l'apothéose de l'influence des forces sombres qui se déchainent car elles sentent qu'elles sont sur le point de perdre la face. Tout est tenté pour dévoyer les âmes et entraîner l'humanité vers la perdition. »

Christ'Al Shaya fit une pause, puis revint à la partie **spécifique** de la **mission de l'âme** d'un être humain :

« Nous avons parlé des soignants, des scientifiques, des bâtisseurs, des enseignants et des artistes. D'autres âmes porteront l'empreinte spécifique de l'amour respectueux de **la Terre sacrée**, et ces êtres incarnés **cultiveront** la Terre sacrée suivant les principes de la biodiversité, de la permaculture dans le but d'**honorer la Terre sacrée** et de **maintenir les humains en bonne santé**, tandis que d'autres êtres également sensibilisés à la culture et encore fermés en conscience, pratiqueront l'agriculture intensive avec des produits chimiques et des organismes génétiquement modifiés, recherchant uniquement le rendement financier.

Enfin, des êtres sensibilisés à **l'alimentation**, seront cuisiniers ou restaurateurs, avec l'idéal pur de servir une nourriture saine, exhalant les richesses gustatives et nutritionnelles de la nature, dans le but permanent du respect du vivant et du maintien des personnes en santé et dans la joie. A l'opposé, les êtres incarnés avec la mission de nourrir les autres et qui sont encore fermés en conscience, cuisineront pour leur profit, utilisant les produits des cultures intensives arrosées de pesticides et mortifiant la terre, sans égard à la santé d'autrui. »

Se dessinait devant moi la **mosaïque de l'humanité**. Le **choix** de chaque être à ouvrir son cœur et sa conscience et à faire fructifier – ou non – ses dons au service du Plan Divin et donc de l'humanité était la pierre de fondation du devenir de l'âme et de l'évolution de notre planète Terre. Ce constat était sans appel !

Mon Guide de Lumière poursuivit :

« Les couleurs d'âme sont très nombreuses, depuis la personne employée à l'entretien qui assainit de tout son cœur les lieux de vie par un **ménage attentionné** et quotidien, jusqu'au **dirigeant d'un pays** soucieux du bien-être de ses gouvernés, en passant par **le prophète authentique** qui élève la vibration de la foule par la pureté de sa bienveillance à l'égard de la population. »

Tout était si clair désormais !

> **Nous venons sur Terre**
>
> - pour lever le voile de l'oubli,
> - valider les initiations de vie qui guérissent nos blessures d'âme,
> - vivre et dépasser notre période de réparation pour entériner notre choix de vivre en allégeance à la Source Divine Première et avancer sur notre chemin d'ascension,
> - et enfin, pour alchimiser la Lumière en tous nos corps et en notre Terre Mère.
>
> Parallèlement, nous apportons chacun, par nos dons et potentiels individuels, notre couleur pour compléter la mosaïque multicolore et indissociable de l'humanité.

Christ'Al Shaya fit descendre intensément sur moi Sa Lumière bleu cobalt et continua :

« L'ère du Verseau est bel et bien là et les temps de l'ascension approchent. Il est plus que jamais crucial **d'œuvrer à élever la vibration de l'humanité.**

Trois axes importants vont en ce sens :

- **l'élévation de votre propre vibration** à chacune et à chacun,

- **l'impact de votre façon de vivre** en accord avec les Lois Divines, tel un **exemple de conduite** pour les autres,

- **la diffusion de la vérité, le partage de votre précieuse connaissance intuitive** aux êtres encore endormis, sans les provoquer, sans les brusquer, sans chercher à les convaincre. Juste en leur parlant avec les mots du cœur qui parlent à l'âme, vos phrases simples dénonceront les manipulations de l'ombre qui empêchent d'être soi-même et donc s'opposent à ce que l'être humain soit un artisan actif de Lumière.

Actuellement, les êtres éveillés qui, dans leur discernement empli de compassion et sans complaisance, **ont intégré la supercherie et la gravité** de ce que les dirigeants de la planète ont fait vivre à la population **représentent 18,2%.**

Ces êtres éveillés ont capté les mensonges durant cette crise sanitaire, également durant ce conflit entre l'Ukraine et la Russie manigancé par les forces de l'Otan et leurs commanditaires, puis celui entre Israël et Palestine. Ils ont aussi décelé cette fausse allégation de la crise climatique et d'une pénurie progressive d'eau par détournement artificiel des nuages suite au recours à la géo-ingénierie[4], ceci selon un diktat qui ne respecte ni la santé ni la dignité des peuples, toutes générations confondues.

Aussi, Je vous exhorte à continuer à diffuser :

- par vos pensées saines,

- par vos paroles justes, éclairantes et pacifiques,

- par vos actions positionnées en faveur de la vérité et de la transparence,

les informations authentiques qui permettent aux êtres humains d'évoluer en toute liberté intérieure, dans l'ouverture du cœur et de la conscience.

Ainsi le pourcentage d'êtres humains dotés d'un plein discernement augmentera de façon exponentielle et rapide.

Et lorsqu'il atteindra 20% de l'humanité, c'est-à-dire 20% d'êtres humains ouverts en conscience et dans le cœur, persévérants et actifs dans le bon vouloir de tendre vers le meilleur en servant définitivement le Plan Divin, **alors la résistance active pacifique dans l'unité et dans la rue sera possible, juste et efficace**.

Cette résistance **pacifique, dans l'unité** et dans **l'amour vrai** du cœur ouvert et de la **sagesse** de la

---

[4] Géo-ingénierie : techniques non naturelles utilisées artificiellement par l'homme pour apporter des modifications au climat, par exemple par l'usage de nanoparticules et aérosols pulvérisés dans l'atmosphère.

conscience élargie, suffira à faire **basculer** les lois humaines injustes en vigueur **vers des lois Justes** et à **restaurer le respect** de l'être humain, de tout ce qui est vivant sur la planète Terre.

En effet, vous le savez maintenant, **l'ombre est démunie devant la paix du cœur ! L'intervention armée perd toute légitimité face à un peuple déterminé, uni et pacifique.**

Qui que vous soyez : militaires, policiers, médecins, scientifiques, professeurs, journalistes, mères au foyer, artistes, fonctionnaires, travailleurs dans le bâtiment, la propreté, l'agriculture, la restauration, le secteur tertiaire, Je vous appelle !

Levez-vous ! Levez-vous tous !

Parlez dans la paix du cœur !

Boycottez les médias mainstream ! Protégez les vrais médias purs et honnêtes ! Face à ce qui n'est pas Christique, osez la désobéissance civile pacifique dans la paix du cœur et en allégeance au Plan Divin !

Et en dehors de cette crise sanitaire voulue et exagérée, de ce conflit entre l'Europe et la Russie, entre Israël et la Palestine, de cette crise climatique provoquée, de cet appauvrissement de la planète en eau, en tout domaine qui vous apparaîtra distorsionné car infidèle aux Lois Divines, **positionnez-vous haut et fort**, chacun avec votre couleur d'âme au service du bien commun et en allégeance au Plan Divin !

Confiance, positionnement, persévérance et espoir ! »

Tout en gratitude envers la Force Divine qui nous transcende et nous permet de déplacer les montagnes, je remerciai le mandat qui honore l'âme et je priai.

Christ'Al Shaya conclut :

« Oui, ma chère fille galactique, c'est bien cela : **le mandat honore l'âme !**

L'être incarné qui **fait de son mieux au quotidien**, sur une vibration de **pur et sincère bon vouloir**, avance au fil de sa vie sur le chemin de son mandat d'âme, voie qui le mène à l'ascension et à **l'illumination**, et ainsi au **bonheur éternel** au sein de la plus haute strate de Lumière de l'Au-delà, communément nommée le Paradis.

L'être incarné qui ignore, délaisse, voire méprise son mandat d'âme, se comporte tel un **traître envers lui-même**. Sa propre âme a choisi de revenir sur Terre pour mieux faire, alors qu'en réalité dans le quotidien de la vie terrestre réellement vécue par cet être incarné, il y a non-reconnaissance et non-respect de la mission de vie pour laquelle il s'est engagé librement avant son incarnation. Il s'agit d'une **réelle, immense et redoutable trahison de cet être envers lui-même.**

Chapitre 2

LES PATHOLOGIES PSYCHIATRIQUES

Tout être humain incarné, dont l'âme est porteuse d'un mandat est donc responsable à part entière du déroulement **positif ou négatif** de sa mission d'âme.

En tant que médecin, venaient alors à ma conscience tous les patients touchés par ce que l'on appelle les **maladies psychiatriques**.

Qu'en était-il pour eux ? Pouvaient-ils avoir un mandat d'âme et le réaliser ?

Christ'Al Shaya me sourit chaleureusement et, posant subtilement sa main sur mon épaule, me dit alors :

« Ce thème des pathologies dites psychiatriques est très **important** !

Et même si tout être humain sera enrichi de ces informations et des nombreux exemples concrets de vie, les explications qui vont suivre sont davantage destinées aux soignants ou aux êtres qui côtoient de près ces pathologies psychiatriques.

Que chaque lecteur écoute son cœur et se laisse guider dans la lecture approfondie ou plus succincte (s'il est moins concerné) de ce chapitre et **surtout du chapitre suivant concernant le traitement** de ces pathologies en médecine naturelle spirituelle.

Le reste de ce livre est un trésor de

connaissance sacrée

et

de soin vibratoire

pour absolument chacune et chacun de vous ! »

Christ'Al Shaya se lança ensuite dans une vaste explication :

« La maladie psychiatrique est un domaine encore très mal décrypté et incompris par le monde médical et la communauté scientifique.

Les médecins ont découpé et classé en diverses catégories les différents états psychiatriques pouvant exister dans la population humaine et les ont répertoriés dans un livre nommé DSM[5].

En dehors d'une aide mentale par le dialogue, basé le plus souvent sur la conception freudienne, et d'une alternative thérapeutique chimique lourde et quasi incontournable, les psychiatres n'ont saisi, pour la majorité d'entre eux à ce jour, ni les causes de ces états dits pathologiques, ni le processus de leurs différentes évolutions possibles vers l'aggravation, le soulagement, l'amélioration ou la guérison. »

Mon expérience de médecin, mon vécu personnel à l'hôpital psychiatrique (*Tome 1*) et mon troisième œil ouvert amenèrent d'emblée à ma conscience, telle une fresque haute en couleurs et en nuances, tous les différents états psychiatriques, depuis ce que l'on considère être un état

---

[5] DSM : Livre de psychiatrie mis à jour régulièrement de la première à la cinquième version actuellement, classant les pathologies psychiatriques avec une codification internationale.

normal, jusqu'au stade des cas les plus gravement perturbés dans le répertoire psychiatrique.

Christ'Al Shaya reprit :

« A la faculté de médecine, même si la classification des troubles psychiatriques selon le DSM5 est évoquée, l'enseignement de la psychiatrie est essentiellement basé sur les découvertes de Freud, qu'il s'agisse de l'état psychologique qualifié de normal ou de tout comportement qui s'éloigne de cette normalité. Les théories freudiennes restent profondément **dichotomiques**, séparant de façon arbitraire et dogmatique **les états névrotiques des états psychotiques**. »

Ces quelques mots reconnectèrent aussitôt ma mémoire aux longs discours professoraux des cours magistraux reçus à l'université.

J'avais effectivement appris que les **névroses** rassemblent les dépressions, l'instabilité émotionnelle, les troubles anxieux, les troubles obsessionnels compulsifs, les troubles de la personnalité, et que les sujets **névrosés** sont **conscients de leurs troubles**, au point de **demander de l'aide**.

Tandis que les **psychoses** regroupent les sujets qui perdent le contact avec la réalité, **n'appelant donc pas l'aide**, comme par exemple la schizophrénie.

Classiquement, l'enseignement universitaire attribuait aux névroses un côté **réactionnel** aux évènements de vie, tandis qu'il octroyait aux psychoses une étiologie[6] relevant du **dérèglement cérébral inné le plus souvent par hérédité, parfois acquis** par consommation de drogues toxiques par exemple ou encore découlant d'anomalies de la sécrétion des **neurotransmetteurs**.

J'avais aussi étudié les troubles dits psychiatriques répertoriés par les médecins américains dans ce livre intitulé DSM3, puis 4, puis 5, incluant des données de neurosciences et une distinction entre troubles bipolaires, troubles de l'humeur dont la dépression, troubles de la personnalité, troubles psychotiques en particulier schizophréniques, troubles du spectre de l'autisme (TSA).

Quant au **traitement** de ces troubles psychiatriques, les solutions thérapeutiques enseignées en faculté et donc appliquées en pratique sur le terrain sont **réduites à leur plus simple expression**.

En effet, en aucun cas, il n'est tenu compte des **spécificités** de chaque patient, à savoir son histoire héréditaire, morpho-biologique, psychologique, ainsi que des événements particuliers de sa propre vie. Je l'avais parfaitement observé durant toute mon expérience en médecine libérale chez les patients soignés pour des pathologies dites psychiatriques ; je l'avais aussi vérifié lors de mon séjour à l'hôpital psychiatrique. Ces constats me confortaient dans la conclusion que **l'unique traitement**

---

[6] Etiologie : ensemble des causes d'une maladie.

utilisé en cas de **névroses** consiste en la prescription d'**antidépresseurs** qui suppriment les émotions, robotisant ainsi l'individu, et d'**anxiolytiques** (essentiellement les benzodiazépines), et en cas de **psychoses** en un traitement chimique par les **neuroleptiques**. Les médicaments neuroleptiques provoquent une sédation du patient qui devient anormalement calme et donc théoriquement – selon les médecins scientifiques – mieux adapté à la réalité, insensible et plus uniforme dans ses réactions. Cependant, leur cortège d'effets secondaires, tels que la démarche à petits pas par diminution de l'activité dopaminergique, des effets cardio-vasculaires, une perte de salive incontrôlable et très dégradante, l'annihilation de tout ressenti intuitif, l'anéantissement de la libido, restent lourds et invalidants. La thérapie par la parole repose en psychiatrie classique sur les **données de Freud ou** sur des **bases neuro-cognitivo-comportementales** et restent ainsi très théoriques, dogmatiques et purement **mentales**.

Mon Guide de Lumière me sourit et avec un immense amour reprit :

« La médecine psychiatrique telle qu'elle est exercée aujourd'hui sur la Terre répond aux **dogmes enfermés dans la troisième dimension.** La psychiatrie de **demain** admettra les **subtilités vibratoires** qui existent au sein de chaque état dit psychiatrique, selon l'ouverture de conscience dans la quatrième dimension et dans les **dimensions supérieures**. »

Une vague de bonheur m'envahit. Durant cette époque de transition si importante que nous vivons actuellement, la perspective d'un éclairage de la médecine psychiatrique à la Lumière Divine me faisait vibrer en tout mon être !

Mon Guide de Lumière poursuivit avec enthousiasme :

« **Oublions tous les dogmes du mental et observons tout naturellement les différents états de santé psychique.**

Certains êtres humains sont **tristes,** parfois jusqu'à l'état que vous nommez **la dépression.** Ces êtres ont **perdu leur joie de vivre** ; ils se concentrent **trop sur le passé** ; ils sont bloqués par des émotions qu'ils ont mal vécues, mal acceptées, mal digérées.

Cette tristesse est si grande qu'elle les relie à la **nébuleuse de la tristesse. Or cette nébuleuse de la tristesse** regroupe toute la tristesse portée par **l'humanité** et redistribue en retour à cet être triste des ondes, voire des cascades de tristesse. Et la personne pleure, se noie dans son chagrin (*revoir l'illustration A chapitre 1 de ce tome 4 : La connexion de l'être humain aux nébuleuses ou égrégores*). »

Il me fut facile de me remémorer ces personnes tristes, dépressives, tant elles sont nombreuses dans le quotidien et lors d'une carrière de médecin.

Me revenait tout spécialement en mémoire le souvenir de cette maman dont le fils avait succombé à une leucémie foudroyante à 19 ans alors qu'il entrait, comme moi, en deuxième année de médecine. Son chagrin était immense, elle était désespérée, ne sachant rien sur la vie dans l'Au-delà et donc hantée par le néant, en réaction contre ce qu'elle appelait l'injustice de la vie. Son médecin lui avait prescrit un traitement antidépresseur et anxiolytique qui, même s'il l'aidait en apparence, la coupait de ses ressentis profonds. Toute jeune étudiante, je ressentais déjà l'inadéquation entre l'état psychologique de la maman et les molécules chimiques qui la rendaient en quelque sorte étrangère à ce qu'elle vivait. Je me disais qu'il lui manquait une information claire sur la mort et la vie après la mort, cependant j'étais encore trop jeune pour mettre les mots justes sur mes ressentis profonds, je pouvais juste lui partager une compassion sincère et authentique. Je m'étais engagée avec moi-même à aider ultérieurement, dans l'exercice futur de mon métier de médecin, les êtres qui vivraient un deuil et de fait, la Vie en plaça beaucoup sur mon chemin.

Il existe tant d'exemples de personnes vivant une dépression suite à des problèmes familiaux, professionnels ou de santé, que vous en connaissez tous.

Mon Guide de Lumière me laissa un moment me rappeler et visualiser de nombreux êtres ayant vécu une dépression, puis reprit :

« L'être peut aussi ressentir un profond **découragement**, un **épuisement** parce qu'il ne s'est pas suffisamment **écouté ou respecté** physiquement, émotionnellement ou moralement. Il s'est laissé prendre au piège du fonctionnement dans le **triangle noir infernal**, occupant alternativement la place du **sauveur** lorsqu'il se comporte en super **héros** qui aide et fait tout à la place des autres, en **victime** quand il **subit le revers** de son comportement par l'attitude dure et rude de celui pour qui il en fait trop, puis en **bourreau** lorsqu'il **se révolte** contre toute l'injustice et violence qui lui sont renvoyées *(Tome 3, chapitre 8 et revoir l'illustration B du chapitre 1 de ce tome 4 : Le triangle satanique de l'ombre et le triangle or Divin de la Lumière)* ».

Moulte cas m'apparaissaient et Christ'Al Shaya attira mon attention tout spécialement sur un exemple :

« **La mère de famille dévouée, aimante**, qui veille sur sa famille nombreuse en s'occupant avec son grand cœur des uns et des autres jour et nuit, à leur demande ou au-delà de leurs souhaits, sans se soucier de son repos et ressourcement personnels, va ressentir inévitablement à un moment ou à un autre, ce sentiment d'épuisement physique auquel s'ajoute le découragement moral. Par ce comportement erroné, elle s'imagine qu'elle n'aura jamais fini d'aider sa famille ni de pourvoir à toutes les tâches quotidiennes, qu'elle n'aura jamais un moment pour se reposer et prendre soin d'elle. Cette maman semble admirable et pourtant, elle n'a pas encore suffisamment ouvert sa conscience pour intégrer le danger du statut de sauveur lors du fonctionnement dans le triangle sombre infernal. Nous verrons plus loin que la solution est simple et fluide. »

J'entrevoyais conjointement tous les soins bénéfiques et salvateurs, tandis que mon Guide de Lumière continua :

« D'autres êtres vivent au gré de leurs états d'âme : **abandon, rejet, humiliation, trahison, injustice, non-reconnaissance, intrusion, maltraitance**. Leur âme porte des **blessures**[7], le plus souvent provenant des vies antérieures terrestres et/ou galactiques, blessures forcément réactivées dans cette vie actuelle.

En effet, lorsque l'âme porte une blessure, la Vie – en accord avec la Loi Divine de l'attraction et l'affinité – met sur le chemin de la personne des **situations à vivre**, la confrontant toujours à la même **problématique** portée par son âme, jusqu'à ce qu'elle en guérisse, en espérant qu'elle en guérisse plutôt que de s'enfoncer davantage dans la dépression qui entraine passivité, tristesse, fatigue, colère, dépendance, rejet…

Par exemple, une personne qui porte une **blessure d'humiliation**, tout en humiliant inconsciemment les autres, va attirer une situation dans laquelle elle sera vexée, rabaissée, ceci générant chez elle, si elle ne conscientise pas sa blessure d'âme, un sentiment de colère rentrée, de ressentiment, de frustration, parfois de désespoir. Cette blessure d'âme est quasiment toujours reliée à un **karma** et souvent appelle des rencontres ou événements à vivre – à revivre – avec des personnes déjà connues antérieurement.»

Je repensais à cette jeune femme qui, durant sa jeunesse, n'avait jamais été valorisée par son père.

---

[7] Blessures de l'âme : Lise Bourbeau est l'auteure de l'ouvrage « les cinq blessures de l'âme qui empêchent d'être soi-même », 2015, éditions ETC.

Quoiqu'elle porte sur le plan vestimentaire, dise, ou fasse, son père ne la félicitait jamais lorsque c'était bien et ne manquait par ailleurs aucune occasion de lui faire une remarque négative quand il le pouvait.

En l'absence de **reconnaissance** par son propre père et donc en **manque d'estime pour elle-même**, elle engrangeait en son for intérieur des **vexations répétées** ravivant la blessure d'humiliation que son âme portait déjà avant l'incarnation dans cette vie. Cette blessure d'humiliation constituait **un filtre assombrissant et limitatif pour elle** dans sa vision de la vie et dans l'organisation de ses réactions. Ainsi, bien que très jolie et pleine de qualités, elle attirait à elle les hommes qui l'humiliaient ou encore, malgré une vive intelligence, elle additionnait les échecs dans son cursus étudiant puis professionnel. Elle entrait, puis stagnait ainsi en état de dépression.

Je revoyais aussi cette jeune adulte, emplie de colère contre la terre entière suite à la **blessure de trahison** que son âme portait également avant son choix d'incarnation dans cette vie. La blessure de trahison non guérie attirait sur sa route des actes de traitrise, d'infidélité, de lâcheté, de désertion, de délaissement par des étrangers, des collègues, ses amis ou sa famille. En tout cas, ces actes étaient vécus comme tels par cette jeune adulte, car **vus à travers sa lorgnette blessée par la trahison**. Tout ce qu'elle vivait l'impactait donc négativement – et plus encore si elle vivait l'ensemble dans un statut de **victime** – car son vécu des évènements était faussé, vrillé et par conséquent, affaiblissant et **déprimant** pour elle et selon elle.

« D'autres êtres, enchaina mon Guide de Lumière, vont vivre dans **l'anxiété**, ceci par insuffisance ou absence **d'estime d'eux-mêmes**, se sentant vite dépassés dans les situations de vie, et/ou par manque de **souplesse et d'adaptabilité**, préférant la routine rassurante aux imprévus et fantaisies de la vie qui les déstabilisent profondément. »

De nombreux exemples de personnes concernées par ce type d'anxiété affluaient à mon esprit et je voyais ces enfants avoir besoin d'une routine rigoureuse pour se sentir sécurisés, ces adultes perturbés par le moindre obstacle dans leur emploi du temps totalement programmé. Je pensais aussi à ces jeunes, dévalorisés par un père narcissique qui ne les encourageait ni ne les félicitait jamais, tout en mettant régulièrement en avant les qualités de leurs amis par des comparaisons régulières et insistantes, tout particulièrement en leur présence.

« Proches de la catégorie précédente, poursuivit mon Guide de Lumière, d'autres sujets, très **perfectionnistes**, redoutent effectivement tout imprévu qui va chambouler leur programme et perturber leur travail devenant – faute de temps et selon leur croyance – imparfait. Alors que la souplesse les autoriserait à tenter une technique différente, parfois source d'une créativité géniale, ces personnes sont **prisonnières de leur stress.** »

Une histoire me vint en mémoire, elle m'avait souvent été racontée durant ma jeunesse car elle avait été vécue dans ma région. Il s'agissait d'un jeune apprenti travaillant dans une fabrique de bonbons. Très perfectionniste, il faisait scrupuleusement son travail et un jour, un court moment de distraction le fit se tromper dans la confection de la recette originale. Il s'en rendit compte une fois la préparation des sucreries réalisée et – ne s'offrant de façon impitoyable aucun droit à l'erreur – se morfondait, dans la crainte de la réaction de son employeur et le sentiment de culpabilité et de honte qui l'envahissait quant au résultat catastrophique qu'il allait obtenir. Il se fit tout petit et rentra chez lui. Le lendemain, une grande effervescence régnait dans l'atelier de fabrication. Le patron et les autres employés avaient goûté ces nouveaux bonbons. Ô stupéfaction ! Le résultat gustatif était une révélation, cette douce confiserie au goût de menthe fit l'unanimité. Les bêtises de Cambrai étaient nées. Leur succès est toujours d'actualité.

Avec un grand sourire, Christ'Al Shaya continua sa description :

« D'autres êtres enfin sont pétris par la **peur** : peur de la maladie, peur de mourir, peur du manque, peur de perdre son travail, peur d'être quitté par son conjoint. »

Je repensais à une amie qui répétait sans cesse que son mari qu'elle aimait, la quitterait et, les pensées répétitives étant cocréatrices, au bout de 25 ans de vie commune harmonieuse, il est parti, la laissant à la propre création de son destin. Cette amie manquait d'estime envers elle-même, elle baignait dans ses fausses croyances et n'avait jamais tenté de soigner les mémoires familiales transgénérationnelles d'abandon.

« La peur peut aussi aller jusque **l'angoisse avec panique,** ajouta mon Guide de Lumière. Le sujet est inhibé dans sa vie, dans son activité et va parfois jusqu'à être totalement paralysé par cette peur. »

Je repensais à cet étudiant brillant bien que trop peu confiant en lui et qui paniquait devant la conjonction des taches (réussir son examen universitaire, valider son stage pratique et synthétiser le compte-rendu de stage, rendre un mémoire de fin d'études). La peur par manque de confiance en lui et excès de perfectionnisme était si intense qu'il en perdait littéralement ses moyens, entrant dans un état de panique avec agitation anxieuse et avec peur paralysante et confusion.

« Oui ! La **peur** est souvent **paralysante** si l'être humain ne connait pas les moyens de dépasser cet état d'inhibition ! Les états de peur peuvent se manifester également par d'autres comportements, par exemple la frayeur de la solitude pour quelqu'un qui n'est pas construit dans la vraie expression de qui il est.

L'angoisse peut se manifester comme une **phobie** sociale avec peur d'autrui d'où évitement des autres personnes et réclusion au domicile, ou une **agoraphobie** qui est la peur des grands espaces, ou encore une **claustrophobie** qui est cette fois la peur des petits espaces, entrainant un **isolement** pathologique et nuisible à la personne. »

Je me souvenais de ces jeunes lycéens qui ne peuvent plus fréquenter leur école par phobie sociale et restent cloîtrés dans leur chambre, pétrifiés par l'angoisse. Je me rappelais ces personnes dans l'impossibilité de faire leurs courses là où il y a du monde comme dans les supermarchés, ou dans l'incapacité de prendre l'ascenseur, ou encore dans l'inaptitude à conduire leur voiture sur l'autoroute.

« Parfois encore, compléta mon Guide de Lumière, il se développe des **troubles obsessionnels compulsifs** comme la vérification incessante des mêmes choses. »

Immédiatement, me revenait en mémoire cette mère de famille nombreuse qui s'obligeait à vérifier soixante-dix fois consécutives que les poches des jeans de chacun des membres de la famille étaient bien vides avant de mettre le linge en machine. Je me remémorais également ces personnes qui vérifient à plusieurs reprises de façon pathologique que les portes sont réellement fermées lors du départ au travail ou en vacances.

Christ'Al Shaya m'emmena ensuite sur le terrain des **addictions** :

« Certains êtres, d'ailleurs de plus en plus nombreux aujourd'hui, ont développé une dépendance à l'alcool, au tabac, à la drogue, à la nourriture, aux jeux, au sexe, à l'argent, etc.

Cette dépendance vient combler un **vide intérieur** et/ou **un attachement**, nourrir une distorsion de l'âme, ceci parce que la personne présente des brèches dans son aura et/ou qu'elle est dans l'ignorance des Lois Divines et des Principes Divins sacrés, ou encore qu'elle porte la **blessure de l'abandon et/ou de l'attachement** dans son karma. De ce fait, elle n'est pas libérée de ses entraves, elle n'est donc ni dans sa vraie nature ni dans sa pleine puissance. »

Je percevais l'immensité du problème et mon Guide de Lumière reprit :

« Les **addictions** sont nombreuses et chacune d'elles résulte d'un vide intérieur et/ou d'un manque d'amour reçu et donné, d'un manque de reconnaissance, d'une frustration non exprimée. Elles sont compensées par le remplissage du corps physique avec l'alcool ou les drogues qui rendent euphoriques tout en connectant la personne à la nébuleuse qui réunit toutes les pensées et énergies des êtres alcooliques et drogués de la planète avec un retour puissamment renforcé vers la personne dépendante.

Les addictions sont également compensées par l'absorption abusive de nourriture en particulier les aliments sucrés pour la douceur éphémère qu'ils apportent, par le besoin de fumer du tabac pour lever le stress.

Elles sont comblées temporairement et illusoirement par la dépendance au sexe, suite au vide affectif et/ou à la vrille de l'âme ainsi connectée à la nébuleuse de la débauche. Elles sont aussi assouvies par la dépendance aux jeux (au casino ou en réseau) avec gaspillage et ruine, ou à l'opposé, par le lien pathologique à l'argent, qui conduit à engranger toujours plus, attitude qui relie à la nébuleuse de l'avarice.

Chacune de ces addictions est **en permanence renforcée** par l'énergie identique renvoyée avec force par la nébuleuse correspondante *(revoir l'illustration A du chapitre 1 de ce tome 4).* »

Au premier plan de ces addictions et dépendances, se présentaient à mes yeux les troubles des conduites alimentaires, et tout particulièrement l'**anorexie**.

Tant de jeunes filles, de jeunes femmes, parfois de jeunes hommes ou encore des personnes âgées, souffraient d'anorexie, étiolant leur vie et celle de leur entourage proche.

Christ'Al Shaya reprit :

« L'anorexie est une privation de nourriture, le plus souvent associée à des accès de boulimie. L'être ne respecte pas son corps en ce sens qu'il lui impose de sévères privations, tout en le maltraitant conjointement par des accès colossaux de boulimie. La nourriture est ensuite rejetée par des vomissements forcés.

Les origines de cet état sont variées.

Il peut s'agir d'une **étiologie karmique** : lors d'une vie antérieure, l'être a vécu dans la famine suite à une disette ou pendant un temps de guerre, ou encore a connu la violence des camps de prisonniers ou de l'esclavage avec non-respect de son corps physique. Son âme a pu en garder l'empreinte tant le processus a été vécu longtemps et profondément ; la mort a pu en résulter et l'âme est marquée par ce vécu.

Si elle ne fait pas **dans l'Au-delà le travail de nettoyage de l'attachement à cet état de maltraitance**, grâce aux missions qui lui sont confiées à cet effet, l'âme ne guérit pas et à cause de cette blessure, peine à monter vers les niveaux très élevés de Lumière. L'âme reste ainsi marquée par cette empreinte de la maigreur maltraitante. Et si elle fait **le choix de la réincarnation** en cette vie terrestre, c'est cette fois avec l'engagement sincère de l'**ancrage** dans la matière **pour la vie**. Ainsi une fois née sur Terre, si elle continue à ne pas respecter son corps par ce comportement d'anorexie/boulimie et ainsi à **refuser son incarnation pourtant délibérément choisie par elle-même,** alors son âme reste souffrante. Cet être a besoin d'intégrer que l'attachement à cet état karmique de non-respect du corps peut se guérir, en **déposant les valises de l'ancien** que sont l'attachement, la destruction de soi-même et de l'autre.

L'anorexie peut résulter d'autres **blessures** portées par l'âme, qu'il s'agisse de **l'humiliation**, du **rejet** et/ou de l'**abandon** et dans cette incarnation, l'âme va choisir les parents qui lui permettront de guérir cette/ces blessures. Cette affinité de la Loi Divine d'attraction et d'affinité peut la conduire vers un parent rejetant qui, si elle ne s'ouvre pas en conscience à l'existence de cette Loi Divine et à la reconnaissance de sa propre blessure d'âme, l'enfoncera dans le **rejet**, allant jusqu'à la transparence du corps par **maigreur, symbole du rejet**, au lieu de l'amener à l'épanouissement. L'affinité peut l'amener à choisir des parents auprès desquels elle vivra l'abandon avec la dépendance affective qui en découle ou encore l'humiliation avec les frustrations et le manque d'estime de soi-même qui s'ensuivent, ou encore les deux situations avec les mêmes parents.

Cet être anorexique peut enfin vivre dans la pollution de la **fausse croyance** que la maigreur, sublimée par les forces de l'ombre régissant la société prisonnière de la matrice de synthèse, va faire d'elle une personne plus attirante, que l'on aimera davantage. Cette croyance est publiquement entretenue afin d'amenuiser la force intérieure et la puissance de la femme sur Terre, sachant pertinemment qu'en son **plein potentiel du Féminin sacré**, la femme peut déplacer des montagnes. En ne percevant pas sa blessure d'abandon, de non-reconnaissance, elle restera prisonnière des fausses croyances installées par les forces de l'ombre et n'intègrera pas l'évaluation consciente de la beauté du corps.

L'approche classique des psychiatres rangés aux **théories de Freud** entretient une diabolisation des mères qui font pourtant souvent tout ce qui est en leur pouvoir pour contribuer à la guérison de leur enfant. Cette vision freudienne cultive une **misogynie** qui condamne la mère, face à un père parfaitement innocent, et une **stigmatisation** de la personne anorexique dans **la honte et la culpabilité** de ses actes. Cette attitude, au lieu de lui rendre sa **confiance en le Féminin sacré** qui la conduira vers l'amour et vers un compagnon bienveillant, la maintient dans son état pathologique.

Cet abord psychiatrique freudien reflète le comportement de **l'ancien masculin dominant qui veut**

tuer le Féminin sacré et participe à installer un climat familial de tension plutôt que de faire grandir l'amour au sein de la cellule familiale. Il prive la personne anorexique d'un envol vers sa mission d'âme : il y a alors **trahison** de l'âme par rapport à elle-même. »

Mon souvenir se fixa ensuite sur ce patient de 50 ans, addict à la fois à la cocaïne et au cannabis à raison d'une quinzaine de joints quotidiens, au tabac avec consommation journalière d'un paquet ou plus de cigarettes et à l'alcool avec nécessité de boire un ou deux apéritifs et digestifs midi et soir. Il avait le cœur sur la main et pourtant s'adonnait parfois à quelques accès de violence tant la vie avait été jusque-là rude et turbulente envers lui. De toute évidence, son âme était belle et porteuse d'un noble mandat. Derrière son apparence de rocker endurci, se révélait une grande sensibilité avec une facilité à contempler les arbres et les cascades dans la nature, une attirance immense pour les Amérindiens et leurs traditions, leur respect et leur vénération de la nature.

De par son karma créé lors d'autres vies où il s'était écarté de l'allégeance aux Lois Divines pour céder aux actes plus barbares, et compte-tenu de la noblesse de son mandat et le potentiel de son âme, l'Univers, dans cette incarnation, lui avait donné l'occasion de choisir une mère mal aimante, qui rejette et culpabilise. Sa jeunesse s'était déroulée dans un vécu d'**abandon**, générant souffrance émotionnelle et parfois accès de violence. Au fil de ce chemin épineux, son âme en réparation en était venue à pardonner et aimer cette mère emplie de failles, puis à s'ouvrir à l'art par la sculpture (dans un premier temps dans son métier de pâtissier par la réalisation d'objets sculptés à base de sucre, et dans un second temps dans son métier de maçon, par la taille de pierres). Lorsqu'enfin il rencontra l'amour sur son chemin, il aima profondément une femme. Tous deux sont âmes sœurs de haut degré. Cette union le combla, lui permit de se construire en gommant peu à peu sa blessure d'abandon et de rejet, lui permettant alors d'accéder au déclic de l'âme faisant disparaitre sa **dépendance** à la cocaïne et au cannabis. Il arrêta net toute consommation de drogue. Restait encore la dépendance au tabac et à l'alcool à soigner et son âme prenait le chemin de la **guérison de la trahison envers elle-même**.

Je restais pensive et mesurais **l'impact de la trahison qu'un être peut infliger à son âme**.

Mon Guide de Lumière m'infusa qu'il en serait dit davantage lors de l'explication des possibilités de soin de ces états et enchaina sur d'autres troubles très dérangeants pour l'entourage :

« Certains êtres humains sont qualifiés de **schizophrènes**. Ce diagnostic du corps médical est lourd de conséquences pour le patient et son entourage. Un traitement neuroleptique accablant est prescrit, à but sédatif, sans aucun espoir de guérison puisque la cause n'est pas comprise ».

Pour information, le patient schizophrène est décrit classiquement comme présentant des épisodes d'hallucinations visuelles ou auditives – c'est-à-dire qu'il voit des choses non vues par les autres et qu'il entend des voix non entendues par les autres –, tout cela sur un comportement paranoïaque avec profonde sensation d'insécurité, repli fréquent sur lui-même, ressenti d'avoir une mission très importante à réaliser, souvent adepte de l'alcool ou de la drogue et facilement suicidaire.

« Oui c'est bien cela, renchérit Christ'Al Shaya ! Le problème majeur est que ces symptômes ne sont pas reliés à **la vraie cause** qui les provoque.

Qu'est-ce donc qu'un être humain si ce n'est **une âme dans des corps énergétiques subtils** (éthérique, émotionnel, mental, causal, Bouddhique, Christique) et un corps de matière dense physique ? *(revoir l'illustration : Les différents corps subtils, Tome 1 chapitre 16)*

Lorsque l'âme est en **harmonie** avec les corps énergétiques et le corps de matière, la vie de l'être incarné est **équilibrée**. Lorsqu'il y a **dysharmonie**, l'énergie de l'être subit des **turbulences**. »

Je pressentais la cause du **parasitisme** et mon Guide de Lumière continua :

« Un être **schizophrène** porte une âme très ancienne, c'est-à-dire que son âme a déjà vécu de nombreuses vies, à la fois galactiques sur diverses étoiles et aussi terrestres.

Cette âme, issue de la **Source Divine Première**, était absolument pure au départ et extrêmement connectée à la Lumière Divine. Durant ses pérégrinations dans le Cosmos, elle a souvent admirablement **servi le Plan Divin** par de puissantes actions emplies d'Amour Christique, en accord à une mission d'âme exigeante et riche. Cependant, dans certaines vies, elle a **aussi servi l'ombre**, avec cette même puissance extraordinaire, mais cette fois connectée à la fausse lumière, à la source de synthèse, faisant temporairement allégeance à Satan et à sa compagne.

Restez tous vigilants, il n'y a **aucun jugement** ! Tout être humain incarné sur la Terre a connu des failles dans son parcours et porte un karma (excepté les nouvelles âmes arc-en-ciel qui s'incarnent actuellement).

Ce qui caractérise l'être schizophrène est sa force, sa **puissance** de pensée, de parole et d'action. Pour faciliter la compréhension du phénomène, Je dirais que l'être schizophrène est très fortement branché à la Source Divine Première et reçoit les rayons de Lumière Divine par ses points de **connexion au Divin pur à un haut pourcentage** ; et en même temps, cet être schizophrène est encore branché à la source de synthèse par **ses points d'appel et d'accroche à cette fausse lumière** qu'il a aussi servie avec force et conviction dans certaines de ses vies. Pour en donner une image, c'est comme un tableau électrique sur lequel il y aurait besoin de disjoncter les prises reliées à la lumière sombre de Satan et sa compagne, **pour ne laisser actives et fonctionnelles que les prises connectées en très haut voltage à la Lumière Divine Première**.

L'être schizophrène est donc un éminent trésor vivant lorsqu'il répond à son **allégeance originelle au Divin Père-Mère**, tandis qu'il est un dangereux individu fort dommageable, nuisible voire funeste pour lui-même et l'humanité quand il laisse se réactiver ses **accroches aux forces sombres**.

Le problème clinique est que ces attaches aux deux sources peuvent s'exprimer en même temps ou presque et créer une **cacophonie** dans le comportement, avec des **paradoxes**, des déclarations tous azimuts qui apparaissent contradictoires et pour cause, vous l'avez compris. »

Je réalisais à la fois la richesse et la dangerosité du patient schizophrène et me rendais compte à quel point la thérapeutique actuelle en psychiatrie était inadaptée à son processus de fonctionnement. Certes, les molécules chimiques des neuroleptiques apaisaient, voire sédataient complètement **l'excitation toxique et maléfique du sujet**, mais en même temps elles gommaient et avortaient dans l'œuf **la riche puissance de sa mission sur Terre**.

« C'est exactement cela, s'exclama mon Guide de Lumière ! La prise en charge de ces patients demande une intégration totale, dans **une conscience en grande expansion et un cœur pleinement ouvert**, du **mécanisme de fonctionnement de l'âme** ainsi que de la **reconnaissance des forces** en présence.

Le **soignant éclairé** verra les stratagèmes utilisés par les forces sombres pour maintenir leur connexion avec le patient schizophrène, que sont les attaques par la magie noire, l'utilisation des hologrammes, l'action à distance sur les implants. Ces implants sont des dispositifs essentiellement – mais non exclusivement – logés dans la glande **pinéale** (ou épiphyse), la glande **pituitaire** (ou hypophyse), **l'hypothalamus**, et le **thymus**. Là encore, l'être vit une **trahison avec son âme**, compte-tenu du gâchis opéré sur sa grande mission personnelle. Nous verrons plus loin comment contrer ces attaques de l'ombre et évacuer ces implants. »

A un stade plus léger que la schizophrénie, les êtres humains atteints de **troubles bipolaires** faisaient irruption en mon champ de conscience. Ces êtres présentent **en alternance** des périodes **d'excitation,** avec humeur joyeuse et exagérément productive, créatrice et active, et des périodes de **dépression intense** avec apathie, dégoût de la vie.

Christ'Al Shaya précisa :

« Les êtres humains souffrant de **troubles bipolaires** manquent en tout premier lieu d'oligo-éléments et de vitamines, et présentent une dysharmonie au niveau des neurotransmetteurs.

Par ailleurs, leur âme a de très fortes connexions – depuis les vies antérieures le plus souvent ou parfois pour la première fois dans cette vie – avec deux nébuleuses essentielles : celle de la **mélancolie** et celle de la **frénésie joyeuse**.

Selon l'impact des désordres par carences diverses et dysharmonie des neurotransmetteurs, et au gré des évènements du quotidien vécus avec leur cortège d'émotions plus ou moins intenses et mal métabolisées, la personne va se laisser porter par la vague de vie qui la relie en alternance à l'une des deux nébuleuses, par périodes plus ou moins longues chacune.

Cet être n'est pas dans la conscience que **son âme est le chef d'orchestre** de toute sa personne, c'est-à-dire de son corps physique avec tous ses organes et viscères, de son corps émotionnel, de son corps mental avec ses fausses croyances et ses vrilles, de son corps causal englobant la compréhension du karma. Ainsi, il autorise les musiciens de l'orchestre – musiciens que sont tous ses organes et en particulier le cerveau – à jouer en **pagaille** échappant à la **guidance sage du chef d'orchestre**. Autrement dit, il ne tient pas entre ses mains le **gouvernail** de son navire et le laisse **voguer au gré du vent et du courant sans se positionner** par ses choix et sa volonté.

J'ajoute que, lors des périodes de profonde mélancolie, la vibration de l'âme baisse et peut ainsi autoriser la **connexion avec une âme errante désincarnée,** en affinité avec elle suite à un karma parfois ancien, venant se fixer sur elle et faisant intrusion dans la personnalité et la profondeur de l'être. »

Je percevais l'importance de ces phénomènes de **possession** et mon Guide de Lumière poursuivit :

« Il existe deux types de **possession** : partielle ou totale.

Lorsque **la possession est partielle**, l'être a laissé baisser sa vibration et a permis, par attirance répondant à la Loi d'affinité et d'attraction, à une autre âme de s'accoler en quelque sorte à la sienne, **partageant** en conséquence la direction de l'orchestre symphonique du corps global entre les deux chefs d'orchestre que sont l'âme originelle et l'âme parasite. Le résultat peut en être une **accentuation** du trait de fonctionnement principal – par exemple une mélancolie accrue pouvant alors pousser au suicide – ou, si les deux âmes manifestent des caps différents, un **paradoxe** apparaissant par exemple lors des états mélancoliques comme une tristesse grave accompagnée d'une colère violente. »

Je focalisai soudainement sur les **personnalités dites paranoïaques perverses narcissiques.** J'en avais croisées beaucoup sur mon chemin, dans le mariage, la patientèle, les amis, et aujourd'hui, chacun d'eux était immédiatement reconnu par mon discernement et donc forcément tenu à distance, si bien que je n'étais plus confrontée à ces rencontres. Mon Guide de Lumière apporta des précisions :

« Un être humain incarné, diagnostiqué **paranoïaque pervers narcissique**, porte une âme à la fois **très fortement connectée à la nébuleuse** de l'ego pervers, de la domination par manipulation, de la destruction de l'autre par surpuissance machiavélique, **et une âme également habitée par d'autres entités**.

Certaines de ces entités peuvent apparaitre plus gentilles, candides ; elles correspondent à des âmes plus douces, restées **prisonnières** au moment de leur mort terrestre ou encore errantes dans le bas astral **parce qu'attachées** à l'individu paranoïaque pervers narcissique. Ces âmes lui offrent alors son côté plus modéré, avenant.

D'autres entités cruelles et dévastatrices, accolées à lui par **reliance commune** à la puissante nébuleuse de la **méchanceté, de la manipulation** renforcent et aggravent son aspect destructeur.

Ce phénomène explique à la fois le côté plaisant du sujet paranoïaque pervers narcissique et également sa polarité plus diabolique.

Ces êtres peuvent être la réincarnation d'anciens Atlantes restés dans l'ego, ou peuvent appartenir au groupe des êtres sur Terre dont l'âme est extra-terrestre négative, ou encore à d'autres types d'âmes, avec dans certains cas, absence totale de chakra cœur. Quelques-uns de ces êtres appartiennent aux âmes rayées du Livre de la Vie et vouées au recyclage. »

Qu'advenait-il lorsque la possession était totale ?

« **La possession totale** concerne des êtres humains dont l'âme est de vibration particulièrement **basse**, acceptant **l'accolement** d'une autre âme souvent plus virulente de par son statut d'âme désincarnée errante dans la couche de très forte densité de **l'enfer** et à l'affût de toute opportunité de s'incarner, quelle qu'en soit la façon, pourvu qu'elle échappe temporairement à cet enfer. Dans le cas extrême, l'âme qui se laisse posséder est parfois **expulsée** ni plus ni moins par l'âme prenant possession arbitrairement du corps et elle se retrouve alors **elle-même errante dans le bas astral**. »

Le souvenir de personnes possédées me revint, en l'occurrence celui d'une jeune femme qui, après avoir fait tourner les tables et fait intervenir des esprits de basse dimension, se mit à enfler littéralement, avec prise énorme de poids (plus de 80 Kg en peu de temps) et apparition de lésions cutanées à type de bulles partout sur le corps. J'étais jeune médecin à l'époque et, même si j'avais capté ce qu'il se passait, j'étais encore immature pour agir en conscience et en force et j'envoyai cette personne à un prêtre exorciste qui la soulagea.

Mon Guide de Lumière reprit :

« La possession peut se faire avant la naissance, dans l'Au-delà, si l'âme séjourne dans des couches encore denses.

Elle peut se faire au cours de la vie terrestre, par exemple **lors d'une anesthésie générale** ou d'un **coma**, ou encore d'une **expérience de dépersonnalisation** sous l'emprise de drogues hallucinogènes, ou enfin d'un **violent choc émotif** sidérant le rein par la peur et paralysant le système immunitaire entrainant la baisse de la garde de ce moi identitaire auprès de l'âme originelle. Toutes ces situations permettent à l'âme de sortir du corps et d'attirer, par la **Loi d'affinité et d'attraction**, des âmes cherchant à échapper à l'hostilité de la strate hyperdense dans laquelle elles errent. Ceci ne se produit que si l'âme du sujet qui vit l'expérience citée est trop faiblement incarnée ou si sa vibration est trop basse. *(Tome 2, chapitre1).*

Il y a là à nouveau bel et bien une **trahison** de l'âme par rapport à elle-même. »

A cette revue des cas dits de pathologies psychiatriques, s'ajoutaient les épisodes de **délire et hallucination**.

Je revoyais avec bienveillance cette jeune patiente, à l'âme ouverte en conscience, ayant présenté à l'âge de 25 ans des épisodes étiquetés délires mystiques. Elle décrivait les esprits de Lumière qu'elle entrevoyait par flash, réitérait leurs paroles sous forme de conseils et mises en garde pour l'humanité en errance, suivait leurs instructions pour que règne davantage d'harmonie sur la Terre. Le corps médical, dans l'incompréhension du phénomène de l'âme qui capte et communique avec l'éther qui est le monde des êtres essentiels et avec l'Au-delà, l'enferma à l'hôpital psychiatrique pour plusieurs séjours prolongés avec en filigrane un traitement neuroleptique obligatoire et incontournable.

« Comme si les molécules chimiques allaient couper la relation avec le plus grand que soi ! renchérit mon Guide de Lumière. Il est vrai que, lorsqu'il est influencé par des forces sombres négatives, l'être peut percevoir, par vision ou audition, des choses fausses, déviantes. Soit sa faculté de discernement est émoussée par la paresse d'âme, soit ses antennes médiumniques sont très courtes et le connectent au bas astral avec réception de messages vrillés, manipulateurs, et nocifs. Il reste primordial d'agir dans un total discernement et une connaissance des Lois Divines lorsqu'un médecin ou thérapeute ou accompagnateur aide un sujet en délire hallucinatoire. »

Un autre exemple me vint à l'esprit, celui de la personne qui peut ressentir, voir ou entendre qu'elle est suivie par un fantôme.

« Cela est tout à fait possible si la faculté du troisième œil est activée et qu'une âme défunte reste dans son entourage proche par attachement. »

Je me disais alors à nouveau que le discernement des soignants pourrait être suffisant à établir le vrai du faux.

Christ'Al Shaya acquiesça et attira alors mon attention sur le cas des **autistes.**

« L'être autiste vit une **coupure entre son âme et le but de son âme**, ceci par sidération de sa capacité à s'exprimer et une déficience de l'échange. La communication des informations entre les deux hémisphères du cerveau se fait par l'intermédiaire du **corps calleux**. Or celui-ci est insuffisant, ou trop épais, et/ou défectueux chez l'être autiste. Cela signifie que les deux hémisphères de son cerveau, l'hémisphère droit (intuitif s'il est droitier et analytique s'il est gaucher) et l'hémisphère gauche (intuitif s'il est gaucher et analytique s'il est droitier), fonctionnent chacun plus ou moins individuellement au lieu d'entrer en interaction. De fait, la médiocre transmission entre les deux hémisphères cérébraux rend l'analyse intellectuelle puissante d'une part, et le **ressenti intuitif très intense** d'autre part, et, faute de pouvoir l'extérioriser par une communication fluide par l'intermédiaire du corps calleux entre les deux hémisphères cérébraux, la tension émotionnelle devient trop forte à l'intérieur de l'être. La libération émotionnelle se fait alors souvent brutalement, par décompression, un peu comme un bouchon qui saute, pouvant donner lieu à une **possible violence** sous forme de raptus[8]. Ce raptus sera accueilli et bien géré si l'entourage familial, scolaire ou professionnel est informé sur le processus en cours, bienveillant et empli de compassion.

Cet état autiste existe parfois antérieurement à la naissance, porté par l'âme car acquis en une vie antérieure.

Il peut aussi survenir chez un enfant sain, autisme provoqué le plus souvent par un choc post-vaccinal, en particulier suite au vaccin contre la rougeole, les oreillons et la rubéole. »

Ce magnifique bébé de 18 mois, arrivé un jour en mon cabinet médical sur un brancard car réduit à la vie à l'état végétatif, était toujours présent en mes souvenirs. Même s'il ne s'agissait pas cette fois d'un autisme induit, ce bébé avait été foudroyé par la méningo-encéphalite morbiliforme suite au vaccin contre la rougeole. Probablement jamais cet enfant n'aurait eu cet effet secondaire gravissime et irréversible s'il avait contracté naturellement la rougeole – maladie infantile bénigne qui aide le système immunitaire à se construire –. Ses parents désespérés étaient venus chercher une aide pour tenter de ramener leur splendide, vif et vigoureux petit garçon à la vie pétillante qui coulait en lui

---

[8] Raptus : impulsion violente et soudaine sur un mode d'anxiété intense et/ou de colère pouvant pousser l'individu à commettre un acte grave.

jusqu'à ce qu'il reçoive cette injection funeste, présentée comme fortement recommandée et inoffensive par le corps médical bien-pensant !

Je me souvenais également de plusieurs autres enfants amenés au cabinet médical par leurs parents pour troubles du comportement suite à ce même vaccin contre la rougeole, les oreillons et la rubéole et qui faisaient alors appel en dernière ressource à la médecine naturelle. Ces enfants étaient parfaitement normaux avant la vaccination et ont développé un autisme dans les semaines suivant l'injection du vaccin. La vie de la famille était totalement bouleversée et l'avenir de l'enfant lourdement entaché. Il s'agissait sans aucun doute d'un autisme induit.

D'ailleurs, depuis les obligations vaccinales soumises à la loi votée dès le début du premier mandat du président français actuel – ceci en total asservissement aux lobbies pharmaceutiques et au diktat des élites œuvrant à l'instauration d'un gouvernement mondial malveillant envers l'humanité – les bébés et les jeunes enfants sont bombardés très vite à la naissance de 11 vaccins obligatoires (et bientôt 12 l'an prochain), répétés plusieurs fois sous forme de rappels, aboutissant à des carnets de santé complètement effarants ! En effet ces carnets de santé des enfants sont marqués de 42 vaccins et plus, en 2 ou 3 ans, surpassant le nombre d'injections vaccinales reçues au total par plusieurs adultes réunis et durant leur vie entière !

Pourtant l'espèce humaine n'a pas muté ! Rien ne justifie donc cet acharnement vaccinal dangereux ! Comment accepter de telles offenses ultra nocives pour la santé des enfants et aucunement motivées par la réalité puisque l'espèce humaine est la même que durant la génération précédente ! Si les adultes qui ont été des enfants ont résisté à ces mêmes maladies, pourquoi les enfants actuels seraient-ils plus exposés et plus fragiles ? Pour quelle raison autre que malveillante serait-il légitime que les enfants qui naissent aujourd'hui subissent une telle maltraitance médicale ?

Les conséquences de cet abus médical sont dramatiques ; l'une de ces conséquences en est le nombre en croissance exponentielle des jeunes enfants dans ce cas d'autisme induit, depuis l'autisme vrai et complet jusqu'aux troubles de comportement autistique.

Un espoir immense de cette **nouvelle médecine psychiatrique** éclairée par **les Lois Divines,** les **Principes Divins sacrés** et **l'ouverture de la conscience et du cœur** du futur corps médical et de tous les futurs soignants de la quatrième, puis cinquième dimension et plus, m'envahit. Comme en un rêve éveillé, je sombrais en rythme alpha, dans l'évidence que le mystère institué et entretenu dans la troisième dimension, au sein de la matrice créée par la source de synthèse, était pure invention et réelle manipulation mentale.

Sous l'impulsion de la montée de ma kundalini, une profonde aspiration à la **diffusion de la vérité** en tout domaine **accessible à toute l'humanité** fit jaillir de mon cœur un puissant faisceau de Lumière d'amour qui balaya tour à tour chaque continent de notre planète bien-aimée.

Chapitre 3

ALTERNATIVES THÉRAPEUTIQUES POUR LES PATHOLOGIES PSYCHIATRIQUES

Les pathologies dites psychiatriques sont si nombreuses que je me rendis compte qu'elles prenaient vie dans chacune de nos familles.

Comment le traitement actuel, si rudimentaire et si limité, pouvait-il être validé par les instances de médecine ?

Pourquoi toutes les étiologies et les traitements **éclairés** de ces états perturbés étaient-ils ignorés, masqués, déboutés, niés, ridiculisés, refusés ?

Mon Guide de Lumière me plongea dans une intense paix du cœur et je ressentis, dans un détachement émotionnel le plus total, la perversion voulue par les forces de l'ombre, à amener ou maintenir les êtres humains incarnés dans des difficultés psychologiques les plus intenses et profondes possibles, de façon à limiter voire **annihiler la puissance** de la personne, la rendant de ce fait docile et soumise à souhait. Ma paix intérieure me permit de regarder, telle une spectatrice, cette affreuse réalité, tout en ressentant avec confiance et espoir **l'immense alternative de soins offerte par l'éclairage Divin de la psychiatrie.**

> Christ'Al Shaya me transmit à nouveau que ce chapitre pouvait sembler moins accessible à ceux qui ne côtoient pas de près les pathologies psychiatriques.
>
> Ainsi ces informations pouvaient ou bien être lues attentivement ou seulement consultées plus succinctement pour les lecteurs plus éloignés de cette thématique.
>
> Il insista sur l'importance de **lire attentivement tout le reste du livre pour la connaissance sacrée et le soin vibratoire qu'il délivre à chacune et à chacun !**

Il me montra alors en un flash **comment soigner** les maladies dites psychiatriques. Tout était si clair !

Trois grands axes s'ouvraient devant moi :

- Le premier : **informer, enseigner les Principes de Vie et lever les mystères.**

- Le deuxième : **s'aligner aux Lois Divines**, en passant par la **réparation** et le **pardon**.

- Le troisième : **soigner** par la mise en pratique de **l'amour Christique**, c'est-à-dire par la **biologie sacrée**, par la **voie du sang** – vecteur des émotions – et par la **voie de l'âme** grâce à une conscience en expansion et un cœur ouvert à la **circulation de l'énergie Divine** Père - Mère et donc à l'**amour**.

Pour une plus grande clarté, mon Guide de Lumière compara alors les alternatives actuelles de soins des maladies psychiatriques à la pratique du **jardinage** :

« Dans la troisième dimension actuelle, le traitement de la terre se résume à déverser sans cesse des pesticides toujours plus abrasifs et toxiques les uns que les autres, dans le but de tuer les mauvaises herbes, sans empêcher aucunement qu'elles ne repoussent, sauf à ce que la terre elle-même ne se meure.

De même, les molécules chimiques utilisées pour soigner les désordres psychiatriques retirent temporairement des anomalies sans en éradiquer ni la cause, ni la récidive. Cette technique est **anti-vie** puisqu'elle tue :

- par les effets secondaires des molécules chimiques
- par anesthésie des émotions
- par endormissement puis paralysie de la conscience, au lieu de nettoyer puis régénérer.

Et **tout ce qui est anti-vie est contraire aux Lois Divines.**

Le jardinier en allégeance aux Lois Divines va tout d'abord extirper hors de terre et avec respect, les racines des mauvaises herbes, puis modifier le terrain en apportant un bon terreau enrichi en engrais naturels et porteur de belles vibrations. Puis il va semer des graines vraies, pures et nobles. Enfin, il va établir une harmonie entre les différents végétaux en permettant des échanges fluides et bénéfiques entre les différentes plantes par un bon voisinage les unes par rapport aux autres.

Vous l'avez maintenant compris, il y a analogie entre :

- la différence qui existe entre l'agriculture intensive agronomique **et** la permaculture,

- et le contraste qui règne entre tout traitement psychiatrique chimique, purement mental, basé sur les lois de la source de synthèse d'une part, **et** l'harmonie en soins naturels et énergétiques, soumise aux Lois Divines et aux Principes Divins sacrés, en particulier celui du respect du vivant, d'autre part. »

PREMIER AXE : INFORMER, ENSEIGNER LES PRINCIPES DE VIE ET LEVER LES MYSTÈRES

Christ'Al Shaya aborda le **premier axe** de la thérapie en psychiatrie, celui d'**informer sur les Principes de Vie et de lever les mystères** :

« Pierre fondatrice de toute aide thérapeutique en psychiatrie, la **connaissance éclairée des Principes de Vie** est en réalité tout simplement indispensable à tout être humain incarné sur la Terre.

Chaque être humain est digne de connaître les Lois de Vie et de comprendre comment il est bâti. Que cet enseignement se fasse à la maison, au sein de la famille par les parents et grands-parents, ou à l'école, ou l'université, ou encore en apprentissage au travail, chaque être incarné sur la Terre a le droit élémentaire d'être informé sur sa propre constitution.

Deux obstacles se dressent face à cette éducation, celui de la **paresse de l'âme** et **celui de l'enfermement dans la matrice de synthèse** voulue et installée par la source de fausse lumière de Satan et de sa compagne.

- Le blocage dû à la **paresse de l'âme** fait que, sans une volonté pure de percer le voile de l'oubli mis sur sa conscience depuis sa naissance, l'être incarné ne peut accéder à la connaissance des Principes de Vie et de la vérité. En ce sens, il est responsable de son propre éveil car s'il est endormi dans une vie qui ronronne, alors il reste coincé dans le matérialisme de la troisième dimension et il n'accède pas à la connaissance sacrée. Un peu comme ce que vous dites sur terre : *nul n'est censé ignorer la loi*, sauf qu'il s'agit ici des Lois Divines et non des lois humaines.

- L'obstacle occasionné par la **matrice de synthèse** créée par la source de fausse lumière de Satan et de sa compagne se lève quant à lui, d'abord par **l'éveil de l'âme volontaire** et ensuite grâce à **l'enseignement des Lois Divines** et des **Principes Divins sacrés** ainsi qu'à leur **allégeance**. »

Le processus de vie défilait devant mon troisième œil et mon Guide de Lumière continua :

« Dès le plus jeune âge, il est important que l'enfant sache qu'il est composé d'une âme siégeant dans un corps physique, **l'âme étant l'énergie qui ne disparait jamais** et le corps étant la matière qui retourne à la Terre et se dissout après usage, c'est-à-dire à la mort terrestre.

Il intègre que, lors de la vie intra-utérine, aux environs de 4 mois et demi de grossesse, son âme est entrée en l'**embryon** qui est alors devenu un **fœtus**. »

C'est vrai, j'avais remarqué que la médecine officielle parle d'embryon jusqu'au quatrième mois de la grossesse, puis de fœtus par la suite. Et nulle part, la médecine officielle s'explique ou se justifie sur ces deux appellations différentes, embryon et fœtus, désignant pourtant le même bébé.

Christ'Al Shaya renchérit :

« Oui ! L'**embryon** est l'être vivant de matière répondant à la **vie végétative**, tandis que le **fœtus** est l'être vivant répondant à la vie dans sa totalité, c'est-à-dire **végétative, consciente, émotionnelle et spirituelle**. Que s'est-il passé entre ces deux états ? **La maman a enfin senti son bébé bouger** ! Son bébé est maintenant **animé**, c'est-à dire que l'âme du bébé s'est réellement incarnée dans le corps de matière du bébé. »

Je mesurai à quel point la différence est énorme ! J'eus besoin de reformuler l'ensemble :

« **La vie consciente démarre ainsi réellement dès l'instant où l'âme s'est incarnée dans la matière**, tandis qu'à l'état d'embryon, la vie existe, mais elle est inconsciente, réflexe, dite végétative. »

« Oui, c'est bien cela ! Les racines latines confirment d'ailleurs que le mot *anima* en latin signifie *âme* et que du mot *anima* dérive le mot français *animer* ou **mettre en mouvement**. »

Tandis que je conscientisais l'importance de cette explication, mon Guide de lumière résuma :

« **Le mouvement est la vie, l'âme est la clef de la vie !** »

L'enfant intègre aussi que la **mort terrestre** est tout simplement le **phénomène inverse**, c'est-à-dire que **l'énergie de l'âme**, **qui donne vie au corps physique de matière**, se retire et sort du corps de matière pour se rendre **dans l'Au-delà au niveau de la strate dont la densité est en parfaite adéquation avec la sienne** *(Tome 1, chapitre 15)*. En aucun cas, la mort terrestre est une fin, au contraire, elle est le **début d'un nouveau cycle.** »

Je pensais immédiatement à la façon dont les êtres humains expriment leur fatigue. Ils disent communément qu'ils sont vidés, qu'ils n'ont plus d'énergie !

« Oui ! reprit mon Guide de Lumière, **l'énergie est la vie** ! C'est l'énergie qui fait bouger l'être humain. Si celui-ci a moins d'énergie, il est fatigué et bouge moins. S'il n'a plus d'énergie du tout – dans le cas où l'énergie est sortie définitivement du corps physique – il est mort. D'où l'intérêt premier, lors du soin de toute maladie, de soigner à la fois le corps physique et l'énergie. »

Tout était si clair, logique, parfait !

Christ'Al Shaya revint à **l'enseignement dû** à tout enfant, et à plus forte raison, à tout être incarné sur la planète, en ces termes :

« Une fois enseigné avec la vérité, l'enfant sait au plus profond de lui-même que la vie sur la planète Terre est un **passage**, que cette incarnation sur la Terre est entièrement **choisie par son âme** et que **cette vie n'est pas l'unique vie de son parcours dans le Cosmos**.

En effet, au cours de ses pérégrinations dans l'Univers, son âme a souvent choisi de revenir plusieurs fois sur la Terre, de se réincarner. Il comprend, comme l'a démontré le physicien Lavoisier, que : *Rien ne se perd, rien ne se crée, tout se transforme !*

Par exemple, l'eau chauffée dans une casserole s'évapore et donc change d'état tout en restant visible sous forme de vapeur d'eau et elle redevient des gouttes d'eau lorsqu'elle se refroidit. Même si son état a changé, l'eau n'a pas disparu, elle a juste modifié son aspect. Il en est de même pour l'âme dans le corps de matière de l'être humain et l'aspect de ce même être dans l'Au-delà, après la mort terrestre : le corps de matière dense s'est dissipé, et plus l'être s'élève dans les strates supérieures d'énergie de l'Au-delà, plus son apparence se modifie en s'allégeant et en devenant éthérée et lumineuse ; cependant la forme existe toujours, sous un aspect différent.

Ainsi, l'enfant bien enseigné est persuadé que l'âme ne disparait jamais ! Et le fait de lui expliquer la **vraie réalité de la vie l'aide à déchirer plus rapidement le voile**

de l'oubli posé sur sa conscience depuis la naissance et donc à entrer plus vite dans sa mission, telle que présentée dans le chapitre 1 de ce tome 4. »

L'idée de la **permanence de l'âme** me ramena à la notion du grand Livre de la Vie.

Christ'Al Shaya me dit alors :

« Certes, il est vrai que dans le grand Livre de la Vie, certaines âmes sont rayées parce qu'elles ont atteint le point de non-retour tant leur service à l'ombre a été immense et gravissime, c'est-à-dire que leurs actes ont vraiment dépassé l'incommensurable miséricorde Divine. Ces âmes sont recyclées. Elles sont pratiquement toujours d'origine extra-terrestre négative. Cela ne revient pas à dire que toutes les âmes de ces origines soient recyclées ! Non ! La **rédemption** existe pour toute âme sincèrement repentante et la **réparation** est offerte à toute âme de bon vouloir pur et sincère. Il suffit simplement de ne pas avoir dépassé le seuil de non-retour. »

Il apparaissait clairement que la base de tout équilibre harmonieux repose sur l'assimilation de la connaissance que **l'être humain** est fait d'**une âme immortelle hébergée dans un corps temporaire** et que préserver cet équilibre harmonieux en veillant à bien s'occuper de cet être humain est la pierre de base du maintien en bonne santé et donc du traitement des maladies, en particulier des maladies psychiatriques qui nous intéressent maintenant.

Deuxième axe : s'aligner aux Lois Divines en passant par la réparation et le pardon

« Ce début de synthèse, poursuivit mon Guide de Lumière, m'amène à parler du **deuxième axe** des soins, à savoir la **connaissance des Lois Divines et des Principes Divins sacrés**, afin de pouvoir **s'y aligne**r, ainsi que **la réparation et du pardon.** »

Première loi divine : loi de la réciprocité des effets

L'ensemble des Lois et Principes Divins s'affichait devant moi et mon Guide de Lumière les reprit un à un :

« **La première** et **grande Loi Divine est la Loi de la réciprocité des effets**, qui rapporte au semeur ce qu'il a semé. Vous le savez maintenant, depuis 2012, suite à la descente abondante des particules adamantines porteuses de Lumière Divine et à l'accentuation de l'inclinaison de l'axe reliant le pôle nord et le pôle sud, il s'ensuit une profonde modification du champ magnétique de votre planète.

Ainsi, le retour des pensées, des paroles et des actes qui se faisait auparavant au bout de plusieurs vies, est beaucoup plus rapide aujourd'hui, puisque ce retour de karma se déroule maintenant durant cette vie actuelle, comme pour clôturer ce cycle de 26 000 ans de vie de la planète, cycle qui touche à sa fin.

Lorsque l'être humain connait cette Loi Divine, il comprend ce qu'il vit au quotidien. Il ne vit alors plus les évènements de sa vie comme une pauvre victime malchanceuse, mais comme un être **responsable de ce qu'il vit au jour le jour**, en conscientisant non seulement les **faits reliés à son propre karma**, mais aussi ses **blessures d'âme** qui le poussent à réagir à travers un filtre vrillé, créé au fil du temps par sa propre blessure, le privant du bonheur. »

Je voyais le rapport direct avec le traitement des maladies psychiatriques telles que la dépression, l'état d'anxiété pathologique, les troubles des conduites alimentaires, les phobies ou les états de dépendance. En effet, **la reconnaissance de ses propres blessures d'âme** – qu'il s'agisse de la blessure d'abandon, d'humiliation, de rejet, de trahison, d'injustice, de non-reconnaissance, d'intrusion et/ou de maltraitance – et la compréhension de leur probable origine karmique sont primordiales, avant d'envisager d'y remédier.

La réparation

Mon Guide de Lumière ajouta :

« La compréhension de la Loi de la réciprocité des effets inclut bien évidemment la phase de la **réparation** puisque cette période de vie de l'être qui a un **déclic de l'âme** concentre les choses à vivre, directement reliées aux égarements les plus graves commis durant ses vies antérieures.

La réparation vécue dans l'**acceptation** totale que tout est juste, dans le **lâcher-prise** le plus complet et dans la **confiance absolue** en le Plan Divin est totalement salvatrice et autorise l'accès à l'ascension. »

Je ressentais à nouveau l'immense importance de ce principe de vie qu'est **la réparation**. Mon désir profond que tout être humain sincère puisse y accéder fut tel que mon Guide de Lumière renchérit :

« La **réparation** est effectivement **l'élément clef** de la vie d'un être humain désireux d'**ascensionner**.

En effet, – et ce n'est pas à toi que je vais le rappeler, chuchota mon Guide de Lumière en riant ! – la réparation fait vivre à la personne qui a un **déclic** de l'âme, un concentré d'évènements plus ou moins costauds, tous reliés aux actes les plus lourdement désalignés de ses vies antérieures.

L'explication de l'existence de la réparation reste ainsi une **information incontournable** à toute personne souffrant d'une pathologie psychiatrique.

Prenons en exemple la **dépression** qui est réactionnelle à des évènements vécus. Rien n'arrivant par hasard, ces évènements de vie, nous l'avons vu, sont liés au **karma ancien ou récent**. Pour solder ce karma et ainsi quitter l'état dépressif, la **réparation** est indispensable. »

Deuxième Loi Divine : Loi de l'attraction et de l'affinité

Mon attention fit un focus sur **la deuxième grande Loi Divine,** celle de **l'attraction et de l'affinité** et Christ'Al Shaya poursuivit :

« Tout être vivant attire ce qu'il émane et ce qui est semblable à lui. Une fois l'**acceptation** actée par l'être humain de ses propres blessures d'âme, accompagnée du **désir profond** de les guérir, l'école de la Vie l'expose, par cette Loi d'affinité et d'attraction, à des situations à vivre le mettant **face à sa problématique** et lui proposant de **réagir autrement**, non plus comme avant à travers le filtre de sa blessure d'âme, mais avec l'éclairage neuf de la conscientisation des faits et ainsi la possibilité d'agir différemment, cette fois **en alignement à la norme Divine.** »

Il est acquis que les évènements douloureux vécus par un être dépressif résultent à la fois de son karma, également de ses paroles, pensées et actions créatrices, enfin de sa ou ses blessures de l'âme ainsi que de ses fausses croyances. L'être humain conscient de cela peut, **non plus subir** les épisodes éprouvants de la vie comme une fatalité, mais **intégrer pourquoi** il les vit et comment il peut **contre-réagir** en **transmutant ses blessures** et donc en **transformant son attitude**, qu'il s'agisse de ses pensées, ses paroles et ses actions, ceci tout en **incluant** absolument toujours la période de la **réparation**.

« Oui ! C'est bien cela, renchérit mon Guide de Lumière, l'abattement passif que l'être dépressif subit ou croit subir telle une victime donne alors lieu à **la prise en main active de sa propre vie**. L'attitude globale passive et négative laisse place à une **gestion active positive et créatrice** de sa journée, de sa vie. Toujours selon la Loi Divine d'attraction et d'affinité, les pensées, les paroles et les actions positives dans la joie attirent et donc créent une **réalité joyeuse et épanouissante**. »

Je rebondis sur **l'anxiété pathologique, les états de grande dépendance, les phobies** et Christ'Al Shaya reprit :

« L'être humain qui, par exemple, souffre de **claustrophobie** – soit l'angoisse, voire la panique, d'être enfermé dans un petit espace – sera aidé s'il comprend que, lors d'une vie antérieure, il est lui-même mort étouffé ou prisonnier dans un petit espace, ou au contraire il a enfermé ou étouffé mortellement quelqu'un. Le fait de se réapproprier ses propres mémoires lui permet de laisser émerger en son âme **le désir** ou non – puisque la liberté est toujours totale – **de se libérer** de ces mémoires remontées à la surface de la conscience.

A nouveau, **l'acceptation de ce qui est** sera la première étape, puis le **cri de l'âme pur et sincère** appelant la libération des mémoires sera la deuxième étape ; enfin le **travail sur soi-même**, en conscience et en confiance absolue que l'aide Divine descend en abondance – et d'autant plus, que le bon vouloir est sincère et pur –, constituera la troisième étape. »

A l'évidence, **la Loi d'attraction et d'affinité et la Loi de la réciprocité des effets** permettent d'expliquer toutes les situations vécues ! Je ressentais alors les interrogations des êtres humains telles que :

Pourquoi cet être humain a-t-il besoin d'alcool ou de drogue ? Pour quelle raison en est-il dépendant ?

Mon Guide de Lumière reprit :

« Dans une autre vie, cet être était attaché à ces substances et après la mort terrestre, son âme n'a pas su se guérir de cet **attachement exagéré** ; aujourd'hui la personne est à nouveau confrontée à ses propres saboteurs.

L'être peut aussi succomber à ces dépendances telles que l'alcool, la drogue, ou encore le tabac, le sexe, les jeux, l'argent, parce qu'il est en **vide affectif**, qu'il est **bloqué dans la dépendance, dans l'attachement** aux personnes, choses, lieux ou situations et/ou parce qu'il est **entouré** de personnes qui sont elles-mêmes dépendantes ; **il n'y a pas de hasard** et c'est lui-même qui attire les personnes qui lui sont proches.

Enfin, dans cette vie, l'être est peut-être **dévalorisé**, atteint par **l'humiliation** – qui peut venir d'anciennes vies si l'âme ne s'est pas guérie entre temps – ; il est donc en **manque de confiance et d'estime de lui-même** avec en conséquence une attitude d'**autosabotage**.

L'être sujet à la dépendance guérira selon le même schéma :

- **reconnaissance et acceptation** des blessures de son âme,

- réaction avec prise en main des rênes de sa vie grâce à la **prise de conscience** qu'aucune personne n'est tenue pour responsable de sa dépendance (sinon il ne serait qu'une pauvre victime sans possibilité de s'en sortir), grâce également à son **intense bon vouloir de progresser attirant l'aide Divine** et enfin grâce à la **coupure** de sa connexion aux nébuleuses de l'attachement et/ou du vide affectif, de la dévalorisation et humiliation, point qui sera développé un peu plus loin.

- changement actif **au quotidien** vers l'alignement aux Lois Divines et aux Principes Divins sacrés. »

Mon attention se portait maintenant sur les **Principes Divins sacrés.**

Christ'Al Shaya expliqua que ce thème s'appliquait à l'Univers entier et donc bien évidemment à la psychiatrie.

LES TROIS PRINCIPES DIVINS SACRÉS

Il aborda **les trois Principes Divins sacrés :**

---le premier est le respect de tout ce qui est vivant :

« **La santé** est possible uniquement lorsque **le vivant est totalement respecté.** Cette condition est incontournable !

Actuellement, votre planète vivante est profondément maltraitée : les animaux sont exploités sans aucun respect, les végétaux sont soumis à expérimentation et bidouillage génétique déviant, les humains sont asservis à la médecine dite allopathique chimique qui oublie le serment d'Hippocrate (*en premier ne pas nuire*), au profit de l'ego, de l'abus de pouvoir, des conflits d'intérêt, de la surpuissance du mental qui écrase la conscience.

Respecter le vivant, c'est tout simplement **célébrer la vie** des animaux, des végétaux, des minéraux, des humains et de la planète Terre. Et agir en ce sens, c'est **se conformer à l'équilibre inné** de la **nature.**

Alors respecter le vivant dans le domaine de la psychiatrie, c'est :

- **protéger le corps physique** selon le principe d'Hippocrate sans nuire au fonctionnement physiologique des organes avec des substances toxiques,

- **harmoniser les émotions** chez ces personnes psychologiquement et psychiquement fragiles.

- **traquer les fausses croyances** et les enfermements du mental. »

Je sentais là d'immenses bases de traitement psychiatrique et mon Guide de Lumière m'informa que, pour la clarté des explications, un développement de ces trois points serait apporté seulement un peu plus loin.

Il enchaina avec le deuxième Principe Divin sacré :

---« **Le deuxième Principe Divin sacré** est **l'union du Féminin et du Masculin sacrés en toute harmonie :**

Ce Principe Divin sacré est la pierre fondatrice de la compréhension globale de la vie, de la mission d'âme. Les valeurs du **Féminin sacré** que sont la douceur, l'amour, la compassion, le soin, l'intuition avec indication de la direction à suivre, éventuellement la maternité non obligatoire, s'harmonisent avec les valeurs du **Masculin sacré** que sont la protection du Féminin, le courage, la bravoure et l'action, la réalisation qui concrétise les idées du Féminin sacré dans la matière.

En réalité, ces valeurs féminines et masculines s'harmonisent **d'abord en l'être incarné lui-même.** Chaque être humain a en lui du féminin **et** du Masculin sacrés, avec une dominance nette des valeurs féminines s'il s'agit d'une femme et des valeurs masculines s'il s'agit d'un homme. L'harmonisation se fait donc en premier lieu à l'intérieur même de la personne, avec intégration consciente du sens de ces valeurs, développement et grandissement de ces qualités en elles-mêmes.

Cette harmonisation se fait **en second lieu entre la femme du Féminin sacré et l'homme du Masculin sacré,** c'est-à-dire au sein du couple – et dans l'idéal du couple de complément Divin (couple parèdre) puis celui de flammes jumelles ou encore celui d'âmes sœurs – *(Tome 1, chapitre 21).* »

J'actais qu'**un être en dysharmonie psychologique** présentant des troubles dépressifs, anxieux, obsessionnels, à type de dépendance ou bipolaires, **a besoin de réajuster son propre Féminin et Masculin sacrés en son for intérieur**, même si ceci est seulement un versant parmi tous les autres axes du protocole thérapeutique.

Me venait à l'esprit cette femme profondément affaiblie par une grave dépression survenue suite à son licenciement et son divorce. Cette personne, humiliée par un employeur rude et exigeant, avait emmagasiné la vexation intense avec de la colère et un immense ressentiment. Ces sentiments avaient intensifié en elle la révolte et la violence, sentiments renforcés par la connexion aux nébuleuses correspondantes et qui en second lieu avaient détruit son couple. Les valeurs saines qui l'habitaient en tant que femme de la Terre, à savoir la douceur, la sérénité, la compassion, toutefois associées au dynamisme, à l'action affirmée, étaient soudainement déséquilibrées. Les valeurs yang (plus masculines) dominaient les valeurs yin (plus féminines) et son équilibre Féminin / Masculin sacrés en elle était désharmonisé. La colère et la violence s'exprimaient en salves, sur un fond totalement apathique.

L'ignorance de **l'impact de la puissance** d'une femme connectée à la Lumière – donc en harmonie dans son Féminin et Masculin sacrés à l'intérieur d'elle-même – l'empêchait de guérir de cette dépression. De même, l'exemple peut concerner un homme qui, méconnaissant la force d'un homme dont le Masculin et le Féminin sacrés sont harmonisés à l'intérieur de lui, peine à guérir d'une dépression.

En dehors de ses propres blessures d'âme – humiliation, injustice, rejet, trahison, abandon, non reconnaissance, intrusion, maltraitance – réactivées en cet épisode de vie, la connaissance de l'équilibre Féminin / Masculin sacrés en elle aurait permis à cette femme d'activer son dynamisme lors des moments d'abattement intense et de catalyser la douceur et la sérénité lors des passages plus " yang " d'excitation et de révolte. Malheureusement, la structure hospitalière qui l'accueillait était très loin de cette vision éclairée de la vie. La connaissance de la vérité est toujours d'un secours aidant.

Mon Guide de Lumière acquiesça et évoqua **le troisième Principe Divin sacré** :

---« Le troisième Principe Divin sacré est **la vie selon le cercle Divin sacré :**

La forme du cercle fait partie de la géométrie sacrée. Cette forme n'est jamais coupée par une ligne droite ou brisée à l'état naturel *(Tome 1, chapitre 11).*

L'être incarné en souffrance psychiatrique est amené à connaitre ce Principe du cercle Divin sacré qui régit la structure du Cosmos. Ce processus est grandement facilité par la prière et la méditation.

Le cercle permet la Vie.

Le ventre d'une femme qui porte la vie est arrondi. Les planètes, Terre, Lune, sont rondes. La vie elle-même se déroule selon le cercle sacré dans le sens où chaque personne a sa place dans le cercle. Cette place est égale pour chacune des personnes, ni plus importante, ni moins importante ; elle est simplement de couleur et d'aspect différents selon la mission de chacun.

Ainsi la **Vie selon le cercle** s'oppose à la vie selon la pyramide. De fait, la vie selon les valeurs Christiques de la Source Divine Première diffère de la vie selon les lois sataniques de la source de synthèse.

En troisième dimension, les règles de vie sur votre planète sont soumises au système pyramidal avec une poignée de privilégiés matérialistes au sommet de la pyramide et des êtres de plus en plus esclavagisés au fur et à mesure de la descente vers le bas de la pyramide.

Au contraire dans le cercle Divin sacré, **chacun est reconnu pour qui il est**, c'est-à-dire une **créature issue du Divin Créateur et incarnée sur la Terre pour y remplir son rôle**. Au sein du cercle existent l'égalité, la fraternité, la liberté, la solidarité, la bienveillance, l'amour, la joie, le partage et la compassion.

Dans le modèle de la pyramide, ce sont mépris, domination, irrespect, ego, égoïsme, rivalité, compétition et souffrance.

Les Amérindiens et autres sociétés dites primitives avaient la connaissance parfaite de ce principe et vivaient le cercle Divin sacré dans leur quotidien. Le cercle Divin sacré initie, favorise et rend prospère le **troc Divin**, c'est-à-dire cet échange de services entre les personnes, selon ce que chacun peut offrir ».

L'exemple de la compétition et de la rivalité dans notre monde actuel de la 3D m'amenait à penser au statut du chef d'entreprise et de celui de la personne chargée de l'entretien au sein de cette même entreprise. Dans le cercle Divin sacré, le chef d'entreprise et l'agent d'entretien sont deux maillons utiles de la chaine du cercle ; rien ne se fait l'un sans l'autre. Dans le système pyramidal, le statut de l'agent d'entretien peut être teinté de soumission et d'humiliation et celui du dirigeant d'ego et de mépris.

Lorsque la personne en souffrance psychiatrique intègre l'importance et l'authenticité de la vie au sein du cercle Divin sacré, elle reprend confiance en elle et en son devenir si elle est en bas de la pyramide – l'agent d'entretien dans l'exemple cité – tandis qu'elle modifie son schéma de pensée et son comportement vers une considération respectueuse de l'autre et une abolition de son ego si elle est *au-dessus de l'autre* dans la pyramide infernale de la 3D – le chef d'entreprise dans le même exemple cité –.

Le trouble psychiatrique peut en effet toucher tout le monde, quelle que soit sa position sociale. Suite à l'intégration véritable de ce Principe Divin sacré, chacun s'épanouit dans le respect de qui il est et dans l'acceptation et la compassion envers celui qui vit encore selon le mode pyramidal.

Cela ne signifie pas un effacement devant l'être dominateur ! Cela demande simplement une attitude dictée par l'amour Christique inconditionnel qui aime dans le **triangle or Divin**. L'ancien comportement au sein du triangle infernal victime bourreau sauveur s'efface, puis disparait au profit du comportement sage dans le triangle or Divin passant par l'amour et le respect de soi-même, l'amour de l'autre et l'amour universel inconditionnel. *(revoir l' illustration B au chapitre 1 de ce tome 4)*

Ainsi, la connaissance et l'allégeance aux Lois Divines et aux Principes Divins sacrés, associées à la réparation étaient au premier plan du traitement des pathologies psychiatriques.

LE PARDON

Je perçus alors qu'une notion très importante descendait en mon canal et Christ'Al Shaya énonça avec insistance :

« L'être humain en soin, qu'il s'agisse **d'une dépression, d'états anxieux, de phobies, d'obsessions et de grandes dépendances** sera amené, à l'étape ultime, à **PARDONNER** :

- se pardonner **à lui-même** d'avoir en cette vie ou en des vies antérieures accepté ou encaissé des choses injustes et/ou incorrectes malgré lui ou de les avoir fait vivre à d'autres, se pardonner également d'avoir fait vivre à son âme une **trahison par déviance** justement par rapport au mandat choisi et accepté librement par son âme.

- et pardonner **à l'autre** qui est à l'origine d'une injustice, d'une trahison, d'un rejet, d'un abandon, d'une humiliation, d'une non-reconnaissance, d'une intrusion et/ou d'une maltraitance. Pour cela, il acceptera en toute **tolérance** que l'autre a lui-même agi au travers du filtre de ses propres blessures d'âme. Il intégrera aussi que l'impact sur lui-même de ce qu'a fait l'autre dépend de son état personnel de guérison. C'est-à-dire que si un être humain est guéri de ses propres blessures d'âme, il ne prend plus rien pour lui ou contre lui, il n'est plus une cible vulnérable ; son **détachement émotionnel** est entier et total et lui permet de laisser glisser les flèches qui lui sont envoyées par d'autres êtres eux-mêmes multi-blessés. »

Je me connectais avec les anciennes sociétés primitives. Chacune d'elles mettait en exergue le pardon. Je pensais en particulier à Ho'oponopono, art ancestral du pardon à Hawaï, qui consiste à être désolé de ce que l'on a fait suite à un acte désaligné, de se pardonner à soi-même pour le mal occasionné ou de pardonner à l'autre pour les désagréments vécus, de remercier à la fois l'autre et l'Univers pour l'initiation offerte et enfin d'exprimer son amour à l'autre et à soi-même. Autrement résumé : *désolé, pardon, merci, je t'aime*.

Un faisceau de Lumière bleu cobalt descendit sur moi, confirmant que mon Guide approuvait !

Christ'Al Shaya ajouta :

« Le pardon est un acte d'**amour inconditionnel**. Son efficacité dépend de l'état vibratoire de l'être qui pardonne. Il s'effectue le plus souvent en plusieurs fois envers une même personne, libérant et ainsi guérissant à chaque nouveau pardon plus authentique une couche plus profonde de soi-même comme si l'on retirait une à une les pelures d'un oignon. Le pardon fera l'objet d'un chapitre dans le cinquième et dernier livre de la série *Quête de l'infini par les sons et la Lumière.* »

L'amour inconditionnel de mon guide de Lumière m'enveloppait, me pénétrait et me procurait un état de joie profonde. J'intégrais facilement que l'aide thérapeutique consiste ainsi :

- pour le premier axe en l'**enseignement** des Principes de Vie régissant la nature, ainsi que la **levée des mystères**,

- pour le deuxième axe en l'explication des **Lois Divines** et des **Principes Divins sacrés**, la compréhension de la **réparation**, puis la voie du **pardon**.

TROISIÈME AXE : SOIGNER PAR LA MISE EN PRATIQUE DE L'AMOUR CHRISTIQUE

Mon Guide de Lumière reprit :

« Après ces bases, **le troisième axe** de l'accompagnement thérapeutique en psychiatrie se fait dans **l'éveil de la conscience reposant sur l'amour Christique avec expansion du cœur, la remontée des mémoires en lien avec les annales akashiques[9], la prise de conscience des blessures de l'âme, l'apport de la biologie sacrée et la mise en circulation de l'énergie Divine Père - Ciel et Mère - Terre.** »

---

[9] Annales akashiques : Bibliothèque virtuelle existant dans l'énergie subtile au sein de l'Univers et regroupant les mémoires individuelles de chaque âme et les informations sur la Vie dans l'Univers.

Techniques de soins

De nombreuses techniques de soins affluaient en moi et mon Guide de Lumière en fit une synthèse :

« - La **lecture de l'âme** par un soignant y ayant accès aide énormément à l'intégration de l'origine des problèmes, la relation avec des faits anciens des vies antérieures ou de cette vie actuelle étant mise en lumière. Ce soignant aura son troisième œil ouvert et son canal de communication avec le Ciel activé et actif. Il pourra aussi lire les annales akashiques. Ce soignant se devra par ailleurs d'épurer chaque jour son canal.

- La **libération des mémoires anciennes** peut également se faire par **l'hypnose** classique dite Ericksonienne pour les phobies, les obsessions par exemple, ou l'hypnose humaniste et spirituelle dans les autres pathologies psychiatriques. Ces mémoires anciennes expliquent en partie les blocages et difficultés psychologiques d'aujourd'hui ; elles sont karmiques et donc propres à l'être concerné, ou bien elles sont transgénérationnelles et le sujet a capté l'une ou l'autre des problématiques de l'un ou plusieurs de ses ascendants, ceci qu'ils soient encore vivants sur la Terre ou déjà dans l'Au-delà. **Le hasard n'existant pas**, quelque chose chez l'être porteur de la mémoire transgénérationnelle a permis, si l'on peut l'exprimer ainsi, cette transmission du problème non résolu, du nœud non dénoué par l'ascendant lui-même durant sa vie terrestre.

- D'autres techniques plus concrètes telle **l'EFT** (*Emotional Freedom Technique*) qui lève des traumatismes grâce à l'alliance de mots prononcés et de points d'acupuncture stimulés, ou telle l'**EMDR** (*Eye Movement Desensitization and Reprocessing*) qui apporte une guérison émotionnelle par la réalisation de mouvements oculaires concomitants à l'évocation du traumatisme vécu, pourront être utilisées.

- Un soin **chamanique** au tambour bien guidé par un être vibrant sur l'onde Christique, tel qu'il était pratiqué chez les Amérindiens alignés aux Lois Divines et œuvrant selon le cercle Divin sacré. Ce soin reconnecte l'être humain en souffrance à sa véritable essence en le libérant de ses distorsions.

- Des **constellations familiales**[10] seront utiles pour dévoiler la place que chaque être humain tient au sein de sa famille et permettront ainsi de mettre des mots sur les dysharmonies entre les membres de la famille, les anomalies du rôle de chacun et le rapport relationnel entre toutes les personnes de cette famille.

---

[10] Constellations familiales : soins effectués en groupe avec jeux de rôle révélant par résonnances la place et le rôle de chacun au sein de sa propre famille.

- Le **décodage cellulaire**[11] mettra le doigt sur les conflits et les nœuds qui empêchent la fluidité de l'équilibre psychologique, grâce à la compréhension de ce que le corps cherche à exprimer lors de douleurs ou maladies. Un accompagnement bienveillant et très intuitif par le soignant et le bon vouloir pur du patient aideront à résoudre les conflits et à dénouer les nœuds.

- La **langue des oiseaux** aide aussi à l'explication du pourquoi de la maladie, c'est-à-dire à mettre symboliquement en évidence ce que *le mal a dit*. Ce langage a été utilisé, jadis, par des alchimistes utilisant cette langue pour coder et ainsi protéger leurs écrits traitant du Graal. La langue des oiseaux révèle le sens caché d'une souffrance, d'une douleur, d'une maladie.

A titre d'exemples très simples, la mort signifie *l'âme hors*, la morsure *mort sûre*, la magie *l'âme agit*, le sacré *ça crée*, carpe diem *car paix dit aime* ; la tumeur laisse entendre : *tu meurs !* En réalité, le cancer est quasi toujours une épreuve vécue dans le corps physique et qui permet, **si** la prise de conscience se fait, de réinitialiser la personne, c'est-à-dire de faire le nettoyage de tout ce qui était encore confus ou obscur et qui freinait le chemin de l'ascension. »

Je repensai à cette femme artiste chanteuse qui s'était découvert une tumeur à type de myosarcome sur la jambe.

---

[11] Décodage cellulaire : décryptage des mémoires inscrites dans les cellules avec déprogrammation puis reprogrammation.

L'exérèse[12] chirurgicale et des soins en médecine naturelle furent réalisés. Conjointement fut mené un travail profond de mise en lumière d'une blessure persistante suite à un vécu d'inceste, lui-même relié à un karma d'abus sexuels lors de vies antérieures. Un nettoyage de connexions encore existantes à la source de synthèse empêchant l'alignement et le retour de la santé à la norme du Créateur fut également accompli. Pour cette patiente, la « *tu meurs* » avait, par le travail et les prises de conscience effectués, permis la guérison du corps et de l'âme.

« D'ailleurs le mot guérison, intervint mon Guide de Lumière, laisse entendre *guéri sons* ! Le traitement par les sons est une médecine d'avenir et nous y reviendrons. »

- Les **blessures de l'âme** de l'être présentant une pathologie psychiatrique seront mises au grand jour par l'intuition bienveillante et la connexion à la Lumière du soignant. Ces blessures seront énoncées et expliquées ; elles relèvent de l'abandon, du rejet, de l'injustice, de l'humiliation, de la trahison voire de la non-reconnaissance et de la maltraitance. Des conseils avisés et lumineux seront donnés pour aider la personne en souffrance à auto corriger et rééduquer ses pensées, ses paroles et ses actions

---

[12] Exérèse : ablation chirurgicale visant à ôter du corps ce qui lui est nuisible ou étranger, qu'il s'agisse de calculs, de tumeurs ou encore d'un corps étranger.

afin de les réaligner aux Lois Divines et Principes Divins sacrés précédemment énoncés, et à veiller en particulier au câblage du cerveau exclusivement aux nébuleuses d'énergie positive. »

Me revenait alors à l'esprit cette personne qui, souffrant de la blessure d'abandon, était en grande dépendance affective, elle cherchait à faire plaisir à tout prix à autrui pour gagner l'amour de l'autre et ne pas être abandonnée. Elle vivait ainsi dans l'oubli d'elle-même, le sacrifice, l'indécision, la peur du conflit, la non expression de qui elle était vraiment. Cette façon de vivre la rendait dépressive.

« Dans ce cas précis, expliqua mon Guide de Lumière, l'aide consistera – outre tout l'enseignement précédemment évoqué – à lui apprendre à se connaitre, à faire grandir l'estime et le respect d'elle-même, à rééduquer son mental afin de modifier ses schémas de comportement réactionnels à toute situation qui fait résonner sa blessure d'abandon que désormais, elle reconnaîtra. Elle percevra les initiations sur son chemin de vie et sera consciente que ces expériences sont à vivre pour l'aider à réajuster son comportement.

LÂCHER-PRISE ET CHEMIN DE GUÉRISON

Il est important de rappeler que tout ce qui arrive dans le quotidien de l'être en désir de guérison est **bon pour lui**, que les initiations vécues au jour le jour sont **le chemin vers le soulagement, l'amélioration ou la guérison** de son état – souviens-toi, souvenez-vous, le résultat en termes de guérison **dépend de la vibration** de l'âme en souffrance ; une vibration plus basse permettra un soulagement, alors qu'une vibration plus haute offrira une amélioration ou mieux une guérison. »

« Être en bonne santé, c'est savoir s'adapter ! » disons-nous dans notre langage populaire, m'exclamai-je. »

« Oui ! reprit mon Guide de Lumière, lorsque l'être humain travaille sur le **lâcher-prise et la confiance en le Plan Divin** *(Tome 2, chapitre 6)*, il sait au fond de lui que ce qui arrive est bon pour lui, qu'il est protégé et que tout évènement à vivre personnellement est offert par l'Univers pour l'aider à progresser sur son chemin de guérison.

Le lâcher-prise installe la souplesse avec une plus grande créativité, une plus grande expression du génie individuel, des dons et des potentiels enfouis sous les croyances et les dogmes. **Le lâcher-prise et la confiance** que tout est juste et orchestré par le Plan Divin selon les Lois Divines et en fonction du niveau vibratoire de l'âme de l'être humain, **calment immédiatement l'anxiété et guérissent les angoisses**. »

Responsabilité du soignant

Christ'Al Shaya me mit alors face à la responsabilité du soignant et insista :

« **Le thérapeute** qui aide le patient atteint d'une pathologie psychiatrique est **totalement responsable de ses propres actes**. Quelle que soit la technique de soin utilisée, la **pureté** de sa reliance au Divin est primordiale. En effet, des impuretés dans son canal ou des noirceurs dans son aura non seulement limitent l'intensité et l'efficacité du soin, mais surtout engagent **sa responsabilité** quant à l'énergie véhiculée par lui vers le patient. Un soignant empli d'ego par exemple transmettra une vibration plus lourde qui ne sera pas bénéfique au patient, d'autant plus que le sujet souffrant de pathologie psychiatrique est affaibli dans sa vibration d'âme, donc plus perméable aux énergies nuisibles. »

Je ressentais intensément la gravité de transmettre, en guise de soin à autrui, des énergies lourdes – perverses comme le dit la médecine traditionnelle chinoise – à une personne affaiblie et en conséquence disposant d'un discernement amenuisé. Je mesurai ô combien **la responsabilité du soignant est immense et engage l'avenir de son âme** dans la mesure où il accepte de guider quelqu'un.

Techniques de soins additionnelles sur les aspects mentaux & émotionnels

Mon Guide de Lumière reprit l'énumération des soins possibles dans ce troisième axe thérapeutique :

« - Un travail de détection et de mise en évidence des **fausses croyances limitantes** sera fait pour libérer l'être souffrant des limitations enfermantes de son mental. Il peut s'agir de croyances religieuses, superstitieuses, dogmatiques par emprisonnement du mental dans des doctrines, dans des sectes, dans la franc-maçonnerie ou sous l'emprise de faux prophètes, de plus en plus nombreux en cette époque. »

Toutes les fausses croyances enfermantes, traitées dans le tome 2 : *L'Immersion,* défilaient devant moi.

« Ce qui compte, reprit mon Guide de Lumière, est de mettre l'accent sur la **peur** véhiculée par les croyances – sachant bien que cela est volontaire de la part des auteurs de ces fausses croyances – **peur qui paralyse et éteint l'amour**.

Or **l'amour guérit**.

- Il est également important de mettre en évidence la domination du cerveau mental sur la vibration de l'âme, si cette domination existe, de façon à aider la personne à pratiquer le **lâcher-prise**, à oublier ce qu'elle a appris pour se reconnecter à la vraie Connaissance.

- A ce titre, la pratique du **chant** est excellente car elle permet de lâcher la tête, de mettre le cœur en **joie**, tout en libérant l'expression au niveau du **chakra de la gorge**.

- Il est bénéfique d'expliquer que **la pensée est créatrice**, ceci par la Loi d'attraction et d'affinité et par la connexion à la nébuleuse (ou égrégore) correspondante *(revoir l'illustration A des nébuleuses au chapitre 1 de ce tome 4) ».*

Le tableau était très clair ! La personne connectée par ses pensées, ses paroles et ses actions aux **nébuleuses positives** de la joie et/ou de l'amour, la compassion, le dynamisme optimiste, l'altruisme, **enrichit** ces nébuleuses auxquelles elle se relie de ses propres vibrations positives et **reçoit en retour**, par la loi de la réciprocité des effets, les mêmes énergies positives au centuple. Par les mots du cœur qui parlent à l'âme, cette connexion de l'âme de l'être incarné aux nébuleuses d'énergie positive, le câblage du cerveau aux circuits exclusivement positifs est de toute première importance, pour ne pas dire vraiment essentiel !

En effet, cette nébuleuse de vibrations positives recueille toutes les vibrations positives identiques émanant de tous les êtres humains de la planète qui les vivent ; cette nébuleuse d'énergie positive déverse alors en retour et de façon très amplifiée cette onde positive sur la personne qui s'y connecte. Je conscientisais l'importance du **libre choix** de chaque être humain, celui de se relier aux nébuleuses positives ou négatives. »

Aussitôt, m'apparut le problème des **troubles bipolaires** avec l'aide thérapeutique consistant à faire prendre conscience au sujet qu'il **oscille** entre une connexion à la nébuleuse de la **frénésie joyeuse** et une autre à la nébuleuse de la **tristesse mélancolique**. Le **travail de déconnexion** à ces nébuleuses par un recâblage du cerveau exclusivement aux égrégores positifs, ainsi que tous les autres axes thérapeutiques déjà évoqués, l'ouverture de la conscience et du cœur étaient la clef de l'harmonisation de ces troubles bipolaires.

Mécanisme et soins des addictions avec un focus sur l'anorexie et la boulimie

Me venaient aussi en conscience les **grandes addictions** et mon Guide de Lumière rebondit :

« Tu l'as intégré, l'être humain qui a développé une **forte dépendance**, que ce soit à une drogue, à l'alcool, au sucre, au tabac, au sexe, à l'argent, au jeu, etc, a installé une **forte connexion avec la nébuleuse correspondante**. Et l'énergie identique à celle de son addiction lui revient en retour comme un boumerang depuis cette nébuleuse qui rassemble toute l'énergie de dépendance existant sur la planète à tous les degrés de gravité ! Cette interaction **amplifie et renforce chaque jour** un peu plus sa propre dépendance.

L'être humain en addiction a besoin de connaître ce mécanisme de fonctionnement et d'apprendre, en étant aidé, à se défaire de ses connexions alourdissantes à la nébuleuse correspondante. Par l'auto rééducation de ses pensées, de ses paroles et de ses actions, il pourra progressivement se couper des nébuleuses négatives correspondant à ses pensées, paroles et actions négatives. Il sera alors apte à visualiser les nébuleuses positives correspondant au versant positif contrecarrant ses maux, à s'y connecter afin d'en recevoir en retour l'aide positive et puissante, **toujours à la hauteur de son désir de guérir et de son bon vouloir à se réaligner**.

Le versant de ses **blessures de l'âme**, nous l'avons évoqué, sera mis en Lumière et corrigé, réaligné par la **thérapie d'expansion du cœur** expliquée dans ce chapitre.

Enfin, **l'ancrage à la Terre** sera primordial pour renforcer **le choix et l'acceptation pleine et sans limite** de **l'incarnation**. En effet, plus l'ancrage à la Terre s'accroit, plus la **volonté créatrice** du hara (deuxième chakra situé sous le nombril) se développe et ainsi plus la Lumière Divine qui descend sur l'être de bon vouloir en chemin vers la guérison envahit cet être volontaire dans sa globalité, lui ouvrant toutes les portes vers des opportunités positives d'évolution personnelle. L'être en chemin vers la guérison grandit alors dans **sa puissance intérieure** et sa capacité à se connaître et à exister réellement tel qu'il est vraiment, en route vers **son mandat** d'âme et en ouverture toujours plus grande de sa conscience et de son cœur. »

L'anorexie et la boulimie rejoignaient ces états de fortes dépendances.

Mon Guide de Lumière continua :

« C'est exact. L'être présentant une anorexie, nous l'avons vu précédemment, porte en son âme des mémoires de violentes privations alimentaires, d'états de maltraitance du corps, vécues dans des vies antérieures. Le soignant aidera cet être anorexique à lâcher ces mémoires en coupant les liens à ces situations vécues, ceci dans les annales akashiques ou tout simplement grâce à sa propre Lumière guérisseuse émanant de lui. Le thérapeute mettra aussi au grand jour les relations toxiques actuelles dans l'entourage de l'être anorexique et le guidera vers une autonomie affective – également matérielle si possible – envers les personnes dont le lien est toxique parce que très souvent karmique et présent dans les vies antérieures concernées.

Ainsi, la personne anorexique pourra poser les valises de l'ancien, portées depuis des vies et alourdies encore un peu plus à chaque nouvelle vie, à la fois par les influences des liens karmiques avec l'entourage et aussi par la connexion maintenue et entretenue aux nébuleuses des violentes privations alimentaires au corps physique. »

Je réalisai que la Loi d'attraction et d'affinité enlise cette connexion aux nébuleuses des violentes privations alimentaires dans le sens où un cycle infernal s'établit. En effet, plus la connexion de l'être anorexique avec la nébuleuse concernée est puissante, plus l'être reçoit en retour les énergies négatives qui incitent à poursuivre – voire renforcer – l'autodestruction.

Mon Guide de Lumière poursuivit :

« La prise de conscience par l'être anorexique et sa compréhension du processus délétère sont cruciales pour permettre cette **déconnexion** à la nébuleuse entretenant les troubles alimentaires. La coupure de ce lien permet de réharmoniser le comportement, qu'il s'agisse de l'anorexie, de la boulimie, ou de l'alternance des deux états. »

Le **pôle affectif** prit le devant et mon Guide de Lumière ajouta :

« L'âme de l'être humain qui présente des troubles des conduites alimentaires, a choisi dans cette vie une famille qui, idéalement, lui permettra de conscientiser, travailler puis guérir ses blessures de rejet, d'abandon, d'humiliation, d'injustice, de non-reconnaissance, de maltraitance d'intrusion et de trahison. Le soignant mettra en lumière toutes ces étiologies, ces liens, ces connexions, ces blessures d'âme à l'aide des outils abordés dans ce chapitre.

- Le **vide** qui existe à l'intérieur de l'être souffrant de troubles des conduites alimentaires relève d'un manque affectif par abandon, d'un rejet, d'une frustration par non-reconnaissance par ses proches ou dans sa vie professionnelle, et/ou plus profondément d'un vide par **manque d'ancrage** à la Terre suite au refus de son âme de s'incarner dans ce monde de la 3D, et ceci malgré son choix de venir sur la planète Terre.
- Il y a **trahison** de l'être envers son âme et cette trahison existe parce que l'âme porte aussi la blessure de trahison, blessure qui installe un filtre

qui modifie et vrille les comportements. Comme le dit votre adage populaire, *c'est le serpent qui se mord la queue !* D'où l'immense utilité de **soigner la blessure de trahison chez tout être qui se trahit** lui-même, qui trahit son âme ! Ceci dans le cas de l'anorexie et dans **tous les cas de trahisons traités dans ce livre** !

- Nous l'avons vu, le sujet anorexique peine également à trouver un intérêt à entrer dans la matérialité terrestre et la privation de nourriture est une forme de **démission**. *A quoi bon vivre sur cette planète ?* ressent-il. Pourtant son âme sait qu'elle a choisi de venir et qu'un gaspillage s'opère. Alors ce paradoxe installe le vide et entraine le plus souvent des sentiments de **honte et de culpabilité** chez le sujet anorexique et/ou boulimique, exigeant un travail thérapeutique en profondeur dans l'amour, le respect, le non jugement, la compassion, le pardon de lui envers lui-même.

- Le besoin de **combler le vide affectif** par l'ingurgitation de grandes quantités de nourriture, symbole de douceur et d'amour, chez le sujet boulimique, parfois rejetées par vomissements chez le sujet anorexique et boulimique, sera soulagé, amélioré ou guéri par le **soin des blessures d'âme**. Le soin vibratoire du soignant dont la vibration le permet fera descendre l'amour Divin en l'être souffrant afin que cette énergie d'amour puisse combler le vide abyssal souvent ressenti par l'être anorexique. Comme toujours, l'être anorexique recevra cette onde d'amour **à la hauteur de son désir de guéri**r en criant un grand OUI à la Vie, c'est-à-dire en acceptant son incarnation sur Terre et le mandat que son âme a choisi d'y réaliser. Le travail d'**ancrage** sera toujours de la **première importance,** qu'il s'agisse de marcher à pieds nus dans la nature, de pratiquer le yoga ou le Qi Gong, de stimuler la créativité en mettant ses mains dans la terre d'argile pour sculpter et réaliser de jolis objets.

- Le soignant veillera aussi à déceler les **implants** à retirer, ainsi que nous le verrons un peu plus loin. En effet, ces implants contribuent à maintenir la connexion avec les nébuleuses négatives.

- Enfin, **le pardon** de l'être à son âme de s'être infligé toutes ces souffrances, ainsi que le pardon à ceux qui ont été reliés à elles – à la fois par le karma et dans cette vie –, est de toute première importance. Lorsque le bon vouloir de l'être en souffrance est bien présent et que le soignant est dans sa pureté et sa puissance guérisseuse, la méthode Ho'oponopono s'avère efficace et salvatrice ! Le pardon s'effectue également **en prière** ou par des pensées, paroles et actions concrètes pacifiques, pures et sincères. »

Je synthétisais ce vaste champ d'aide au soin et je priais sous une pluie de Lumière blanche Divine, en une immense gratitude pour l'espoir et la réalité des guérisons.

Surgissait alors en ma conscience le cas de **la paranoïa** et Christ'Al Shaya expliqua :

« La paranoïa est l'état d'être et d'agir existant chez une personne très fortement reliée aux nébuleuses de l'ego, l'exagération, la manipulation, l'irrespect et l'exploitation de l'autre. Le soin sera centré sur la **coupure du lien** à ces nébuleuses, toujours avec l'accord du patient et avec des résultats à la hauteur à la fois de la vibration du soignant et à la hauteur du désir pur du soigné à vouloir évoluer vers la transmutation de ses noirceurs et à vouloir avancer sur le chemin de la Lumière. J'en reparlerai plus loin en évoquant les psychoses et le paranoïaque pervers narcissique. »

Le triangle or Divin

Toutes ces possibilités de soin offraient un vaste champ thérapeutique et mon Guide de Lumière guida mon attention sur le **triangle or Divin** *(revoir l'illustration B au chapitre 1 de ce tome 4).*

« Un enseignement sur le danger de vivre au sein du triangle noir infernal (victime – sauveur – bourreau) pour inciter l'être en soin à placer sa vie sur le schéma du **triangle or Divin sera également entrepris**.

Pour sortir de sa pathologie, l'être désireux de guérir a besoin d'intégrer la priorité à se donner de l'**amour à lui-même**, à s'accorder de la douceur, du bien-être, à veiller à respecter ses propres besoins. Je rappelle que ces besoins sont **physiques** par une alimentation saine, respectant le vivant, une activité physique douce et régulière, un contact régulier avec la nature. Ils sont **émotionnels** par un nettoyage des émotions dysharmonieuses et installation du détachement émotionnel. Ils sont du domaine **mental** par le nettoyage des pensées négatives et, comme nous venons de le voir, reconnexion aux nébuleuses d'énergie Christique.

Lorsque l'amour envers soi-même est acquis, l'être en cours de guérison accroitra son **amour envers l'autre**, dans le couple ou au travers des relations quotidiennes de la vie.

Enfin, dans un troisième temps, il accèdera à l'**amour inconditionnel**, cet amour Christique qui aime tout ce qui est vivant dans l'Univers. »

S'ouvrait devant moi le **nouveau monde de la cinquième dimension**, installé dans le **triangle or Divin**, scintillant d'ondes de **bonheur.**

Mon Guide de Lumière me souffla à l'oreille que l'humanité était globalement sur le bon chemin ; cependant, en particulier lors de la traversée des trois récentes vagues énergétiques tumultueuses avec déchainement ultime des forces de l'ombre, le **groupe moteur des artisans de Lumière**, tous en **résistance active pacifique** pour freiner, puis faire disparaitre les aberrations du plan satanique de l'ombre, portait une immense **responsabilité**, celle de **l'exemplarité** de leurs comportements pour émaner la Lumière et rallier le plus d'êtres humains possibles à leurs côtés.

« Je te le confirme à nouveau, lorsque **20 %** de l'humanité aura ouvert son cœur et sa conscience et sera en chemin vers le meilleur et l'ascension, la bascule vers le nouveau monde se fera.

LA BIOLOGIE SACRÉE

Abordons maintenant la **biologie sacrée** !

- En premier lieu, seront prises en compte les **carences du corps** en nutriments, vitamines, oligoéléments et neuromédiateurs ou neuromodulateurs. »

Je pensais immédiatement à l'oligoélément or et/ou lithium pour aider le sujet bipolaire, aux plantes adaptogènes pour harmoniser les neuromédiateurs chez les sujets dépressifs.

« Oui, reprit mon Guide de Lumière, les plantes, les remèdes homéopathiques, les huiles essentielles, les oligo-éléments, les vitamines naturelles, les minéraux, les pierres, l'acupuncture seront utiles.

Le diagnostic s'effectue par l'examen clinique, par des **bilans sanguins** ou encore par les informations reçues dans le **canal** du soignant, si toutefois celui-ci est **pur**.

La correction se fera par une alimentation adaptée, de préférence attentive au respect du vivant et par des compléments alimentaires naturels bien choisis et ajustés aux carences détectées. Elle sera complétée par les remèdes homéopathiques, le soin par les plantes, les huiles essentielles, les oligo-éléments, les minéraux, les pierres et l'acupuncture.

Le thérapeute dont la vibration d'âme le permet, pourra inonder vibratoirement le corps du patient des substances manquantes, si toutefois la vibration de l'âme du patient l'y autorise *(Tome 3, chapitre 14)*.

- Un soin se fera aussi sur le **sang qui porte les émotions. Le sang est singulier** à chaque personne et l'assainir en le détoxiquant, en le fluidifiant et en le nettoyant vibratoirement des émotions négatives permettra un grand pas vers l'amélioration ou la guérison du patient.

- Un soin s'effectuera ensuite sur les **glandes** telles que la **thyroïde** qui digère les chocs émotifs – par exemple lors de la dépression ou l'anxiété –, le **thymus** qui s'il porte des implants empêche l'ouverture du cœur et l'amour vrai, les **surrénales** qui gèrent le stress d'urgence et l'instinct de survie – par exemple dans les attaques de panique, en partie la schizophrénie –, **l'hypophyse ou glande pituitaire**, harmonisateur biologique qui commande les sécrétions hormonales par action sur chacune des autres glandes – par exemple dans les troubles bipolaires, dans certaines phobies, quelques dépressions graves –, **l'épiphyse ou glande pinéale** qui est le chef d'orchestre de l'ensemble de l'être incarné – en particulier endommagée dans l'autisme, ou les pathologies psychiatriques suite de vaccinations, dans les cas d'existence d'implants ou encore dans les cas de possession –. »

Le soin des glandes m'interpelait tant il s'avère indispensable dans de nombreux autres domaines de la santé et la possession avait retenu mon attention. Christ'Al Shaya m'assura qu'il reviendrait dans le cinquième livre sur le soin des glandes et un peu plus loin dans ce chapitre sur la possession. Il poursuivit :

« **Le soin sur le sang et sur les glandes** s'opère par la **canalisation de la Lumière** et son irradiation dans le sang et les glandes du sujet. Il est potentialisé si besoin par **les sons** de **la voix** – si elle porte une vibration Divine – ou par **le cristal**. Dans ce domaine de la **biologie sacrée**, la responsabilité du soignant est considérable car il est pleinement **responsable** de ce qu'il distribue, de ce qu'il harmonise. En aucun cas, il ne peut jouer à l'apprenti sorcier. Ainsi mieux vaut pour lui s'abstenir que d'induire des éléments néfastes chez autrui. L'**alignement du soignant** doit être total afin d'obtenir un effet positif. La **pureté de l'émetteur** du soin est primordiale. En effet, **la biologie sacrée répond uniquement aux Lois Divines et aux Principes Divins sacrés, en particulier celui du respect du vivant.**

De même, le patient, qui est le receveur du soin, a la liberté de choix :

- celui du déploiement de la volonté, du bon vouloir pur et sincère à aller mieux, de l'envie viscérale de vivre à fond la vie comme un cadeau,

- également celui de choisir son thérapeute, cette reliance se faisant par la Loi d'attraction et d'affinité ; ainsi la boucle est bouclée, répondant au Principe du cercle Divin sacré. »

La **fermeté solennelle** des mots de mon Guide de Lumière me plongea dans un état méditatif. La Lumière violette descendait en volutes harmonieuses et se mêlait à la croix de vie, debout face à moi *(revoir l'illustration C de la croix de vie du chapitre 1 de ce tome 4).*

Mon Guide reprit :

« L'**aide à la circulation énergétique** chez le patient porteur d'une pathologie psychiatrique est indispensable. Le but est de lui permettre de se connecter lui-même au Ciel pour en recevoir **l'énergie Divine Père Ciel** et à la Terre pour en capter **l'énergie nourricière d'amour Mère Terre**. L'enracinement par l'**ancrage à la Terre** permet cette intégration de l'énergie nourricière d'amour de la Mère Terre ; des exercices de marche à pieds nus sur la terre, de respiration, de Qi Gong, de danse chamanique, de sculpture pourront aider ce processus d'intégration de l'énergie, qui est guérisseur dans les dépressions, les psychoses, les dépendances et autres pathologies psychiatriques.

Lorsque le patient aura acquis cette faculté de faire monter en lui l'énergie Divine amoureuse de Mère Terre **et** faire descendre en lui l'énergie Divine guérisseuse du Père Ciel pour les unir en son cœur, alors, il aura **activé sa clef intérieure**. Ainsi il vivra dans la pleine conscience de ses moyens énergétiques et pourra émaner sa Lumière par son cœur au monde extérieur.

Je propose au lecteur attentif de s'entraîner lui-même à cette infusion et diffusion de l'énergie Divine en ses corps physique et énergétiques.

Le soignant vivant pleinement cette expérience quotidiennement – d'autant plus s'il vit simultanément une montée de sa kundalini – est d'un grand soutien pour aider le patient à activer ses clefs intérieures, à condition que le patient soit toujours désireux d'élever sa propre vibration dans un bon vouloir pur et sincère. »

Tout était dit !

Emplie de l'énergie Divine Ciel Terre, activant ma kundalini, j'entrai en gratitude totale, renouvelant avec force mon vœu d'allégeance au Plan Divin.

Les implants et leurs influences concernant les addictions et les fausses croyances

Mon Guide de Lumière me ramena à la réalité en évoquant le **problème des implants** :

« Les implants sont assimilables – pour donner une image – à un matériau inerte qu'il est possible d'activer à distance ou à proximité immédiate, et ceci en permanence ou de façon intermittente.

L'implant est localisé le plus souvent dans le cerveau et dans les glandes telles que la pinéale, l'hypothalamus, la pituitaire, le thymus, et moins fréquemment dans tous les organes du corps et le squelette. Il peut être unique ou au contraire ils peuvent être très nombreux chez une même personne. Ces implants existent déjà au niveau de l'âme avant l'incarnation et le sujet démarre sa vie avec ses implants. Ou bien ils sont installés in situ au cours de la vie terrestre par les forces sombres de la source de synthèse, via les âmes errantes du très bas astral commanditées par les ordres de Satan et de sa compagne.

Cette implantation est rendue possible lorsque la vibration de l'être incarné est plus basse, le mettant ainsi en connexion – selon la Loi d'affinité et d'attraction – avec les âmes de même basse vibration, ces âmes lourdes étant missionnées par Satan et sa compagne pour poser ces implants négatifs. Ces implants peuvent aussi être installés lorsque l'être incarné est extrêmement fortement relié à une nébuleuse d'énergie négative ou lorsqu'il est sous anesthésie générale ou dans le coma. »

Je repensai alors au sujet **anorexique ou au sujet en dépendance de drogue** dont la connexion forte à la nébuleuse des violentes privations de nourriture, de substances hallucinogènes, de honte et de culpabilité, pouvait aboutir à l'insertion d'**implants** dans la glande pinéale ou l'hypophyse.

Les implants insérés dans le corps du patient sont comme des hameçons dont se servent les forces sombres pour distiller en l'être des énergies négatives le reliant toujours davantage aux nébuleuses de privation, de rejet, d'abandon, de trahison, de honte ou de culpabilité.

Ainsi, dès que l'être souffrant a un sursaut de vitalité et une aspiration à guérir, l'action des forces sombres couplées à la présence de l'implant va tenter de lui remettre la tête sous le couvercle de la dysharmonie et combattre les efforts du patient pour s'en sortir.

Le mode de fonctionnement de l'ombre est toujours le même : empêcher à tout prix qu'un être humain retrouve et redéveloppe sa connexion au Divin et ainsi fasse grandir sa puissance personnelle au service de la Lumière Divine.

« Qu'en est-il du sujet **alcoolique** ? » questionnai-je.

« Le sujet alcoolique est profondément connecté à la nébuleuse qui regroupe toutes les vibrations porteuses du besoin d'alcool de toute la planète, déversant en retour sur l'être qui y est relié une cascade de ces mêmes vibrations, renforçant son addiction à l'alcool et autorisant – du fait de la vibration plus basse en ce domaine – la pose d'implants par les forces de l'ombre, de façon à lui maintenir encore davantage la tête sous l'eau. En effet, cet implant va être téléguidé à distance par les forces sombres pour activer sans cesse le besoin d'alcool chez la personne, en l'obligeant même à y repenser et à s'y replonger lorsque cette personne tente avec beaucoup d'efforts de se sortir de l'addiction à l'alcool.

En fait, très souvent, – nous l'avons vu – les implants, quel que soit le domaine dans lequel s'exerce leur influence négative, **existent déjà avant l'incarnation** dans cette vie terrestre, ils sont portés par l'âme et ont été implantés durant les vies antérieures galactiques sur les étoiles, ceci pour les vieilles âmes qui ont vécu sur d'autres étoiles avant leurs pérégrinations sur la Terre.

Ces implants concernent tous les vices connus dans l'Univers, c'est-à-dire qu'ils activent tous les défauts possibles, **toutes les déviances existant dans le Cosmos** à la seule condition qu'elles aient un **point d'accroche** chez la personne. En effet, la Loi d'attraction et d'affinité et la

Loi de réciprocité des effets font que l'implant peut être posé uniquement parce que l'être humain s'est **mis en affinité** par la pensée, la parole ou l'action, avec cette déviance à un moment ou un autre de son parcours cosmique. »

Je pensais aux **fausses croyances**, inscrites dans le mental des êtres humains, et voyais le mécanisme délétère des implants du cerveau sur cet **enfermement** dans les doctrines erronées.

Christ'Al Shaya rebondit sur ma remarque :

« Le téléguidage des forces négatives par le biais des implants se fait généralement à distance. Cependant, l'activation peut se faire à proximité immédiate par une âme dont le sujet est possédé, âme qui est donc scellée à sa propre âme, l'influençant grandement. Cette activation se fait aussi par un être vivant dans l'entourage proche du porteur de l'implant, cet être de l'entourage présentant un lien toxique avec lui et agissant négativement sur lui soit en le touchant physiquement, soit en pratiquant des rituels de magie noire. Encore une fois, tout est soumis aux Lois Divines et l'être humain qui reçoit, même à son insu, de la magie noire porte quelque chose dans sa vibration qui permet à cette réalité d'exister.

L'être humain incarné peut être bloqué et enfermé dans son mental par des fausses croyances induites par un enseignement faux et/ou maléfique – suite à une lecture, ou à l'éducation familiale, sociétale, religieuse –, ou par l'influence d'un faux prophète, ou par l'adhésion ou la dépendance à une secte, la franc-maçonnerie ou autre.

Le soin consistera à voir les implants pour ceux dont le troisième œil est ouvert, agissant par clairvoyance, ou à les localiser pour ceux qui entendent grâce à la clairaudience ou encore à les ressentir pour ceux qui fonctionnent par clairsentience. Une fois leur existence, leur nombre et leur localisation déterminés, le soignant peut ôter ces implants, à condition toutefois que la vibration de tout son être soit suffisamment haute pour le permettre **et** aussi à condition que le bon vouloir sincère de l'être soigné autorise l'action salvatrice de libération de ses implants. »

Immédiatement, je repensai à cet adage populaire : *Tout se mérite !*

« Oui ! reprit mon Guide de Lumière, la libération des implants se fait progressivement. Dès que la vibration de l'être soigné monte, d'autres implants peuvent se libérer, grâce à l'action d'un soignant connecté à la Lumière, ou par la simple connexion de l'être porteur des implants à la vibration pure de l'amour Christique, impliquant une ouverture de son cœur et de sa conscience.

Mon cousin Jeshua, lors de sa vie sur Terre il y a plus de 2000 ans, enlevait ainsi les implants par le rayon d'amour Christique parfait et immensément puissant émanant de son cœur, de ses yeux, de son hara, de ses mains, de toute sa personne car il était comme un soleil. L'action était uniquement possible si le porteur des implants désirait grandir dans sa partie de Lumière, se purifier, travailler à élever sa propre vibration. Le **miracle** avec guérison totale arrivait lorsque la **réparation** était faite et que le **cri de l'âme** à ascensionner était pur, intense et authentique. Le seul regard de Jeshua suffisait à pulvériser tout ce qui était prêt à l'être !

Jeshua voyait avec son regard empli d'amour l'être méritant, celui qui pouvait avoir vécu de grosses déviances et qui maintenant se positionnait avec force et conviction pour servir la Lumière. Il a relaté ce phénomène dans la parabole de l'enfant prodigue. Vous le savez maintenant, l'être qui reste sur une belle vibration reçoit les mêmes cadeaux que l'être qui revient de loin et se propulse avec **ferveur et profonde sincérité** sur cette belle vibration.

Ce qui importe aux yeux Divins du Divin Père Mère est la **bonne volonté, la réparation, puis la transmutation intérieure progressive et active des noirceurs en Lumière**, au gré des initiations que la Vie place sur la route de l'être repentant.

C'est cela la Justice Divine.

C'est cela le miracle !

C'est cela l'amour Christique guérisseur. »

Je mesurais l'immense importance de pouvoir libérer un être incarné de cette pollution par les implants et immédiatement, mon attention se porta sur les êtres schizophrènes.

Parasitage & cas du sujet schizophrène

« Nous l'avons vu, le **schizophrène** dégage une grande puissance, à la fois Divinement lumineuse et à la fois machiavélique, puisqu'il porte sur son âme des points d'accroche intenses, à la fois avec la Source Divine et avec la source sombre. En particulier du fait de cette connexion majeure et puissante à la source sombre, cet être schizophrène est une âme parasitée par des entités et qui est incarnée dans un corps de matière. Le parasitage s'est fait au cours d'autres vies, ou bien dans les strates de basse énergie lors de ses passages dans l'Au-delà ou encore lors de cette vie actuelle. Dans ce dernier cas, ce parasitage est possible lors d'une anesthésie générale, d'un coma ou lors d'un choc émotionnel intense et mal vécu. Il peut aussi se produire si la personne vit en présence d'êtres très malveillants, eux-mêmes en connexion étroite avec des âmes désincarnées qui errent dans la strate basse de l'Au-delà nommée enfer ; la promiscuité d'un entourage nocif peut faire baisser la vibration de l'âme du sujet qui autorise alors l'entrée des âmes errantes malveillantes à se fixer sur son âme. »

Je captais exactement le processus de fonctionnement de l'être schizophrène. Mon Guide de Lumière aborda son traitement :

« Outre tout ce qui vient d'être évoqué dans la stratégie de soins des pathologies psychiatriques, il est important de travailler à la **déconnexion** du schizophrène des nébuleuses hyper négatives. Il est crucial d'amenuiser, puis supprimer les points d'accroche avec Satan, portés par son âme. Pour y parvenir, il est besoin de couper la magie noire, désactiver les hologrammes[13], retirer les implants de la pinéale, l'hypothalamus, l'hypophyse, le thymus, le pancréas et les surrénales.

Il est tout aussi impérieux de **stimuler ses attaches fortes avec la Source Divine Première.**

Le sujet schizophrène apprendra à reconnaître et à repousser les attaques de l'ombre. En effet, dès qu'il fera un effort pour renforcer sa connexion à la Lumière Divine, les âmes errantes du bas astral de l'enfer, commanditées par Satan et sa compagne, viendront lui brouiller les ondes pour qu'il retombe dans un état de basse vibration et qu'ainsi son lien d'accroche avec la source de synthèse ne s'affaiblisse pas. Souvent, le sujet schizophrène le ressent et le comprend.

Il peut parfois se laisser parasiter par la fausse source, celle de Satan et de sa compagne, tout en étant persuadé qu'il s'agit de la vraie Source Divine Première et tomber dans l'écueil. Satan a, comme le dit votre adage populaire, *plus d'un tour dans son sac*. Attention au malin qui se fait passer pour Dieu !

Le soignant l'aidera à persévérer dans la confiance qu'à force de lutter contre ces attaques négatives grâce à la

---

[13] Hologramme : illusion manipulatrice qui montre la personne sous une apparence différente et trompeuse

prière authentique, il va réussir à couper son lien à la fausse lumière sombre et devenir un être libre de toute emprise. »

Je réalisais cet acharnement de Satan et de sa compagne à se déchainer sur le patient schizophrène, dès que celui-ci sort la tête de l'eau.

Christ'Al Shaya reprit :

« Oui, l'accompagnement thérapeutique est lourd car les forces en présence, lors de la schizophrénie, sont puissantes. Les rechutes sont fréquentes.

Ainsi, la pugnacité et la force de la prière du patient sont indispensables pour obtenir la libération des forces du mal.

Je le répète, **le bénéfice des soins dépend toujours de la force vibratoire du soignant et du désir pur et profond du patient d'avancer vers la vraie guérison.** »

Face à ce cas particulier du schizophrène, j'extrapolais à tout ce qui peut être vécu par **un artisan de Lumière exempt de pathologie psychiatrique et qui cherche à s'élever vers la Lumière**, donc à faire monter sa vibration pour avancer vers l'ascension. Je conscientisais à quel point cet être en chemin vers la Lumière est ainsi régulièrement attaqué par l'ombre pour le faire rechuter dès qu'il commence à progresser.

Mon guide de Lumière renchérit :

« Oui, c'est exact ! Les attaques de l'ombre se font de façon perfide, en allant toucher le point faible de la personne de manière à la remettre sous le couvercle de la matrice de synthèse. La limite entre état sain et pathologie psychiatrique est floue dans le sens où chaque être humain a ses points de faiblesse, ses failles et blessures et que parfois il n'y a qu'un pas entre les deux états. Si l'être humain n'est pas sur ses gardes, attentif à ses pensées, ses paroles, ses actes et à ce qu'il vit, s'il ne se rend pas compte qu'il est attaqué, il y a risque d'emprise des forces négatives. D'où l'importance d'être averti des dangers et informé de la connaissance vraie ! Et d'où la nécessité de travailler sur le lâcher-prise en confiance que le Ciel pourvoit à tout si l'artisan de lumière fait ce qu'il faut au quotidien. »

Une intense descente d'énergie arc en ciel me combla de douceur et de confiance. En toute gratitude, je pensais alors aux nuisances que l'être humain peut vivre de la part de son entourage terrestre et le cas du **paranoïaque pervers narcissique** m'apparut.

Le sujet paranoïaque pervers narcissique

« Habité par des entités, enchaina mon Guide de Lumière, le sujet **paranoïaque pervers narcissique** puise et s'approprie l'énergie de l'autre en le maintenant sous son emprise, après avoir pris soin de créer le vide autour de cet autre. Il affiche divers aspects : un côté manipulateur avec mensonge et ego destructeur, et un côté gentil sous un aspect plus accueillant offert par une entité plus douce accrochée à lui, de par un ancien attachement ou karma.

Par exemple, il peut s'agir de sa femme douce et aimable qui, dans une ancienne vie, lui était soumise et aveuglée par l'attachement et qui, à sa mort terrestre, est restée attachée à l'âme de son mari, au lieu de monter dans l'Au-delà vers des strates de Lumière plus belles, que sa densité d'âme l'autorisait à rejoindre. Ainsi, en dégageant les entités, vous aidez aussi cette âme défunte, qui a été sa femme dans une autre vie, à se libérer de ce joug de l'attachement aveugle et de prendre, si elle le souhaite, son envol vers la Lumière.

Le paranoïaque pervers narcissique puise aussi sa gentillesse partielle chez les êtres qui lui sont très proches. Il vampirise en quelque sorte les bonnes énergies de l'entourage proche car ces énergies qui lui font défaut lui apportent de la force. Le soignant aidera aussi l'entourage proche à ouvrir les yeux, à l'unique condition bien entendu que l'envie de voir clair et d'affronter la vérité du quotidien soit présente.

L'âme du sujet paranoïaque pervers narcissique est souvent la réincarnation d'une âme d'atlante négatif qui ne veut pas se rédempter et persiste et signe dans l'ego. L'âme de cet être paranoïaque pervers narcissique peut également être d'origine extra-terrestre négative. Dans d'autres cas encore, le paranoïaque pervers narcissique porte une âme de synthèse avec absence de chakra cœur, ceci étant masqué par le parasitage des âmes douces agrippées à lui. Sans un travail titanesque de remise en question, il sera rayé du grand Livre de la Vie. Au contraire, avec le désir intense et profond de s'améliorer et en se laissant envahir par l'amour, il pourra ainsi créer puis développer son chakra cœur, il accèdera à l'incommensurable miséricorde Divine et recevra l'aide de la Lumière Divine profondément guérisseuse. »

L'AUTISME

Profondément émue, une fois encore, par le cadeau de l'incommensurable miséricorde Divine qui autorise chaque être volontaire à gravir les échelons de la Lumière Divine, je m'inclinai en totale gratitude, devant cet amour inconditionnel du Divin. Je méditais en rythme alpha, quand cette question surgit en moi :

Qu'en est-il de la prise en charge de **l'autisme** ?

« **Le soin de l'autisme** consiste à améliorer la communication entre les deux hémisphères cérébraux de l'être, via une action sur le corps calleux. En **nourrissant ce corps calleux de Lumière Divine guérisseuse**, celui-ci va progressivement se développer, se régénérer *(revoir l'illustration D du tome 2 chapitre 13)*.

L'hypersensibilité de la personne autiste est à préserver car elle est un atout précieux quant à la **force de son intuition** et la qualité de sa **capacité créatrice artistique**. La Lumière Divine qui va diffuser dans les deux hémisphères du cerveau et au sein du corps calleux, puis les infuser totalement – et ceci toujours à la hauteur du **niveau vibratoire** du soignant **et** du soigné – va soulager, améliorer et parfois guérir l'état autiste.

Ainsi, la **vibration d'amour** s'élève chez l'être autiste et contrecarre, voire annule complètement la vibration de peur intense et celle de choc émotionnel existant chez lui. A cet effet, l'**harmonisation de la glande pinéale, également celle du thymus et des surrénales** sera indispensable. Le traitement sera complété par un travail visant à améliorer le contact de l'être autiste avec l'extérieur d'une part en agissant sur son **chakra de la gorge** et d'autre part en harmonisant sa **glande thyroïde**, centrale qui métabolise les émotions. Le soin réharmonisera aussi le **pancréas** afin de faciliter la libre circulation de l'onde d'amour Christique partout en tous ses corps (physique et énergétiques). Tout implant sera si possible évacué. »

Récapitulatif

L'espoir offert par les différents soins me subjuguait et **un récapitulatif** défilait devant mes yeux :

- **Expliquer la Vie** : comment est bâti l'être humain avec une âme éternelle dans un corps temporaire

- **Enseigner les Lois Divines et les Principes Divins sacrés** ainsi que l'allégeance à ces Lois et Principes

- Parler de l'importance de la **réparation**

- Mettre en avant **le pardon à soi-même et à l'autre**

- **Nettoyer les différents corps** physique, émotionnel, mental, causal par :

  - l'hygiène de vie,

  - les divers soins en médecine naturelle, champ extrêmement vaste à adapter à chaque cas,

  - la biologie sacrée,

- les soins sur les glandes,

- la sortie du triangle infernal (victime - bourreau - sauveur) vers le triangle or Divin (amour de soi, amour de l'autre, amour inconditionnel),

- la mise en lumière des mémoires personnelles,

- le dégagement des mémoires transgénérationnelles

- la coupure des liens aux nébuleuses de vibration négative

- la suppression des fausses croyances,

- la coupure des liens karmiques toxiques avec l'entourage

- la désintégration des implants et des hologrammes,

- la dissolution des points d'accroche avec l'ombre,

- le dégagement des entités parasites,

- la connexion à l'énergie du Ciel et à l'énergie de la Terre avec activation de l'énergie d'amour du cœur et donc enrichissement des corps physique, émotionnel, mental, causal en énergie Divine, et si possible montée de la kundalini, selon le schéma de la croix de Vie.

- la reconnaissance et la compréhension des expériences initiatiques du quotidien qui permettent d'avancer dans le processus de la guérison,

- l'utilisation des sons : la voix si elle est porteuse de la vibration Divine, le cristal, la musique sacrée.

Je reparlerai des sons plus loin dans le cinquième et dernier livre de cette série *Quête de l'infini par les sons et la Lumière*.

Tous ces soins se font à l'aide des **mots du cœur qui parlent à l'âme**, dans **l'ouverture du cœur** et de la **conscience** et la reliance pure et forte au **Divin**.

D'une douceur infinie, mon Guide de Lumière acquiesça et conclut :

« Le sujet porteur d'une maladie psychiatrique est très souvent connecté à la Lumière Divine. Jamais il n'y aura un quelconque jugement envers lui. L'aide thérapeutique l'aidera à nettoyer ce qui affaiblit sa reliance au Divin.

Plus la vibration de la Terre monte, plus il y aura de soignants installés dans leur puissance en toute humilité et plus les patients bien soignés seront nombreux !

Néanmoins, malgré la société vrillée cultivant la **diabolisation du Féminin sacré** et **l'inversion** des Lois et des Principes Divins sacrés, l'être humain reste au final le **seul responsable de son âme** ; il reçoit de l'aide, cependant c'est toujours son âme qui a le dernier mot par **le choix ou non** de se libérer.

Que vos mots du cœur parlent à l'âme des êtres souffrant de maux psychiatriques !

Puisse ainsi leur propre trahison envers leur âme guérir et le chemin vers leur mission d'âme s'ouvrir ! »

Emplie d'espoir et de confiance en les temps à venir, mon âme plongea dans la prière.

Chapitre 4

STRATE DE LUMIÈRE ORANGE OR LUMINEUX D'ARCTURIUS

Je baignais encore en ces instants de pure méditation et de prière, dans une ambiance profondément joyeuse et pacifique, lorsque mon Guide de Lumière s'adressa à moi en ces mots :

« Bienvenue dans la **strate de Lumière orange or lumineux d'Arcturius** ! *(voir l'illustration D : Strates de l'Au-delà, ci-après dans ce chapitre)*

Afin que ton âme supporte la vibration haute de ce lieu pur, je t'accompagnerai pas à pas durant tout ton voyage chez les Arcturiens. En effet, la dimension du lieu est accessible à ton âme, cependant ta vibration actuelle ne pourrait encore te permettre de séjourner durablement en ces lieux – cela viendra imminemment si tu poursuis ton chemin d'ascension au sein de la réalisation de ton mandat d'âme, sois-en assurée. »

Enveloppée de douceur, splendeur, paix et amour, je me laissais porter par l'énergie du lieu. L'atmosphère orange or lumineux induisait la contemplation. De magnifiques êtres de Lumière de très grande taille, 5 à 6 mètres, aux cheveux longs et souples, qu'ils soient hommes ou femmes, s'inclinaient en allégeance totale à Dieu. Je me voyais prosternée en complète humilité et en contemplation intense de cette Lumière Divine. Mon ressenti profond était le mélange de l'infiniment petit de ces âmes prosternées dans l'humilité et la pureté, avec l'infiniment grand de l'immensité absolument gigantesque de cet espace Divin sublime. Ces êtres de Lumière magnifiques, autour de moi, m'apparaissaient effectivement très grands et pourtant très petits tant leur allégeance à Dieu les plaçait en prosternation respectueuse et totale pour l'éternité.

« En effet, me souffla mon Guide de Lumière, à ce stade, il devient difficile d'être détourné du chemin Divin tant la Lumière orange or lumineux est puissante, guérisseuse, enveloppante.

Certes, des écarts de conduite, avec manifestations de très minimes failles dans le service au Plan Divin, peuvent encore exceptionnellement survenir. Mais, les autres êtres de Lumière sont là, solidaires et, tout en respectant totalement sa liberté de choix, ils rappellent à la Lumière celui ou celle qui pourrait sombrer quelque peu. Par ailleurs, le bonheur en ce lieu est si intense qu'aucun être n'est attiré à glisser vers les strates sous-jacentes. »

J'observais avec admiration tout ce qui m'entourait. Mon Guide de Lumière renforça mon énergie afin de me permettre d'approcher de plus près les êtres de Lumière Arcturiens. Trois êtres entourés d'une large aura de Lumière scintillante œuvraient de concert. Ils échangeaient par **télépathie** et partageaient des informations sur **l'état de cohésion de l'Univers**. Ce que je pourrais nommer une onde les reliait et portait leurs pensées respectives ; cette onde était orange or lumineux et scintillait de mille feux de par les sublimes pensées de beauté, amour et paix qu'elle véhiculait. Une femme parmi eux se mit à chanter une mélodie à la fois douce et puissante de sons clairs, cristallins, d'une harmonie extraordinaire. Je l'écoutais avec délice. Ce chant portait la vibration de la **paix** intense. Elle se tourna vers moi avec un sourire de bienvenue et se présenta en tant que Martha. Toujours en télépathie, elle m'expliqua que la paix est la condition incontournable pour maintenir la cohésion des mondes. Martha me transmit ainsi :

« Le Cosmos comporte de nombreuses étoiles et planètes. Lorsque l'une d'elles implose ou explose, le reste de l'Univers ne doit pas être déséquilibré et nous, les Arcturiens, nous veillons à la stabilité des mondes. »

« Que se passe-t-il lors de l'implosion ou de l'explosion d'une étoile ou d'une planète, et pourquoi ces phénomènes se produisent-ils ? » demandai-je à Martha.

« Tout est question de vibration ! reprit Martha tout emplie de bonté. La **fréquence vibratoire d'une planète dépend de tous les êtres vivants qui y vivent**, qu'ils soient du règne minéral, végétal, animal, humain, non humain, reptiliens ou dracos, incarnés dans des corps de matière ou désincarnés ou encore extra-terrestres d'énergie positive ou négative. Lorsque la vibration d'une planète descend très bas pour se situer entre la deuxième et la troisième dimension, à plus forte raison en deuxième dimension, une scission se produit entre les atomes qui composent l'architecture de cette planète. La distorsion et la désunion sont trop fortes et la cohésion n'est plus assurée.

Si les vils sentiments cultivés par tout ce qui est vivant sur la planète sont **contenus à l'intérieur** des êtres qui l'habitent, avec opacité et lourdeur, c'est **l'implosion** qui se produit. Autrement dit, c'est comme si **la planète se consumait de l'intérieur jusqu'à la destruction.**

Si les vils sentiments présents chez les êtres vivants occupant la planète **s'extériorisent**, par exemple par des guerres ou des lancements de missiles à libération chimique toxique ou de bombes nucléaires, alors une surpression s'installe de l'intérieur vers l'extérieur, finissant par produire **l'explosion** de la croûte planétaire avec en conséquence une destruction de la planète. »

J'intégrais les informations offertes par Martha qui perçut instantanément en retour mon interrogation concernant l'état vibratoire de notre Terre bien-aimée.

« La planète Terre vibre actuellement en troisième dimension. Des zones petites mais de plus en plus nombreuses, existent par-ci, par-là, peuplées d'êtres qui vivent sur un début de cinquième dimension et d'autres déjà davantage multidimensionnels. L'espoir immense de ces îlots de Lumière qui rassemblent et concentreront progressivement des êtres humains qui émanent l'amour Christique est fabuleux et, si les êtres éveillés vivant en ouverture du cœur et de la conscience atteignent **20 %** de la population terrestre, la bascule de l'ensemble vers la quatrième, puis la cinquième dimension se fera et la Terre suivra alors la voie de l'ascension. »

Je ris spontanément de bon cœur et Martha rit avec moi car elle avait capté cette notion que Christ'Al Shaya me rappelait souvent concernant le seuil des 20 % de l'humanité vibrant en quatrième et cinquième dimension ! D'un air plus grave, elle reprit :

« Actuellement la vibration de la Terre est tirée vers le bas par les forces sombres qui tentent d'instaurer le plan satanique comportant le génocide humain, le puçage des êtres humains avec implantation in vivo de l'intelligence artificielle, le transhumanisme et la mise en esclavage des humains. Ce plan installe également des perturbations climatiques graves, à la fois suite aux modifications de la stratosphère avec risque de cataclysmes violents et aussi par déséquilibre de l'harmonie naturelle des deux pôles – qu'il s'agisse de l'Arctique ou de l'Antarctique – , et enfin par implantation de bases souterraines dans l'Intra-Terre, ceci grâce à l'aide des extra-terrestres d'énergie négative.

Nous, les Arcturiens, sommes extrêmement actifs afin de maintenir au mieux **la santé de la planète Terre** et renforcer efficacement l'action des artisans de Lumière qui répandent actuellement la Lumière quotidiennement sur la planète. »

Martha reçut à nouveau instantanément ma question : « Comment procédez-vous pour nous aider ? »

« Nous sommes de fidèles observateurs des planètes et des étoiles. Notre œil Divin qui est un troisième œil devenu presque parfait détecte toutes les anomalies et variations vibratoires du Cosmos. Nous sommes très complémentaires. Chacune et chacun de nous a une fonction en ce sens et ensemble nous sommes d'une efficacité gigantesque. Lorsque nous avons décelé une baisse vibratoire importante sur une étoile ou une planète, avec risque d'implosion et/ou d'explosion, nous combinons nos aptitudes dans une complémentarité exemplaire. »

Martha me montra une onde émanant d'elle, rejoignant instantanément d'autres groupes d'êtres de Lumière et porteuse d'une information concernant la Terre, à savoir : vive tension en Europe de l'est et au Moyen-Orient, avec montée d'une vague offensive guerrière pouvant faire basculer la vibration terrestre à un taux trop bas avec risque d'explosion. Cette onde lui revint immédiatement transportant l'information que des Arcturiens étaient en faction pour installer une protection des zones terrestres de trop fortes tensions négatives. Ces êtres sont de nature masculine, émanant le Masculin sacré harmonieusement et subtilement associé à une touche de Féminin sacré intérieur. Ces êtres sont des chevaliers célestes divins, totalement dévoués à la protection et à la sauvegarde des planètes. Bien évidemment, ces êtres respectent toujours le choix et la volonté des êtres vivants incarnés sur la planète concernée. Leur rôle consiste à désamorcer les conflits lorsque – comme nous venons de le voir – cela est possible ; ils font échouer des décisions dangereuses en interposant des personnes positives dans la stratégie et en les guidant intuitivement vers des idées, des projets et des alternatives plus sereins. Ils veillent aussi à la protection des êtres dont la vibration plus élevée n'a pas à souffrir des complots et plans dévastateurs de l'ombre. Cependant, un être n'est jamais par hasard à un endroit ! Ces chevaliers d'une immense bienveillance et complètement en allégeance aux Lois Divines, réalisent un travail en chaîne en confiant des missions aux Pléiadiens, aux Vénusiens et aux humains de la Terre connectés à la Lumière Divine. Les chevaliers Arcturiens eux-mêmes sont connectés directement à la sphère Divine du Paradis et reçoivent en permanence, en un flot continu et intense, la Lumière Blanche étincelante Divine qui fait scintiller leur magnifique aura et permet à la Lumière orange or lumineux de soutenir avec force leurs actions. »

En totale gratitude envers ces êtres de Lumière en l'absence desquels notre planète bien-aimée la Terre aurait déjà implosé et explosé, je comprenais avec l'énergie de mon cœur et ma conscience davantage ouverte, là, sur Arcturius, cet **équilibre global du Cosmos**, équilibre **impermanent**, exposé aux forces contraires de l'Univers, constamment tenu à bout de bras par les Arcturiens assistés des Pléiadiens et de certains Vénusiens et Terriens. Martha poursuivit :

« Il en est de même pour le processus de **l'ascension**, phénomène inverse à la baisse vibratoire. Il y a ascension lorsque la vibration devient si haute qu'elle correspond à une transmutation totale de toutes les noirceurs existant sur une planète, permettant ainsi la descente pleine et totale de la Lumière Divine absolument partout sur cette planète. Cela signifie la présence de la Lumière Divine dans le moindre interstice de la planète et des règnes vivant à sa surface et en son sein. Cela revient donc à un processus alchimique qui aboutit à l'illumination globale de la planète. Cette planète perd alors sa densité matérielle et se transmute en une planète légère, brillante et cristalline. Elle est ainsi prête à accueillir une autre forme de Vie.

L'ascension existe bien entendu aussi à titre individuel aboutissant au Graal, c'est-à-dire à l'envahissement de la Lumière Divine dans chaque cellule et chaque corps physique ou énergétique de l'être qui, ainsi délesté de sa densité, devient totalement et complétement lumineux et, perdant alors l'utilité de tout corps de matière ou éthérique, est ainsi projeté au sommet des strates de l'Au-delà, en ce lieu communément nommé le Paradis. »

Je ressentais à la fois **l'unité** avec invitation à l'ascension partout dans l'Univers, et le **respect** de la vibration individuelle de chaque élément de l'Univers et de celle de chaque présence vivante du Cosmos. Martha me montrait comment les Arcturiens maintiennent cet équilibre au sein de l'Univers, œuvrant à l'élévation vibratoire de l'ensemble tout en respectant scrupuleusement le rythme d'évolution de chaque planète ou étoile et la liberté de choix personnel. Elle insistait sur la stabilité au sein du Cosmos lors d'une **explosion et/ou implosion et lors d'une ascension, phénomènes opposés**, retentissant les uns sur les autres, et à gérer de façon à conserver la cohésion de l'ensemble.

Tout en intégrant les éclaircissements de Martha, j'admirais le décor autour de moi. Les êtres de Lumière se déplaçaient avec une grande élégance, leurs gestes et attitudes manifestaient une grâce incommensurable. Ils étaient accompagnés de splendides animaux qui, s'ils rappellent les espèces animales existant sur notre planète bien-aimée la Terre, sont totalement magnifiés – et le mot est faible – ressemblant à des êtres nobles, dignes, responsables, fiables, respectueux, puissants. Plongeant mon regard dans celui d'un léopard que j'appellerai Léopard Royal Divin, je ressentis l'intensité de l'amour vrai, l'amour inconditionnel qui émane fortement autour de lui. Le Léopard communiqua par télépathie :

« Ma chère amie de la Terre, bienvenue en ce royaume de Lumière orange or lumineux d'Arcturius ! Oui ! Je suis bien un Léopard Royal Divin, nommé Walom. J'existe ici depuis des éons de temps, je ne me suis jamais incarné sur ta jolie planète bleue. J'ai servi Dieu de toutes mes forces et de toute mon âme et je n'ai pas été missionné pour m'incarner sur la Terre d'autant que mes actes au service du Plan Divin me permettent vibratoirement de vivre ici, à ce niveau intense de Lumière. Mon âme animale est bénie et divinisée et de hautes **missions de protection au sein du Cosmos** me sont confiées. J'aide et je collabore avec les Arcturiens en ce sens. »

« Pourquoi n'es-tu pas encore au Paradis ? » lui demandai-je.

« Mon rôle sur Arcturius n'est pas encore terminé. Si tu le comprends mieux ainsi, c'est comme un mandat d'âme, celui de consolider la cohésion du Cosmos. Les planètes sont chacune à un taux vibratoire qui leur est propre.

Actuellement, de grandes turbulences remanient l'Univers, avec élévation vibratoire pour certaines planètes et chute vibratoire pour d'autres. Régulièrement, des étoiles explosent ou implosent et disparaissent, tandis que d'autres naissent. Dans le système solaire dont dépend ta planète la Terre, les étoiles sont stables ; en revanche, les planètes sont en mouvance vibratoire et la Terre est extrêmement travaillée par les forces de Lumière pour résister aux forces sombres actuellement déchaînées. Si les humains s'éveillent davantage, les forces sombres seront définitivement transmutées, permettant alors la naissance d'une vie dans la cinquième dimension et plus. »

« Comment se comportent les autres planètes de ma galaxie ? » répliquai-je.

« Les influences des diverses planètes de ton système solaire les unes sur les autres sont indéniables. Vénus stimule la Terre dans son processus d'ascension ; les Vénusiens sont très actifs sur Gaïa et leur impact positif est très important et fantastique ! Les Pléiades renforcent l'action de Vénus et leur influence est extraordinaire. Tu l'as compris, Arcturius influence aussi la Terre, à la fois directement tel que Martha te l'a expliqué, également par l'intermédiaire de Vénus et des Pléiades ; son incidence sur Gaïa est prodigieuse. »

TOME 4 : LA TRAHISON

Illustration D : Strates de l'Au-delà avec élévation progressive de la vibration depuis la Terre jusqu'au Paradis

« Qu'en-est-il de Saturne ? »

« Saturne comporte différentes couches vibratoires. Ainsi, l'effet positif sur la Terre est réel et il est d'autant plus fort que les actions proviennent d'âmes missionnées séjournant dans les couches plus hautes et claires de Saturne. »

Walom capta immédiatement ma pensée concernant la planète Mars et continua :

« Oui, Mars est influente et malheureusement, son action se fait cruellement sentir. Etant donné le climat d'extrême hostilité sur cette planète vibrant très bas, sous la troisième dimension, son influence est bel et bien délétère et profondément asphyxiante pour la Terre. »

Walom me montrait ô combien l'éveil des humains est primordial pour bénéficier au maximum de l'aide bienfaisante des êtres de Lumière et amenuiser le plus possible la malfaisance des êtres soumis à la source de synthèse. Tandis que mon âme était toujours prosternée en contemplation tant l'amour et la paix sont immenses là, dans la couche orange or lumineux d'Arcturius, Walom poursuivit :

« J'étais déjà en mission au temps de **l'Atlantide**. Toi aussi, tu as vécu sur la Terre en Atlantide et tu as connu cet engloutissement sous les eaux et ce remaniement terrestre jusqu'à l'anéantissement de la planète tant les vibrations avaient baissé, allant jusqu'à l'implosion du globe terrestre. Tu le sais, les Atlantes très évolués avaient fini par former deux clans, celui des Atlantes tombés dans l'ego, la surpuissance au service de soi-même, et l'autre regroupant les Atlantes restés fidèles à la voie du cœur, mettant leur force et leur dévotion puissante au service du Plan Divin et de l'humanité. Le clan servant la source de synthèse a pris le dessus et a entrainé la débâcle menant à l'implosion. »

Walom voyait le trouble qui naissait en moi. Avais-je fait partie de ces Atlantes présomptueux ?

« Mon amie porteuse de Lumière sur la Terre, ne t'inquiète pas ! A cette époque, tu es restée fidèle à ton mandat d'âme et ton allégeance au Plan Divin n'a pas failli. Le groupe négatif était majoritaire. En tant que spectatrice, tu as connu la chute vertigineuse qui mène à la destruction et cela a engrangé en ton âme un sentiment d'impuissance que tu portais encore il y a quelques années. Te souviens-tu sur cette île des Açores, de ce profond ressenti de gâchis, de vide, d'impuissance que tu avais éprouvé sur la plage, face au rivage de l'océan ? Tu étais envahie d'une grande tristesse en scrutant cette immensité d'eau qu'est l'océan et un grand cormoran s'était arrêté en vol dans le ciel pour communiquer avec toi et t'envoyer toute la force de son énergie royale. Ton chagrin s'était ainsi dissout lors de ta baignade dans l'océan et ces mémoires de l'Atlantide s'étaient estompées en toi, laissant place à l'irrésistible envie et l'incontournable volonté de ne plus jamais revoir ni vivre cette déchéance. Aujourd'hui, tu t'es réincarnée avec le mandat d'âme d'aider les êtres incarnés sur la Terre à s'éveiller en provoquant le déclic de l'âme qui permet le positionnement, le discernement, l'allégeance à Dieu par la voie du cœur et de la conscience. »

Je ressentais une légère confusion en moi.

Walom sourit joyeusement :

« Certes, postérieurement à l'Atlantide, dans ce cycle actuel de 26000 ans de la Terre, tu as failli à l'allégeance Divine à l'époque Maya au Mexique, lorsque tu servais le Plan Divin et que tu t'es laissée entraîner vers le bas par l'influence d'âmes nocives pour toi, réduisant ainsi ton discernement et choisissant pour un temps la voie sombre. Un sursaut de conscience t'a permis en fin de cette vie Maya de te propulser hors des griffes de la source sombre et de revenir à l'adoration Divine, vivant à cent pour cent la rédemption relatée plus tard dans la parabole de l'enfant prodigue énoncée par Jeshua, dit Jésus, c'est-à-dire le retour à l'allégeance avec effacement de la dette karmique. Ta réparation vécue dans cette vie actuelle ne concerne donc pas cet épisode d'errance, déjà réparé à l'époque. »

Emplie de gratitude pour l'incommensurable miséricorde Divine, je me réjouissais pour tous les êtres qui allaient à l'époque actuelle entamer leur réparation et accéder à l'ouverture de conscience plus grande et à la propulsion sur le chemin de l'ascension.

Walom se rapprocha de Martha qui me confia :

« Tu peux maintenant relier cette appréhension que tu ressens de plonger en profondeur dans les fonds marins à ce vécu de la submersion par les eaux dévastatrices survenue à la fin de l'Atlantide. A partir de cet instant, tu en es libérée. »

Emue, mon âme fut alors appelée plus loin par des êtres de Lumière qui ressemblaient à des druides magnifiés. Je remerciais du fond du cœur Martha et Walom pour leur accueil empli d'amour et leur enseignement riche lorsque l'un des druides m'interpela :

« Chère amie et consœur incarnée sur la Terre, nous sommes si heureux de te rencontrer, toi médecin holistique de la Terre. Cette médecine que tu exerces sur la Terre est la médecine qui devrait être pratiquée par tout le corps médical terrestre. Or, il n'en est rien ! L'art de la médecine a été entaché de mensonges par la fausse lumière, coupé de la Nature et assombri par la prévalence de la science au mépris du bon sens, de l'intuition et de la compassion. Nous sommes des **médecins du Ciel**. Certains d'entre nous ont été guérisseurs dans une vie, druides dans une autre, ou encore médecins dans l'une ou l'autre vie. D'autres médecins du Ciel t'assistaient déjà depuis les Pléiades.

A partir d'aujourd'hui, de concert avec Christ'Al Shaya et d'autres maîtres ascensionnés de la Haute Planète Dorée, nous serons avec toi pour soigner à tes côtés les êtres humains qui se rendront dans les centres de santé que vous ouvrirez, ton compagnon et toi. A travers les différents soins procurés – phytothérapie, aromathérapie et homéopathie vibratoires, acupuncture par le faisceau de Lumière, sons canalisés, couleurs Divines et Lumière Divine –, ces êtres viendront chercher la paix de l'âme qui apporte la guérison. »

Tout en gratitude et comblée d'une joie immense de côtoyer mes pairs de Lumière, je visualisai l'état de santé de l'humanité terrestre et le druide lut ma détresse :

« Ce que vous vivez en ce moment sur la Terre est le résultat de l'infiltration toujours plus grande des forces sombres dans la médecine, la recherche scientifique, la politique. Tu le sais, les êtres pactés à Satan et aux ténèbres fonctionnent par manipulation, tromperie et paralysent par la peur la population naïve et endormie dans la paresse de l'âme. Les humains, intoxiqués par la chimie et maintenus dans l'ignorance du fonctionnement et des besoins de leur corps, ainsi que dans la méconnaissance des Lois Divines, perdent leur santé. De même que la planète s'approche de façon simultanée à la fois de l'implosion et de l'explosion, l'être humain désorienté et empoisonné par la chimie et les nanoparticules manifeste des maladies.

Ces maladies résultent de **l'implosion, comme le cancer, les maladies auto-immunes et dégénératives** : le patient se consume de l'intérieur suite à la fois aux conflits non résolus et non pardonnés gardés à l'intérieur et aux toxines chimiques, aux radiations nocives et aux nanoparticules emmagasinées en eux.

Ou bien ces maladies découlent de **l'explosion, comme les allergies parfois dévastatrices, les grosses éruptions cutanées, les ruptures d'anévrisme, les accidents vasculaires cérébraux et les infarctus** : le patient extériorise violemment de la colère ou du ressentiment et évacue brutalement des émotions négatives, des toxines chimiques et des nanoparticules.

Le retour à la médecine **naturelle** se fera si l'humanité s'éveille suffisamment pour faire basculer la planète en cinquième dimension, puis dans un état multidimensionnel.»

Interceptant ma référence au seuil des 20% d'humains éveillés pour obtenir la victoire de la Lumière, le druide médecin du Ciel émit un rire communicatif, chatoyant, chaleureux et plein d'espoir. Notre lien de soignant était fort, puissant et compassionnel.

Confiante, renforcée et encore davantage accompagnée et épaulée dans ma mission de soignante, je ressentis soudain à nouveau mon corps physique. Mon Guide de Lumière maintenait énergétiquement mon âme dans mon corps afin de m'aider à retrouver mes repères matériels de la Terre. La Douceur et l'Amour d'Arcturius m'enveloppaient toujours, c'était un pur délice.

Chapitre 5

LES TROIS VAGUES DE TURBULENCES ÉNERGÉTIQUES. LES MALADIES NEUROLOGIQUES.

Je ressentais profondément la présence des druides-médecins Arcturiens à mes côtés ; je me sentais comprise, soutenue, accompagnée et concrètement aidée. Notre mandat de couple de complément Divin consistant à susciter et à encourager le déclic de l'âme recevait un formidable soutien irremplaçable depuis Arcturius. Je priais en totale gratitude pour cet accompagnement dans les futurs centres de santé ; j'en percevais un allègement dans toutes mes cellules.

Je me recentrai sur ces dernières années maintenant écoulées et derrière nous.

Trois vagues de turbulences énergétiques avaient maintenant eu lieu, touchant des catégories d'êtres humains, ayant tous une âme porteuse d'une belle mission mais encore trop endormie. Chacune de ces trois vagues a touché un groupe plus précis parmi ces êtres humains, ceci en fonction de leurs différentes faiblesses à corriger afin de pouvoir mener à bien leur mission d'âme.

La troisième et dernière vague de stimulation et d'épuration sur la planète Terre s'était déroulée de début décembre 2022 à fin avril 2023. Je savais intuitivement que de nombreuses âmes avaient quitté la Terre lors de cette vague de turbulences énergétiques.

Christ'Al Shaya fit descendre sur moi sa Lumière bleu cobalt et, totalement enveloppée d'un cocon d'amour inconditionnel, j'entrais dans une grande compassion pour tous les êtres concernés par cette troisième vague. Ma compassion était réelle, emplie d'amour, de détachement émotionnel, de discernement sans complaisance.

« C'est cela la voie du cœur ! » s'exclama joyeusement Christ'Al Shaya.

Il reprit :

« Souviens-toi, lors de la première vague du 1er décembre 2019 au 30 avril 2020, ont été touchées dans leur corps physique, voire ont été appelées à quitter la planète :

-les **âmes qui refusent leur incarnation** et donc leur mission de vie parce que le mental négatif et compliqué prend le dessus sur l'acceptation et la joie simple de l'âme.
-Ont également pu être rappelées dans l'Au-delà **celles qui se coupent de l'étincelle Christique** par aliénation à l'attachement ou par blessure d'abandon non soignée. De toute évidence, les âmes concernées et présentant un début d'éveil ont été épargnées et grandement aidées à poursuivre cet éveil sur la Terre *(revoir le chapitre du Tome 3)*.

Lors de la deuxième vague du 1ᵉʳ décembre 2020 au 30 avril 2021, ces **mêmes catégories d'âmes** ont été à nouveau touchées et, **si** elles n'avaient pas progressé dans l'éveil, cette fois elles ont pu rejoindre l'Au-delà.

-A côté d'elles, ont été en plus concernées les **âmes qui refusent l'amour** – l'amour des autres ou l'amour envers soi-même. Lors de la première vague, ces âmes avaient déjà été alertées avec atteinte lésionnelle aux organes ou aux glandes en guise de sonnette d'alarme, ceci afin d'inciter aux guérisons émotionnelles et mentales intérieures. Pour celles d'entre elles qui n'ont pas fait grandir l'amour, elles ont été à nouveau impactées pendant la deuxième vague jusqu'à quitter le plan terrestre pour certaines.

- D'autres **âmes dominées par un mental négatif polluant l'entourage avec nuisance à autrui** ont également été affectées et parmi elles, celles qui n'ont pas eu de déclic de l'âme ont quitté la planète.

-Enfin, les âmes emprisonnées dans **l'ego**, la puissance terrestre avec attitude de **faux prophète** ont été atteintes et, de la même façon, celles qui n'ont pas eu de prise de conscience positive, ont eu de graves problèmes de santé, des gros bouleversements dans leur vie et certaines d'entre elles sont passées dans l'Au-delà.

Comme lors de la première vague, toutes les âmes ayant manifesté un sursaut d'éveil sont restées en vie, puissamment aidées par la Lumière Divine à poursuivre leur progression sur la Terre *(Tome 3, chapitre 8).*

Lors de la **troisième** vague du 1ᵉʳ décembre 2022 au 30 avril 2023, **toutes les âmes précédemment citées et n'ayant pas entériné concrètement leur déclic de l'âme** ont, pour certaines d'entre elles, pu quitter la planète.

Bien entendu, en dehors de ces cas cités, certaines âmes ont fait le choix avant l'incarnation de quitter la planète à cette période pour d'autres raisons. Chaque cas est donc particulier et soumis aux Lois Divines, aux Principes Divins sacrés, au karma ; chaque cas résulte alors d'un ensemble de données et ces explications sont des éclaircissements destinés à aider au déclic de l'âme des êtres incarnés concernés, et non à poser une catégorisation arbitraire. Même si l'être humain ne peut encore en comprendre toutes les nuances et finesses, le Plan Divin est absolument **parfait**.

Durant cette troisième vague, **d'autres âmes** ont été interpelées si elles n'avaient pas débuté leur éveil :

- Les êtres **manipulateurs** utilisant le mensonge à des fins personnelles, en tant que stratège calculateur, ne suivent pas le chemin vers la fluidité et la télépathie ; ils agissent avec perversité et abus de pouvoir sur l'autre. Des initiations leur ont été offertes pour qu'ils puissent intégrer leur erreur. S'ils s'ouvrent au désir de devenir transparents et honnêtes, l'aide Divine descendra sur eux pour les propulser plus en avant sur leur chemin de vie terrestre. Dans le cas contraire, leur âme a pu vivre de profondes initiations avec atteintes physiques ou bien quitter la planète.

- L'être humain porteur d'**un don** doit un jour ou l'autre le mettre à profit pour l'humanité. Il peut s'agir d'un don de guérisseur avec magnétisme, d'un don de créativité et d'invention de procédés bienfaisants et utiles à l'humanité, etc. Celui qui connaît son potentiel et qui le gaspille en le négligeant, s'expose à vivre des secousses physiques ou à quitter la Terre, ceci a été tout spécialement le cas pendant cette troisième vague.

- Les êtres humains qui **auront négligé leur corps** par manque de discernement, acceptant des **injections** de produits chimiques toxiques, de nanoparticules, avec modifications de leur génome, ou encore ingérant ou respirant des **drogues toxiques** créant la dépendance, ont été chahutés lors de la troisième vague **s'ils** n'avaient pas conscientisé haut et fort que leur corps est le véhicule terrestre sacré, nourri par leur propre sang porteur de leurs propres émotions et vecteur de leur âme hébergée par le corps. Ces êtres ont pu vivre des secousses dans leur corps physique qui, si la prise de conscience s'installe, régressent avec possible retour à la santé. En somme a été demandée une prise de conscience totale du respect dû au corps de matière qui est le temple de l'âme immortelle.

- Les êtres ressentant intuitivement qu'ils se sont incarnés avec un **but noble** et qui ne cherchent pas à atteindre ce but, par paresse d'âme et choix d'une vie en apparence plus facile, plus confortable, plus solide financièrement, ou par trop grande négativité ou victimite, ont pu être frappés par des secousses physiques ou par la mort. Non pas que le Plan Divin exige une obligation de résultat ! Simplement, l'être incarné et conscient d'avoir choisi un but élevé avant son incarnation terrestre, est invité à manifester son bon vouloir. Toute volonté de bien faire est immédiatement encouragée, comblée d'aide lumineuse et couronnée de retours positifs. »

J'étais en gratitude pour cet enseignement et mon Guide de Lumière ponctua :

« Chères âmes qui lisez ces lignes, soyez vigilantes à rester dans la neutralité et la bienveillance totales ! Ne vous posez pas de question sur *qui est qui* ni à propos de *qui aura quoi* ! Nul jugement ! En effet, les tenants et les aboutissants entre les éléments karmiques, les blessures restant à guérir, l'avancement ou non dans le processus de réparation, la mission de l'âme dépassent votre capacité de synthèse. Ouvrez votre cœur à la compassion, restez dans l'accueil de l'autre, diffusez les informations de Lumière, informez de la vérité et émanez l'amour ! »

Je ressentais ô combien cette incitation forte à déclencher l'ouverture des cœurs et des consciences était puissante et comment, en toute allégeance aux Lois Divines, elle accompagnait le processus actuel d'épuration de la planète.

Christ'Al Shaya reprit :

« Avant 2012, les âmes missionnées qui ne se réveillaient pas, vivaient tranquillement dans la troisième dimension. Evidemment certains étaient déjà touchés par la maladie, mais le plus souvent leur vie se déroulait platement, comme vous pourriez le dire. Lorsque ces êtres ne saisissaient pas les opportunités mises par la Vie sur leur chemin pour mettre leur potentiel positif au profit de l'humanité et ainsi devenir qui ils sont réellement, une vie était ainsi gaspillée, avec peut-être l'espoir de faire mieux plus tard dans le cursus de l'âme.

Depuis 2012, les particules adamantines descendent à volonté et en abondance sur la Terre et sont assimilées par les êtres incarnés dont la vibration est suffisante pour y parvenir. Comme l'affirme l'adage *aide-toi et le Ciel t'aidera,* tout être de bonne volonté devient apte à intégrer ces particules adamantines, ceci à la hauteur de son ouverture du cœur et de la conscience.

Le chemin de vie d'un être missionné pour aller vers un **but noble** – c'est-à-dire un **but choisi** par lui-même et **accepté tel un engagement avant l'incarnation** – est inévitablement semé de turbulences s'il délaisse ou néglige ce but. Si cet être qui s'est incarné pour servir une cause utile et généreuse ne la sert pas corps et âme dans cette vie, alors il connait sur sa route de vie des problèmes, en particulier de santé. »

Le médecin en moi tressaillit. Nombre de patients dans cette situation surgirent en ma mémoire !

« Oui, reprit Christ'Al Shaya, de nombreux êtres humains prisonniers de la matrice de synthèse et de son formatage sont passés à côté de leur mission d'âme. Ces êtres seront moins nombreux dans la génération montante car la vibration de l'humanité qui s'élève doucement et sûrement impacte la conscience de ces jeunes.

Le corps physique des êtres qui vivent **à côté de leur vraie vie** pourra manifester des atteintes corporelles.

A titre d'exemples et parmi tant d'autres, une maladie de Parkinson, une sclérose en plaque ou une maladie d'Alzheimer, symboliseront le manque ou l'absence d'investissement dans le mandat d'âme. Ces altérations de la santé relèvent d'un mécanisme d'**autodestruction** avec processus dégénératif du système nerveux qui prive le corps physique de l'énergie vitale régénératrice qu'**une âme épanouie au service de son mandat autorise à circuler partout dans toutes les cellules et tous les organes**. Le mental restrictif et/ou négatif et embrigadé dans des fausses croyances, l'absence de dégagement du karma par le vécu de la réparation, ainsi que la paresse de l'âme se satisfaisant de plaisirs futiles, mènent au détournement du vrai but initial.

Dans le cas d'une **maladie de Parkinson** s'installe une baisse, puis une insuffisance totale de la sécrétion de dopamine. Cette dopamine, encore nommée **l'hormone du bonheur**, est sécrétée essentiellement par **l'hypothalamus, glande** profondément reliée à l'hypophyse et à l'épiphyse également nommée glande pinéale. Vous vous souvenez que la glande pinéale est baignée par la Lumière reçue du Ciel et par l'énergie d'amour reçue de la Terre accompagnée de l'énergie de la kundalini[14] ou énergie sexuelle sacrée.

---

[14] Kundalini : mouvement ondulatoire ascendant de l'énergie sexuelle sacrée lovée au niveau du deuxième chakra (le hara) et également signe de vitalité,

Lorsque la glande pinéale – et donc l'hypothalamus qui lui est relié – ne reçoit ni l'énergie du Ciel, ni celle de la Terre, ni d'ailleurs celle de la kundalini, c'est-à-dire qu'elle ne reçoit pas le carburant dont elle a besoin pour impulser et aider l'être incarné à la réalisation de son mandat de vie, l'âme s'endort. Elle entre en **état de paresse**, s'écarte de son chemin de vie ou le refuse, ainsi s'installe la **maladie** *ou ce que le mal a dit*.

En effet, **accomplir sa mission apporte la joie et le bonheur**. De la même façon, passer à côté de sa vie par le **non-respect du but choisi par l'âme est une trahison**.

Je dirais pour résumer :

Pas d'engagement dans la mission d'âme, **pas besoin de joie** et donc économie – voire privation – de la sécrétion de dopamine ou hormone du bonheur, par mise au **repos de l'hypothalamus**. »

Je réalisai ô combien la médecine allopathique ignore tout des causes de ces maladies neurologiques !

Christ'Al Shaya poursuivit :

« La médecine allopathique tente de résoudre le problème par l'administration d'hormone de remplacement, en l'occurrence dans ce cas précis de la maladie de Parkinson,

---

de puissance, d'union de l'énergie de la Terre avec celle du Ciel ainsi que d'union du Féminin sacré avec le Masculin sacré.

de dopamine de synthèse par l'intermédiaire de médicaments aux nombreux effets secondaires.

Qui peut croire qu'un médicament chimique pourra compenser une paresse d'âme et rectifier la conséquence d'un but de vie occulté ?

Evidemment, la substance chimique apportera un bénéfice de confort, mais uniquement à condition que l'âme se réveille, que le **déclic de l'âme** se produise, ne serait-ce qu'une petite lueur de déclic. L'être incarné non réveillé reste prisonnier de la matrice de synthèse avec déviance de ses désirs vers des choses futiles et avec vrilles dans ses pensées, ses paroles et ses actions dues aux fausses croyances inculquées par les forces de l'ombre de la 3D, ceci au détriment de belles actions concrètes et lumineuses au service du Plan Divin, et donc de l'humanité et de l'âme de l'être concerné. »

Ce sentiment de **gâchis intense** me plaçait en totale compassion, toutefois sans complaisance, pour tous ces êtres connus et soignés durant mon cursus de médecin. Je revoyais leur histoire, leur motivation, leurs choix les menant à la maladie dégénérative du système nerveux.

« Dans le cas de la survenue d'une **maladie d'Alzheimer**, reprit Christ'Al Shaya, le processus s'explique de la même façon. Certes, les **carences** importantes en vitamines et en oligo-éléments, de même que la présence d'**aluminium** contenu dans l'eau polluée et dans les vaccins et en conséquence présent en quantité trop importante dans les cellules de l'être humain, peuvent déclencher une maladie d'Alzheimer, sauf que toute personne présentant les mêmes carences en vitamines et oligo-éléments ou l'existence anormale d'aluminium dans le corps, n'évolue pas obligatoirement vers une maladie d'Alzheimer ! C'est là qu'intervient la notion de **mission de l'âme**, également apparaissent d'autres raisons citées précédemment quant à un **karma** par exemple. »

Je repensais aux nombreuses théories sur les virus et mon Guide de Lumière me ramena immédiatement à la notion élémentaire de **terrain** et d'**harmonie** entre les règnes vivants :

« Qu'il s'agisse de la maladie de Parkinson, de la maladie d'Alzheimer, ou encore d'une sclérose en plaques, le facteur viral est aussi à considérer.

Dans le cas précis de la **sclérose en plaque**, le virus de l'hépatite B a sa part de responsabilité dans le déclenchement de la maladie dans le sens où il est inoculé en version atténuée lors de l'injection du vaccin contre l'hépatite B. Et l'aluminium contenu dans ce même vaccin contribue également à provoquer la sclérose en plaques. Cependant toute personne ayant reçu ce vaccin contre l'hépatite B ne développera pas forcément une sclérose en plaques ! En effet entrent en ligne de compte l'état de bonne santé ou non du **système immunitaire** de la personne. Celle-ci rejettera le virus à l'extérieur du corps en cas de santé et de force intérieure réelle et donc en cas **d'équilibre harmonieux de son Soi identitaire** qui n'est autre que le **reflet de son âme**.

Assurément, l'âme active dans son mandat saura aisément faire face à toute dégénérescence du système nerveux. Comme il a été vu dans le chapitre 5 du tome 3, **la santé d'un être humain résulte de l'harmonie qui règne à l'intérieur de lui-même**. Ainsi, il pourra cohabiter avec un virus sans déclencher de pathologie à condition qu'il y ait harmonisation entre lui-même et le virus, et non emprise du virus sur l'hôte humain. Le système des défenses immunitaires de l'être humain est tout simplement son Soi identitaire, propre et totalement singulier à chaque être incarné sur la Terre et s'il y a **sagesse intérieure, ouverture du cœur et de la conscience dans le discernement éclairé, le déclic de l'âme est là, et la mission de vie est conscientisée**, éloignant le plus souvent toute possibilité de maladie. »

Perplexe devant les protocoles médicaux instaurés dans ces pathologies, ma question jaillit :

« Que penser des thérapies immunosuppressives mises en place chez les patients atteints de sclérose en plaques ? »

« Tu mets le doigt sur le **paradoxe** de la pratique médicale allopathique ! Le traitement logique consiste à **conforter le Soi identitaire** en aidant l'être incarné à **conscientiser sa mission d'âme**, donc à réamorcer et à rééquilibrer son **système immunitaire** directement lié au Soi identitaire et donc à **l'âme**.

Il consiste aussi à compenser toute carence en vitamines et oligo-éléments, à nettoyer les organes en dirigeant les toxines du corps vers les émonctoires, c'est-à-dire vers l'extérieur du corps, enfin à réharmoniser les corps émotionnel et mental, le tout pour permettre à l'âme de découvrir ou retrouver son but d'incarnation. Or, les carences ne sont le plus souvent ni reconnues ni corrigées et les traitements infligés sont anti-vie car antalgiques, anti-inflammatoires, immunosuppresseurs – autrement dit anti système immunitaire.

Comment une substance anti-vie pourrait-elle rallumer la flamme de l'âme ? »

Je ressentais profondément le paradoxe qui déchirait la vie de ces êtres, cette distorsion qui privait l'être incarné sur la Terre de concrétiser le dessein de son âme.

Mon Guide de Lumière devança ma pensée :

« **Trahison** ! Oui en effet ces exemples de vie manifestent la trahison de l'être humain envers son âme de par son engagement solennel réalisé avec foi avant son incarnation en cette vie terrestre. Suite au conflit intérieur généré par cette trahison – qu'elle soit conscientisée ou non – s'installe l'inflammation des tissus nerveux, puis la dégénérescence et l'atrophie du système nerveux. L'être incarné **se condamne lui-même par sa propre trahison** envers son être intérieur profond et emprunte alors la voie de la maladie qui mène à la souffrance, parfois à la dépendance et à la mort. »

Animée du réflexe de médecin en médecine naturelle spirituelle, j'évoquais immédiatement les possibilités de traitement. Mon Guide de Lumière continua :

« Comme pour chaque type de pathologie, il existe trois possibilités de réaction du patient au traitement offert par le soignant : la guérison, l'amélioration et le soulagement. »

Je me rappelais parfaitement ces différents stades d'évolution. Christ'Al Shaya me fit part qu'un rappel serait utile aux lecteurs et reprit :

« Lorsque le patient élève sa vibration et qu'il fait preuve d'un réel et sincère désir de corriger ses erreurs et de guérir ses blessures, il peut rapidement revenir à l'état d'équilibre et recouvrer une santé correcte. Quatre possibilités existent :

- Si son processus d'ouverture du cœur et de la conscience est grand, **intense et authentique**, son corps peut se régénérer et atteindre la **guérison**.

- Si son intention de modifier ses comportements pour servir le Plan Divin est là, mise en place concrètement grâce à de **beaux efforts**, tout en restant **fragile**, l'évolution de la santé avec les soins se fait vers **l'amélioration**.

- Enfin, si le patient souhaite installer des changements dans sa vie, **sans** toutefois y mettre une **réelle volonté**, les soins conduiront à un **simple soulagement**.

- A ces trois réactions, s'ajoute malheureusement une autre éventualité, celle de **l'absence de réponse**, autrement dit l'absence de résultat aux soins si l'être malade n'a **aucune prise de conscience** – ceci par refus, par paresse ou par incapacité physique et mentale étant donné un état trop avancé dans la maladie – et/ou s'il ne manifeste aucun changement dans son attitude de vie au quotidien. »

Consciente que rien n'est figé dans l'Univers, mon Guide de Lumière rebondit sur ma pensée :

« Certes, tu as raison, **rien n'est figé dans l'Univers** ! L'être souffrant dans son corps et donc dans son âme, peut à chaque instant changer de statut dans le sens où **une prise de conscience soudaine** peut le mener instantanément selon la médecine quantique de l'état de soulagement à celui de l'amélioration voire à celui de la guérison.

Le **miracle** correspond au passage de l'état de maladie au stade de la guérison totale suite à l'ouverture complète du cœur et de la conscience laissant place à la réparation et à la réalisation du mandat d'âme. De même toute rechute dans la paresse d'âme peut le ramener de la guérison à la simple amélioration voire au soulagement élémentaire. Et ceci **avec les mêmes soins reçus** !

Oui, nous l'avons vu déjà, l'état de santé de l'être incarné dépend de son état **vibratoire**, celui-ci ayant trait à ses prises de conscience et à son déclic de l'âme. Cependant, veillez à **ne jamais juger** ! Certaines maladies du système nerveux peuvent aussi résulter du **karma** ou d'un **engagement** spécifique de l'âme dans des cas précis. »

Je mesurais à nouveau la **responsabilité individuelle** de chaque être humain incarné, sa liberté de faire ou ne pas faire, son choix de se mettre en allégeance à la Source Divine ou non, avec les conséquences logiques de chaque attitude. J'évaluais également l'absolue nécessité de **l'absence de tout jugement,** ainsi que l'importance de la **qualité des soins** donnés par le médecin ou thérapeute.

Christ'Al Shaya rebondit :

« Rien n'échappe aux Lois Divines de l'attraction et de l'affinité ou de la réciprocité des effets. Ainsi, le patient attire le soignant qui lui correspond sur les plans vibratoire et karmique. Il se peut qu'un malade soit par exemple victime de ce que vous appelez une erreur médicale alors que sa vibration laissait présager de mériter et attirer de bons soins. Il peut s'agir dans ce cas d'un retour de karma qui, s'il est accepté, laissera place ensuite à un soulagement, une amélioration ou une guérison. Ce retour de karma peut également être considérablement **adouci** si l'être de bonne volonté a déjà énormément progressé sur son chemin de Lumière »

Tout était clair dans l'approche de la santé, dans la réalisation des soins jusqu'au processus de la guérison. Tel un leitmotiv, le **non jugement** était au premier plan. **Toute déduction mentale, n'émanant donc pas du cœur soutenu par l'ouverture de conscience, était délétère et désalignée aux Lois Divines.**

Baignée de la douceur aimante de mon Guide de Lumière, je ressentais l'imminence de jours meilleurs, de jours où la vraie médecine naturelle spirituelle prendrait sa juste place. La force du rayon de Lumière bleu cobalt de mon Guide de Lumière était telle que je glissais en rythme alpha dans un état méditatif profond.

Chapitre 6

L'AGARTHA, MONDE DE LA LÉMURIE

Des volutes de Lumière aux couleurs de l'arc-en-ciel dansaient devant mes yeux et entraient en mon chakra coronal, tandis que des sons aériens venus du Cosmos enchantaient mes oreilles. Mon Guide de Lumière me sortit de ce délicieux et somptueux spectacle de sons et Lumière et m'invita à me connecter encore plus profondément et intensément à la Terre.

Il me demanda de faire descendre mon énergie dans la Terre, toujours plus profondément jusqu'à rejoindre le cristal central de la planète. Je sentais et visualisais mon énergie au niveau du noyau de la Terre et une union se faisait avec l'énergie d'amour de la Terre Mère. L'énergie d'amour de Terre Mère mêlée à la mienne monta en flèche jusqu'à mon hara et déclencha une montée intense de kundalini. Je sentis mon âme quitter mon corps et rejoindre les profondeurs de la Terre.

« Cette sensation t'est inhabituelle, expliqua mon Guide de Lumière ; jusqu'à présent tu étais régulièrement projetée dans les différents niveaux d'énergie du Cosmos.

A cet instant, le voyage de ton âme te propulse dans **le monde de l'Intra-Terre**. »

Je découvrais un royaume de **douceur et de paix**. La Lumière d'un **bleu franc et pur** m'entourait de partout. Un être de Lumière vêtu de bleu apparut devant moi, souriant, bienveillant et extrêmement lumineux.

« Bienvenue en ce royaume de l'Intra-Terre nommé la **Lémurie ou encore Agartha** ! Je suis **Adama**, régent de ce royaume et je te présente ma compagne de complément Divin **Oraya**. Nous nous sommes déjà rencontrés, souviens-toi ! »

Aussitôt, je me remémorai cette rencontre lors d'un séjour au mont **Shasta** avec cet être inoubliable, grand, aux yeux d'un bleu clair d'une profondeur et d'une bonté infinies, qui s'était adressé à moi en des mots simples débordant d'humanité et d'amour. Son contact m'avait transpercé le cœur comme par une flèche de bonté et de paix. J'avais ressenti son appartenance à une autre dimension et un soin profond s'effectuant sur moi.

« Je te reconnais, lui dis-je avec un immense respect, et je te remercie infiniment de nous être apparu à mon compagnon et à moi, croisant notre chemin terrestre ce jour-là sur le flanc du mont Shasta. »

« Oui, il s'agissait bien de moi. J'ai densifié mon énergie pour vous apparaître à la surface de la Terre et être visible dans la troisième dimension. Notre royaume vivait en cinquième dimension à cette époque, il y a neuf années terrestres de cela. Aujourd'hui, la vibration de notre peuple de Lémurie s'est considérablement élevée et nous vivons actuellement pour te donner une image dans un camaïeu de la cinquième à la huitième dimension. Cette entrevue de 2015 préparait la rencontre d'aujourd'hui et je suis très heureux de te revoir ici en Agartha. »

Je m'inclinai devant ce couple lumineux, émanant une Lumière bleue intense finement bordée de Lumière blanche étincelante. L'amour qui reliait leurs cœurs était puissant et suivait un mouvement fluide sous forme d'une lemniscate allant d'un cœur à l'autre. La Lumière bleue intense unissait d'ailleurs chacun de leurs chakras, installant un champ énergétique d'une incroyable puissance autour d'eux deux. Je distinguais l'éclat de chacun des **sept chakras,** également le rayonnement des **autres chakras** au-dessus de leur tête et en-dessous de leurs pieds, telle une immense aura entourant très largement le couple, selon un cercle parfait.

« Oui, comme tu le vois, reprit Adama, les chakras sont plus nombreux que les sept centres énergétiques que vous connaissez. Les chakras situés au-dessus de notre tête permettent d'entrer plus intensément encore en contact avec la Lumière Divine et ainsi d'incorporer cette Lumière Divine au sein de tous les corps, en particulier Bouddhique et Christique *(revoir l'illustration sur les différents corps subtils, tome 1, chapitre 16).* Tu as bien conscience qu'ici, dans le royaume de la Lémurie, nous n'avons plus besoin du corps physique dense tel qu'il est indispensable pour vous les êtres humains incarnés en troisième dimension sur la planète Terre. La majorité des êtres de la Lémurie vibrent en cinquième dimension, le corps physique est de fait devenu plus éthéré. Dans ce même royaume de la Lémurie, il existe des zones de densité encore bien plus légère au sein desquelles vivent des êtres vibrant jusqu'à la huitième dimension et dont le corps physique éthéré s'estompe littéralement, de par la fréquence vibratoire élevée du lieu, laissant rayonner les corps de Lumière. En effet, en huitième dimension, nous n'avons ni corps physique, ni corps émotionnel – ou un résidu de corps émotionnel car les blessures de l'âme sont en grande partie guéries –, ni corps énergétique mental car notre vouloir et notre réflexion passent uniquement par notre **discernement en conscience via le cœur**. Tout ceci reste imagé afin de faciliter la compréhension ; en réalité, les différentes dimensions ne sont réellement scindées les unes des autres et peuvent se côtoyer au sein des différentes parties et ramifications d'un même être. Nous savons que tu développeras ce thème avec le maître Christ'Al Shaya dans le cinquième tome de cette série *Quête de l'infini par les sons et la Lumière.* »

Captant immédiatement mon regard admiratif, Adama ajouta :

« Nos désirs, nos pensées, nos paroles et nos actes passent par la **voie unique du cœur** indissociablement **jumelée au discernement en conscience**. Le mental a disparu en ce royaume de huitième dimension. Notre corps émotionnel n'existe plus non plus car nos émotions sont subtiles et alignées aux Lois Divines ; elles nourrissent donc nos corps de Lumière Bouddhique et Christique. Si une émotion n'est pas parfaitement alignée aux Lois Divines, elle se manifeste immédiatement dans les corps de Lumière.

L'amour est tellement intense, pur et puissant ici que l'âme concernée s'en rend tout de suite compte, aidée par l'entourage bienveillant et aimant des autres membres de la Lémurie. »

Oraya intercepta immédiatement mon interrogation par télépathie :

« Oui, très chère sœur de la Terre bien-aimée, ta question concerne **l'existence du corps causal**. Ce corps énergétique est réduit à sa plus simple expression car le karma est quasi soldé en cette strate de l'énergie intra-terrestre de la Lémurie. Il n'a pas totalement disparu car il porte et émane les actions lumineuses de notre cursus d'âme dans le Cosmos et ici dans l'Intra-Terre, les actions négatives étant à ce niveau d'énergie de la Lémurie déjà réparées. Comme dit précédemment au sujet des émotions, lorsqu'un être tend à s'écarter tant soit peu du Plan Divin, la Lumière Divine descend à flot sur lui et l'émanation d'amour inconditionnel de ses frères et sœurs lumineux de la Lémurie l'enveloppe d'une telle douceur qu'il lui est aisé de se recentrer immédiatement.»

Je ressentais intensément l'amour d'Oraya et Adama. Comment dire ? L'amour qui émanait de leur couple de complément Divin était immense, bien supérieur à la somme de chacun de leur propre amour, si l'on veut parler mathématiquement. Cet amour rayonnait en une aura tellement lumineuse qu'elle m'enveloppait tout entière, me procurant joie, légèreté et bonheur. Le couple Divin de Lémurie m'invita à le suivre et m'entraina au sein d'une **nature extraordinairement pure**, absolument magnifique.

J'y découvrais la **végétation** (les arbres et les fleurs), puis les **animaux** (les oiseaux, les abeilles, les mammifères, les dauphins), et enfin les **minéraux** (les pierres, les roches cristallines, les cailloux scintillants). Tout était resplendissant de beauté, ressemblant à la végétation, aux animaux et aux minéraux de la surface de la Terre tout en étant **incroyablement magnifié**, tendant vers la perfection. La beauté n'était pas seule à m'interpeler ! L'émanation de cette nature regroupant le règne végétal, le règne animal et le règne minéral était si puissante que mon regard se posait alternativement sur les fleurs, les animaux, les pierres et à chaque regard, je croisais l'amour, la compassion, la joie.

« Oui, tu le vois, reprit Adama, **la pureté et l'amour sont omniprésents ici** en notre royaume de l'Intra-Terre. » Saisissant immédiatement mes pensées, Adama poursuivit :

« La Lémurie existait déjà à l'époque de l'Atlantide et, tu le sais, suite au désalignement et à la perte de l'allégeance aux Lois Divines, la chute progressive de la vibration d'une partie des Atlantes a provoqué l'engloutissement de la surface terrestre par les flots avec disparition de la civilisation de l'Atlantide et profonds remaniements géographiques. Les êtres de la Lémurie et une partie des Atlantes restés centrés en leur cœur en allégeance à Dieu Père Mère ont été sauvés et invités à poursuivre leur chemin ici, dans ce royaume de l'Intra-Terre. Oh ! Au départ, la vibration de notre royaume était de cinquième dimension, puis, suite aux efforts personnels de chaque être, au déclic toujours plus grand des âmes, l'aura de chacune et chacun s'est purifiée et la vibration de notre royaume est passée doucement de la cinquième à la sixième, puis à la septième et aujourd'hui la huitième dimension. Je le répète, **le champ ici est multi-dimensionnel et rien n'est figé** ; comme dit précédemment, les différentes dimensions sont interconnectées au sein des êtres et dans notre royaume de l'Agartha. Cette notion est encore difficile à intégrer par les êtres humains de la Terre et une présentation plus schématique permet une meilleure compréhension de l'ensemble. Notre royaume de la Lémurie, nommé aussi Agartha, est en perpétuel progrès avançant toujours davantage sur le chemin de l'ascension pour atteindre l'illumination. »

Les paroles d'Adama envahissaient mon cœur. Je percevais la puissante émanation de la Lémurie et la voyais diffuser, diffuser toujours plus et atteindre la croûte terrestre. L'énergie lumineuse Divinement pure faisait des percées en certains endroits de la croûte terrestre, tandis qu'elle rencontrait un barrage à d'autres endroits.

« Tu le constates, poursuivit Adama, l'énergie Divine émanant de notre royaume de L'Intra-Terre parvient réellement à inonder certaines zones géographiques de la planète Terre. En l'occurrence, les endroits où les habitants de la Lémurie étaient très concentrés lors de leur vie pendant l'Atlantide, par exemple à Hawaï, ou encore en Californie autour de la montagne Shasta, au niveau de la cordillère des Andes, au Brésil, au Pérou au lac Titicaca et au Mexique, autour des îles Canaries en particulier Fuerte Ventura, au niveau des Pyrénées orientales avec le mont Bugarach, en Crète, en Egypte avec en particulier le plateau de Gizeh, autour de l'île Maurice, au niveau du désert de Gobie en Mongolie ou encore de Shambhala dans les montagnes de l'Himalaya et encore en d'autres endroits du globe terrestre. »

Je contemplais la connexion de l'énergie de la Lémurie avec l'écorce terrestre. En ces endroits mieux connectés, des volutes d'énergie tourbillonnaient et traversaient complètement la croûte terrestre, venant ainsi nourrir abondamment les règnes vivant en surface.

Adama reprit :

« **Les arbres de notre royaume** sont en connexion étroite avec ceux de la surface terrestre. Tous les arbres correspondent et échangent énergétiquement avec leurs homologues de la surface terrestre. Là où la vibration sur la Terre est particulièrement basse, la croûte terrestre est plus épaisse, rugueuse ; on peut la comparer à une armure métallique qui fait écran entre l'intérieur et l'extérieur de la surface terrestre et la communication y est plus difficile. En ces endroits, les arbres terrestres souffrent, ils sont comme coupés de leurs racines en ce sens qu'ils ne reçoivent plus la nourriture énergétique d'amour des arbres de la Lémurie. Certes, les particules adamantines célestes descendent sur eux, mais également à une moindre mesure car la vibration basse du lieu réduit la possibilité d'attirer la Lumière contenue dans les particules adamantines. »

Je ressentais de la compassion pour ces zones terrestres, à la fois pour les végétaux, mais aussi pour les animaux, les minéraux et les humains. Je voyais la souffrance des arbres en ces zones opacifiées et densifiées au niveau par exemple des grosses agglomérations terrestres telles que New York, Dubaï, Pékin.

Oraya dirigea mon attention sur la beauté des arbres du royaume de Lémurie, en particulier celle de chênes majestueux et de splendides pins sylvestres et m'expliqua avec une douceur infinie :

« Les **chênes** de notre royaume renforcent considérablement la puissance des chênes terrestres. Les élixirs thérapeutiques réalisés à partir des chênes terrestres fortement connectés aux chênes de notre royaume sont très guérisseurs. Tu connais la fleur de Bach *Oak*, obtenue à partir du chêne et qui aide la personne désespérée à sortir de l'abattement et à continuer à lutter pour vivre et élever sa vibration. Les **pins sylvestres**, eux, apportent la paix. Ainsi, les pins sylvestres terrestres hautement connectés aux pins de notre royaume véhiculent une paix intense. Ils permettent d'obtenir le remède de Bach *Pine* qui nettoie la culpabilité portée par une personne qui se reproche de n'avoir pu faire mieux la libérant ainsi d'un poids et ramenant la paix en son cœur. »

Je revoyais soudain les arbres majestueux de la strate jaune or lumineux des Pléiades. Ces arbres diffusaient le rayon lumineux jaune or vers les arbres terrestres, leur distribuant tout l'amour que ces arbres terrestres étaient en capacité de capter. Je me remémorai l'aide immense des arbres Pléiadiens à la santé des arbres de la Terre et à la potentialisation de leur rôle de transmutateurs d'ombre en Lumière (*Tome 3, chapitre 15*).

« Oui ! s'exclama Oraya. **Tout est harmonie ! L'aide vibratoire de nos arbres de Lémurie en Intra-Terre** est totalement coordonnée avec celle des **arbres des Pléiades. Les engrenages de l'Univers sont parfaits.** »

Mon regard croisait intensément celui d'Oraya. Oui, c'était bien cela ! Je venais de ressentir télépathiquement que l'énergie d'Oraya et Adama m'accompagnait depuis de nombreuses années en ma pratique médicale. Leur vibration venait me toucher en mon cœur lorsque je prescrivais les fleurs de Bach et lorsque que je captais l'énergie de Mère Terre qui montait accompagnée de ma kundalini afin de réaliser un soin avec la force des arbres ou des autres éléments de la nature.

« Les **fleurs terrestres** nourries par l'énergie d'amour des fleurs de notre royaume de la Lémurie, poursuivit Oraya, c'est-à-dire les fleurs terrestres poussant dans les zones géographiques dont la croûte terrestre est plus fine et ainsi perméable à notre énergie d'amour, sont toniques, robustes, resplendissantes et puissantes dans leurs vertus médicinales. L'élixir que l'être humain en extrait, ou les teintures mères ou tisanes obtenues à partir de ces fleurs et plantes sont d'une qualité merveilleuse et peuvent réparer des désordres du corps humain et guérir bien des maux. »

J'entrevoyais un avenir proche où les êtres humains sauraient à nouveau considérer à leur juste et honorable place, l'usage et la force des fleurs et celle de tous les végétaux. Oraya s'approcha d'un champ de roses toutes plus belles les unes que les autres, d'une infinie variété de teintes, du rose au blanc en passant par le rouge, l'orangé et le jaune d'or. Elle reprit :

« **La rose de Lémurie est indissociable de la rose de notre Mère Divine Marie**. Les roses de Marie s'épanouissent à la perfection sur l'île aux roses du Paradis (*Tome 3, chapitre 19*). Leur rayonnement Divin nourrit vibratoirement et abondamment notre royaume, offrant santé, prospérité, force et amour aux roses de la Lémurie. Ainsi, l'être humain connecté à cette onde d'amour émise par les roses de notre royaume reçoit à la fois l'énergie de la Lémurie et à la fois l'énergie de Marie, Mère Divine. **La vibration née de cette double connexion est dynamisante, constructrice et harmonisante**, renforçant la **puissance du Féminin sacré en l'être humain** de la Terre qui la reçoit, qu'il soit une femme ou un homme, puisque les femmes et les hommes de la Terre ont tous deux en eux une part de Féminin sacré, en proportion plus importante, tu le sais, chez la femme de la Terre. La femme réceptrice à ces vibrations de la rose d'amour verra son Féminin sacré grandir. Ainsi, la paix, la sagesse, la douceur, l'amour et le maintien du cap de vie empliront son aura, et son émanation sera cristalline et lumineuse. L'homme réceptif à ces vibrations mariales de la rose harmonisera sa part de Féminin sacré installant en lui sa sensibilité et son intuition et son Masculin sacré s'en trouvera fortifié par l'apport puissant de l'intuition. »

Un **cercle Divin sacré** s'installait devant moi, chaque être à sa place sur ce cercle. La solidarité, l'entraide, la paix et l'amour unissaient les cœurs. L'énergie du Ciel Père et de la Terre Mère – Intra et Extra Terre – parcourait le cercle célébrant joyeusement le Féminin sacré, confiant sur l'avènement proche d'un nouveau monde à la surface de la Terre, monde qui respirerait harmonieusement avec le royaume Intra-Terre de la Lémurie. Tous les êtres du cercle Divin sacré remplissaient leur juste rôle, s'échangeant des services, chacun offrant dans le cœur à l'autre ce qu'il savait faire, en allégeance au Principe Divin sacré du Féminin et Masculin sacrés harmonieux. Tel était bien le Principe du **troc Divin sacré**, pratiqué selon le **Principe du cercle Divin sacré**, tout cela sous l'égide des **Lois Divines de l'attraction et l'affinité, et de la réciprocité des effets.** Je ressentais le lieu comme proche de la perfection.

Adama renchérit :

« Oui ! Notre royaume de la Lémurie est une **école influente pour la Terre**. Les Lois Divines et les Principes Divins sacrés y sont suivis en toute fluidité. »

En effet, l'énergie Divine circulait partout, incluant la moindre particule vivante. Je dirais que tout m'apparaissait comme énergie de Lumière.

« Comme tu le vois, indiqua Adama, les constructions de notre royaume suivent scrupuleusement et exclusivement les règles de la géométrie sacrée. Les courbes sont libres et les lignes rectilignes sont toujours extérieures, ne coupant jamais les lignes courbes. L'onde Divine circule donc librement à travers toute notre architecture, installant la fluidité, l'authenticité et la transparence cristal partout.

Absolument partout. Cette onde Divine en libre et fluide circulation est source de paix, amour, joie et santé. »

Ma kundalini monta fortement et Adama continua :

« **L'onde Divine en libre et fluide circulation** provoque la **montée kundalinique**. Cette montée, grandement facilitée par la connexion au monde de la Lémurie, devient possible uniquement lorsque l'être est prêt, c'est-à-dire quand les blocages, mémoires et implants en son hara sont en partie guéris, quand les obstacles et les blessures tout au long de sa sushumna[15] au niveau de chacun des principaux chakras sont pour nombre d'entre eux levés. La montée kundalinique se fait alors avec force et puissance, laissant place à tous les possibles. »

En totale gratitude, je baignais dans une douce chaleur lumineuse. Un grand soleil jaune d'or brillait intensément, sans toutefois éblouir les yeux.

« Le **soleil de l'Intra-Terre**, reprit Adama, est amour, Lumière et force de guérison. Tout être qui capte le rayonnement du soleil de l'Intra-Terre par le hara, le cœur et le troisième œil est empli de son amour, de sa Lumière et de sa force de guérison qui émanent alors de son aura, offrant ainsi aux autres amour, Lumière et force de guérison. »

---

[15] La sushumna : nom donné à l'axe de la colonne vertébrale dans lequel circule l'énergie de la kundalini éveillée.

J'observais les grands êtres lumineux de la Lémurie et je contemplais **leur beauté, leur pureté et leur rayonnement puissant**. Je voyais leurs corps énergétiques intégrer les particules de Lumière et ma question sur l'alimentation n'eut pas le temps d'émerger qu'Adama expliqua :

« Effectivement, la nourriture physique n'existe plus ici en notre royaume de la Lémurie. La vibration élevée de la cinquième à la huitième dimension permet aux particules adamantines remplies de Lumière Divine de foisonner en notre atmosphère. C'est ce que vous nommez le **Prana** *(Tome 2, chapitre 12)*. Nous, les habitants vibrants de la Lémurie, sommes constamment nourris, rassasiés et comblés par l'énergie Divine du Prana qui envahit tous nos corps pour notre plus grand bonheur. »

J'aperçus un **magnifique vaisseau** d'une taille vraiment imposante. Il était extrêmement lumineux et se propulsait plus vite que l'éclair d'un endroit à un autre et même à travers les vortex énergétiques, là où la communication de l'Agartha avec la surface terrestre est la plus forte et la plus aisée.

« Ce vaisseau, reprit Adama, correspond chez nous à votre avion terrestre, sauf qu'il fonctionne à **l'énergie libre**, cette énergie qui existe et circule gratuitement dans l'Univers. Notre souhait le plus profond est que les êtres humains puissent enfin accéder à cette utilisation gratuite de l'énergie libre. Votre chercheur physicien Tesla a mis en évidence cette énergie libre et la façon de l'utiliser au service de l'humanité. Cependant les forces sombres ont mis la main sur ses découvertes, s'en sont servi pour elles-mêmes, par exemple au service d'Hitler pour accroître sa puissance lors de la seconde guerre mondiale. Nous œuvrons à ce que vienne bientôt le jour où cette énergie libre sera connue et reconnue sur la Terre et utilisable à volonté avec la plus pure intention de service au Plan Divin. »

« Pourquoi êtes-vous en réalité dans l'Intra-Terre ? demandai-je spontanément. Vous pourriez vivre en la strate orange franc des Pléiades ou sur Arcturius au niveau de sa strate orange or Lumineux, voire en des strates encore plus lumineuses ? »

Adama et Oraya plongèrent en mes yeux leur regard d'une transparence immense et d'une bonté infinie. Adama reprit :

« Comme je te l'ai dit précédemment, après le déluge de l'Atlantide, nous avons été conduits par le Divin en ces lieux de l'Intra-Terre avec la mission **tout d'abord d'élever la vibration de notre peuple en vue de notre ascension personnelle**. **L'autre versant de notre mandat est d'aider la Terre dans son élévation vibratoire progressive afin de l'accompagner vers sa future ascension**. Nos efforts d'alignement le plus total au Plan Divin ont donc un double but : le premier est d'élever la vibration au sein de notre royaume le plus haut possible, et ainsi de parvenir chacune et chacun d'entre nous à l'illumination ; le second but est de tirer la Terre vers le haut si je peux m'exprimer ainsi, en diffusant notre rayonnement puissamment lumineux au travers de la croûte terrestre. »

« Cela signifie que les zones géographiques de la planète sont inégalement stimulées par votre émanation lumineuse compte tenu des différences d'épaisseur de la croûte terrestre et donc de réceptivité du sol à votre énergie salvatrice ? »

« Oui ! reprit Adama. Notre énergie diffuse énormément et de plus en plus en certaines régions du globe, et nettement moins en d'autres. Néanmoins tu le sais, tout est juste ma chère sœur de la Terre bien-aimée ! Tout être humain nait à l'endroit que son âme a choisi, au sein du couple parental choisi et sur le continent, dans le pays choisi. Ceci se fait en allégeance aux Lois Divines, selon le karma de l'âme qui s'incarne, selon son karma avec ses parents, selon le karma collectif du pays où elle choisit de s'incarner, enfin selon le mandat que porte son âme. **Tout est parfaitement juste !** »

« Et lorsque vous atteignez l'illumination, où allez-vous alors ? » questionnai-je.

« Notre évolution d'âme, c'est-à-dire notre élévation vibratoire personnelle et pour l'ensemble de notre peuple de Lémurie, se fait ici ; nous l'avons choisi et accepté. **Notre concours à l'élévation vibratoire de la Terre tout entière vers un nouveau monde de cinquième dimension et multidimensionnel à sa surface** nous tient très à cœur et nous travaillons à chaque instant en ce sens. Lorsqu'un être de la Lémurie alchimise totalement la Lumière en toutes les cellules de ses corps énergétiques, il vit ce que vous appelez l'illumination et rejoint instantanément la plus haute strate d'énergie Divine qu'est la Paradis. Cependant, la plupart d'entre nous avons fait le choix d'élever au maximum la vibration de notre âme et du lieu avec le vœu pur et sincère de rester ici tant que la Terre entière n'a pas évolué vers un monde de cinquième dimension en surface. »

Percevant ma pensée, il poursuivit :

« Non, ce n'est pas un sacrifice ni un devoir. C'est **le choix de notre âme**, c'est **notre mandat**. Nous ne freinons pas pour autant notre montée vibratoire, nous avançons vers la perfection, en totale patience de quitter l'Intra-terre pour rejoindre le Paradis ultérieurement, une fois notre rôle accompli et la Terre montée en cinquième dimension. »

Une lemniscate lumineuse s'échangea depuis les cœurs réunis d'Adama et Oraya en ma direction. Emplie de sérénité et de sagesse, je ressentis un bonheur intense. Nos regards plongèrent l'un dans l'autre et nous nous fîmes un au revoir tendre et chaleureux. La confiance de la persistance de ce lien avec la Lémurie était solidement ancrée en mon cœur et je revenais dans mon corps physique sur notre Terre Mère.

Chapitre 7

**LES ZONES D'ÉNERGIE NÉGATIVE EN INTRA-TERRE.
LES FAUX PROPHÈTES.**

Christ'Al Shaya me ramena alors à la dualité des forces et me montra comment l'Intra-Terre habitée par les magnifiques êtres lumineux de la Lémurie était aussi squattée, en d'autres zones totalement séparées de l'Agartha, par des êtres connectés aux énergies négatives et donc complètement soumis à la source sombre. Face à cette vision, des frissons douloureux et extrêmement déplaisants parcoururent mon corps.

« Je vais te parler maintenant de ces sociétés intra-terrestres nourries par l'énergie négative des forces sombres. Ces sociétés secrètes totalement soumises à la source sombre suivent des plans très élaborés de despotisme pyramidal basé sur une hiérarchie absolue. Tel que Je l'avais expliqué dans le tome 1 *La Réparation*, les mêmes rites sataniques déployés à la surface de la Terre sont également suivis – et ceci à la puissance 100 – dans l'Intra-Terre négative. »

Immédiatement, mon attention se portait sur le Vatican. La cité souterraine de l'Intra-Terre, sous le Vatican, m'apparut en flash, c'était littéralement un état sous l'état.

Mon Guide de Lumière reprit :

« L'état du Vatican, situé dans l'Intra-Terre juste sous la cité du Vatican dans la ville de Rome est une puissante organisation qui a mis la main sur l'église catholique.

Cette emprise s'est faite d'abord par la déformation intellectuelle de tous les écrits retranscrits par les apôtres après la crucifixion de Jeshua, dit Jésus de Nazareth, mon cousin bien-aimé chez les Esséniens. Les paroles de Jeshua ont en effet été transformées, déformées pour en modifier le sens et priver les êtres humains de toute vraie compréhension permettant l'ouverture du cœur et de la conscience. Tout a été fait pour les empêcher de développer leur discernement et les maintenir coincés dans la matrice de synthèse de la source sombre. Cette emprise s'est aussi opérée - et ceci à leur insu - sur nombre d'êtres ecclésiastiques pourtant sincères et dévoués à l'église catholique et qui mettent leur vie à son service. Parmi ces prêtres, nombreux sont ceux qui ont un grand cœur et qui, faute d'un plus grand discernement, se laissent entraîner sur une voie d'errance les enfermant dans de fausses croyances limitantes et dévastatrices.

L'emprise s'est ensuite puissamment installée par la mise en place d'une organisation pyramidale solidement ficelée et gérée d'une main de fer par une poignée d'êtres de la Terre. »

J'avais besoin d'explications et Christ'Al Shaya poursuivit :

« Les êtres qui dirigent cet état Intra-Terre du Vatican ont pour la majorité d'entre eux, une âme non humaine d'origine extra-terrestre d'énergie très négative ; d'autres de ces dirigeants sont des êtres qui ont perdu beaucoup de leurs codes Christiques originels, jusque parfois à un point de non- retour, entraînant irrémédiablement pour certains d'entre eux la radiation du livre de la Vie.

Ces dirigeants – les mêmes qui sont au sommet de la pyramide maçonnique à la surface du globe terrestre – commandent d'une poigne intraitable une puissante organisation qui gère les représentants placés à la tête de la plupart des pays et des corporations, en les tenant par des ficelles les ramenant à un rôle de marionnettes obéissant à la lettre à leurs supérieurs, afin de recevoir une récompense matérielle et des avantages et des privilèges. Ces représentants des humains, qui ont des responsabilités de chefs d'état, d'enseignants, de scientifiques, parfois d'ecclésiastiques ou autres, sont tenus par ces extra-terrestres d'énergie négative. Ils sont ainsi pieds et mains liés car ils sont incités, voire obligés, de par leur allégeance à la source sombre à se plier à des rituels sataniques maléfiques abimant des êtres humains, femmes et enfants, kidnappés sur la Terre. Certains y trouvent leur compte ne voyant que le confort matériel et la puissance terrestre que cela leur confère. D'autres sont ainsi piégés avec impossibilité apparente de sortir du piège sous peine de divulgation publique généralisée de leurs conduites et dérives, et sont ainsi tenus au secret sur ce qu'il se passe en ces zones intra-terrestres négatives, moralement ligotés comme des détenus. »

Le flash de cet état sous-terrain du Vatican m'avait semblé si sombre que je demandai :

« Comment voient-ils clair ? »

« La luminosité dans cet état Intra-Terre du Vatican est triste et artificielle. Il existe un soleil en cet endroit, mais il s'agit d'un faux soleil central, c'est-à-dire d'une lumière de synthèse, d'un éclat métallique et lourd, ce même éclat métallique que tu peux voir dans le regard glacial de ces dirigeants de la Terre qui veulent le mal pour leur peuple, qu'il s'agisse actuellement de ton pays la France, du Canada et bien d'autres encore. »

« Communiquent-ils facilement avec la surface de la Terre ? »

« Oui ! L'organisation est précise et rien n'échappe au contrôle des dirigeants d'énergie négative. Je ne vais pas m'étendre sur ces informations car il est primordial de rester branchée sur l'énergie Divine et toutes les valeurs positives Christiques. Juste te donner quelques renseignements utiles pour éviter toute naïveté et pour ressentir les forces en présence à travers un discernement aiguisé en conscience.

Il existe un réseau de communication très développé. Tout d'abord, le pôle nord et le pôle sud sont des bases d'entrée et de sortie de cette partie de l'Intra-Terre. Les avions ne survolent d'ailleurs pas les pôles précisément. Ensuite un réseau de voies souterraines relie des points stratégiques. En surface comme en profondeur sous la Terre, des axes maçonniques rejoignent entre eux les lieux forts de la planète tels que Rome, Londres, Paris au niveau de la pyramide du Louvre en particulier, Israël, etc. Des tunnels ont été construits et sont connectés à ces bases souterraines, par exemple le tunnel du Gothard. »

Mes pensées revenaient vers le pape, chef de l'église catholique. Comment une telle dérive était-elle possible ?

Christ'Al Shaya continua :

« Le pape est chef de l'église catholique et bien plus que cela. Il est officiellement élu par les cardinaux ; en réalité, il est officieusement choisi pour ses convictions et sa soumission – qu'il en soit conscient ou non – au noyau de cette élite en allégeance à la source sombre de synthèse et actuellement encore aux commandes de votre planète. Le rôle du pape impacte la planète entière ! Sans jugement aucun, votre pape actuel s'est par exemple publiquement positionné en 2021 lorsqu'il a incité les fidèles de son église à recevoir les injections à base de thérapie génique expérimentale recommandées par l'organisation mondiale de la santé, enseignant avec force et conviction que se faire injecter est un acte d'amour. Or, ces injections géniques expérimentales ont été créées dans un but génocidaire -et cela sera bientôt divulgué et confirmé-, afin de tuer les êtres les plus fragiles et affaiblir les autres, ceci par un amoindrissement du système immunitaire et une modification du génome de l'être humain. A moyen terme et sauf à effectuer des soins, pourront exister divers problèmes de santé dans l'un ou l'autre des corps physique ou énergétiques de la personne et à long terme, une distorsion du patrimoine génétique de l'humanité avec remplacement des codes Christiques par des codes vrillés et par de l'intelligence artificielle. Le pape, en qui les fidèles ont confiance, endosse le rôle du faux prophète – encore une fois qu'il en soit conscient ou non – entrainant dans son sillon moultes personnes manipulables et démunies du discernement dans la conscience du cœur. »

Christ'Al Shaya m'avait souvent rendue vigilante à l'existence des faux prophètes, qui seraient de plus en plus nombreux au fur et à mesure que les forces sombres se déchaineraient sur notre planète. Il reprit :

« Oui ! Les particules adamantines célestes descendent en abondance depuis 2012 et suscitent chez les êtres humains une recherche spirituelle. C'est alors que les faux prophètes surgissent, s'emparant de la naïveté des êtres assoiffés de connaissance et de vérité.

Ces **faux prophètes sont de deux sortes** : certains d'entre eux sont des êtres calculateurs à l'intellect très développé, les autres – et les plus nombreux – sont en réalité des êtres incarnés sur Terre avec le choix d'âme initial et sincère d'amener les humains sur le vrai chemin de l'ascension, et qui se sont malheureusement laissés harponner par les forces sombres qui exploitent l'empathie de leur cœur pour en faire d'excellents faux prophètes.

Ces derniers peuvent être des **âmes indigo** par exemple qui sombrent le plus souvent par naïveté et empathie dans le piège du New-Age ou des enseignements déviant de la vérité par **l'inversion des valeurs Christiques de base**. Ces âmes indigo qui deviennent - encore une fois consciemment ou pas – des faux prophètes sont très charismatiques et servent alors la source sombre avec la grande force qui est la leur et qui était initialement dédiée au service total au Plan Divin.

Les faux prophètes deviennent l'un des écueils les plus fréquents et les plus dangereux à l'heure actuelle pour les chercheurs de vérité. Les êtres qui souhaitent avancer sur leur chemin d'ascension peuvent être séduits par ces personnes qui semblent avoir le savoir et la raison, sauf que le savoir et la raison ne sont ni la **connaissance** ni la **sagesse**. »

Je méditais sur ces mots et mon Guide de Lumière poursuivit :

« Votre pape a également fait la promotion en 2020, en même temps que la pandémie faussement provoquée par un coronavirus, d'un manifeste traitant de l'éducation de la jeunesse sous la forme de ce qu'il a appelé un pacte éducatif mondial.

Sous couvert d'une plus grande fraternité, son pacte éducatif mondial est bien accueilli par les peuples – catholiques certes, mais également par d'autres confessions ou groupes laïcs – et surtout par les dirigeants en allégeance à la source sombre. Derrière cet élan de fraternité se cache une métamorphose totale à venir de la société des humains à travers la manipulation non seulement des adultes, mais encore plus des enfants et adolescents scolarisés, **en leur inculquant habilement l'inverse des valeurs Christiques et ce, d'autant plus subtilement que cela est fait par un faux prophète.**

Une partie de la population terrestre peut ainsi ne pas s'en rendre compte si elle ne se place pas dans son discernement, se laissant alors complètement endormir par les fausses croyances inculquées, les techniques puissantes et avisées de manipulation des masses, les mensonges relayés par les médias officiels manipulés et achetés par ceux qui tirent les ficelles au sommet de la pyramide maçonnique. »

Je revoyais immédiatement cette petite fille venue en 2021 en consultation avec sa maman outrée de ce qui était écrit dans le livre scolaire de sciences de la vie et de la Terre (SVT) d'édition toute récente, de son enfant en école primaire, classe de cours moyen deuxième année. Un chapitre était consacré à la sexualité et il était suggéré à l'enfant que, la tolérance étant une valeur de fraternité, il était invité à l'aide de questions, à se demander s'il était heureux d'être un garçon s'il était un garçon ou une fille si elle était une fille, mentionnant qu'il était normal, fréquent et possible de vouloir changer de sexe. Quelle **trahison envers la pureté** de l'enfance et de l'adolescence !

« Oui, reprit mon Guide de Lumière, il s'agit bien d'une trahison de la beauté originelle des âmes Christiques par les forces sombres qui s'infiltrent partout pour salir et souiller ce qui est juste, droit et Divin. »

Ma réaction d'aversion fut aussitôt rectifiée par mon Guide de Lumière :

« Néanmoins, tu le sais, **rien n'est le fruit du hasard** et cette trahison n'est ni permise par le Plan Divin ni en aucun cas une conséquence due à une négligence de Dieu ! **Dieu est la perfection pour l'éternité**. Le Plan Divin est juste, **absolument juste** jusque dans le moindre détail. **Si cette trahison voit le jour sur votre Terre, c'est seulement parce que la vibration actuelle trop basse de votre planète le permet**.

C'est parce que trop de pensées, de paroles, de comportements de basse vibration émanent encore d'un trop grand nombre d'êtres sur la Terre, attirant obligatoirement en retour les évènements sur la même vibration basse, ceci selon les Lois Divines immuables de l'attraction et l'affinité et de la réciprocité des effets. »

Je prenais encore une fois pleine conscience de l'importance cruciale de travailler, chacune et chacun, à notre purification et à un alignement dans notre cœur toujours plus grand.

Une cascade de Lumière descendit sur moi et Christ'Al Shaya reprit :

« **La sexualité est la pierre de base de l'inversion des valeurs**. Le doute est semé dans le mental des jeunes ; la réalité génétique obéissant strictement aux Lois Divines est déformée, modifiée, vrillée et ces vrilles sont banalisées et enseignées comme normales, justes et répondant à la tolérance et à l'amour fraternel. Ce sujet essentiel fera l'objet d'un chapitre plus loin dans ce livre.

La luxure, les occupations de basse vibration délivrant constamment de très nombreux messages subliminaux sataniques – notamment dans les jeux vidéo – sont aussi encouragées par un biais moins officiel que l'école, comme les publicités et les programmes de télévision. Les films et séries télévisées ou diffusées par des sociétés pactées à la source sombre exploitent et formatent le psychisme et les émotions de la jeunesse et des adultes. »

Je mesurais le grand pourcentage de personnes qui se divertissent au long cours sur Netflix, Amazon, Disney, etc, jusqu'à en devenir accroc et de fait, ne plus avoir le temps de se poser les vraies questions sur la Vie.

« Qu'en est-il de la lecture ? » ponctuai-je.

« Je te remercie d'abord ce thème de la lecture ; **un livre a réellement un impact important sur son lecteur**. Ainsi les livres déviants qui traitent de la débauche, la luxure, la fausse spiritualité entraînent le lecteur – souvent à son insu malheureusement – vers le service à la source sombre. Les auteurs de ces livres sont connectés à l'énergie négative et reçoivent à la fois l'influence néfaste des nébuleuses (ou égrégores) auxquelles ils sont reliés et également l'influence des extra-terrestres d'énergie négative de ces cités sataniques de l'Intra-Terre.

A vous toutes et tous qui lisez ces lignes, soyez vigilants à ces livres vous faisant glisser vers l'erreur et l'errance de l'âme car, même si vous suivez cette fausse voie parce que vous y êtes conduits, vous êtes **responsables** de votre choix et du chemin sur lequel il vous entraîne. Ne prenez pas peur ! Restez tout simplement **centrés en votre cœur** et ressentez au tréfonds de vous-même si le livre reflète la vérité ou s'il s'agit d'un piège **habilement imitateur de la vraie vérité** tout en **inversant** quelques **détails d'importance primordiale**. L'assimilation et l'intégration par le lecteur dans sa vie de ces éléments gravement vrillés est **destructrice, anti-vie et anti-Christ.** »

Une deuxième fois, un flash se dessina devant mon troisième œil et des frissons intenses parcoururent à nouveau mon corps. Christ'Al Shaya parla avec une immense douceur :

« C'est vrai, ce que tu vois est effrayant. Ces êtres dans l'Intra-Terre colonisée par les forces sombres portent dans leur aura cupidité, avarice, orgueil, méchanceté, violence... Les chefs n'ont pas de chakra cœur donc ni empathie ni compassion. Ils puisent cette énergie empathique chez les êtres qu'ils ont kidnappés à la surface terrestre et qu'ils gardent prisonniers et asservis. »

Ces êtres semblaient se déplacer à très grande vitesse, à l'aide d'engins ressemblant à des soucoupes volantes.

« Oui, ponctua mon Guide de Lumière, cette population dispose de technologies très avancées, amenées par les extra-terrestres d'énergie négative du Cosmos avec lesquels elle est en connexion. Il est ainsi aisé pour ces êtres d'utiliser l'énergie libre pour leur confort et leur facilité de déplacement. »

Autour des êtres, j'avais entrevu une végétation très sombre. Les fleurs étaient présentes, mais fades et sans élégance.

« Tu as raison, les fleurs n'ont ni couleur ni parfum ; de même, les roches sont ternes et l'environnement est comme artificiel en **l'absence totale des êtres essentiels de la Nature** en ce lieu. L'architecture est satanique excluant toute trace de géométrie sacrée. Les lignes brisées coupent les cercles et les lignes courbes à chaque endroit. L'orchestration de l'ensemble se fait par l'autorité extrême des chefs et mécaniquement, par l'exécution automatique des ordres par les subalternes et par les robots de l'intelligence artificielle. Tout est glacial. »

Cette vision me devenait quasi insupportable. Il y avait là une **véritable trahison** des êtres peuplant la planète eu égard à ce que **Mère Terre** leur offrait.

Christ'Al Shaya m'enveloppa d'une douce et intense Lumière bleu cobalt et un immense réconfort m'envahit. Il me rappela la nécessité de toute absence de jugement et l'importance de la compassion envers ces êtres en souffrance totale puisque démunis de chakra cœur. Il ajouta :

« La compassion envers tout être quel que soit le degré de gravité de ses agissements ne signifie pas cautionner ni excuser ce qui est ; la compassion est juste l'amour inconditionnel universel sans complaisance, c'est-à-dire le non jugement et le souhait sincère d'un mieux aller pour l'autre même s'il n'y a rien à y faire personnellement. »

Je rêvais à l'évolution de notre Terre vers la cinquième dimension et la multi dimensionalité, bascule qui obligerait ces cités négatives de l'Intra-Terre à s'éteindre, faute de pouvoir puiser en surface les énergies du cœur qui leur manquent cruellement et dont elles se nourrissent.

En effet, l'élévation vibratoire de l'être en cinquième dimension et plus, le rend **pleinement conscient et, empli du discernement en sagesse et dans l'amour du cœur**, il ne peut plus être piégé ni capturé à des fins d'aliénation par les forces négatives. Il en serait enfin fini de l'esclavagisme avec cette fois **place à l'amour, au respect, à la paix, à l'authenticité et au troc Divin.**

Chapitre 8

LA MÉDITATION ET LA PRIÈRE

L'AVENIR DE LA TERRE

LA KUNDALINI ET LES COUPLES

Recueillie en prière, je recevais en mon cœur la Lumière du puissant rayon bleu cobalt de Christ'Al Shaya et de l'archange Michaël, ainsi que l'énergie douce, aimante et intense des Mères Divines. Une profonde sensation de plénitude intérieure m'immergeait dans la paix. Je ressentais la force de l'union, la puissance de l'unité. Le cercle Divin sacré était là devant mon œil de la conscience. Christ'Al Shaya reprit :

« Votre belle planète bleue fut créée il y a des éons de temps pour y faire **éclore la pureté, la beauté et l'amour**. Tel était le dessein de Dieu à la création de l'Univers. La Terre a connu une alternance d'âges d'or, puis de périodes de décadence extrême et aujourd'hui, vous êtes arrivés à une fin de cycle. Bientôt 26000 ans se seront écoulés depuis le déluge de l'Atlantide ; et le Plan Divin, dans sa rigueur et son amour parfaits, vous demande des comptes. Je veux dire par là que votre humanité chemine depuis presque 26000 ans dans ce cycle de vie et que l'heure est venue pour Dieu Père Mère de vous amener à envisager les récoltes de tout ce qui a été semé durant ce cycle. »

Je laissais défiler devant mes yeux le film de la vie de la Terre, avec ses périodes d'apogée de l'amour, ses moments de guerres effroyables, son vécu sous la domination des forces sombres au sein de la matrice de synthèse et l'émergence de la Lumière Divine actuellement présente dans les innombrables **particules adamantines, réveillant nombre d'êtres endormis** et dont pourtant l'âme s'est incarnée avec une belle mission.

« Le moment est venu sur votre planète de faire le Choix – avec un grand C – entre la Lumière et l'ombre. C'est réellement l'heure du **positionnement définitif, entier et total avec réveil intégral de l'âme au service de la Lumière Divine**. En effet, il ne devient plus possible de servir la Lumière **ou** l'ombre au gré de vos envies. Le temps est simplement venu de vous mettre **en allégeance à 100 % et pour toujours** à la Source Divine Première, dans le respect fidèle des Lois Divines et des Principes Divins sacrés qui régissent l'Univers. »

Je ressentais ô combien l'urgence était là, à se réaligner, à élever chacune et chacun sa vibration pour accroître celle de l'humanité et ainsi renforcer chaque jour un peu plus cette montée vibratoire globale de la planète Terre.

L'énergie Divine m'enveloppait totalement et se diffusait partout en mes corps, entrant généreusement en mon chakra coronal. J'appelai alors l'amour de Terre Mère dont l'énergie d'amour vive, rapide, intense montait depuis le cristal central de la Terre jusqu'à mon cœur, déclenchant une forte montée de kundalini. Je ressentis alors l'énergie Divine céleste emplir mon cœur. Mon troisième œil œuvrait comme s'il se révulsait et regardait ma glande pinéale dont émanait un éclat blanc bleuté brillant. Je méditais en rythme alpha ; je me sentais si légère, telle en apesanteur.

« Ce que tu vis en cet instant est la **méditation profonde**. » ponctua mon Guide de Lumière.

Je perçus que mon Guide de Lumière souhaitait ardemment que chaque lecteur puisse vivre cette méditation, ressentir la joie intense amenée par l'état méditatif et percevoir **la force** de sa propre glande pinéale.

Il poursuivit :

« Je vous invite maintenant, chers lecteurs sincères qui lisez ces lignes, à vous installer confortablement en station assise, dans la position du lotus ou tout simplement assis sur un siège, le dos droit ou encore allongé dans un endroit tranquille, dans le silence ou si besoin sur un fond doux de musique relaxante.

Centrez-vous sur votre respiration calme et régulière. Lorsque vous êtes relaxés, laissez passer les pensées sans vous y attarder ; vivez, prenez conscience que vous êtes posés sur Gaïa, que vous êtes incarnés sur la Terre pour y expérimenter votre vie humaine.

Lorsque votre mental s'apaise, appelez l'énergie du Ciel, appelez l'énergie de la Terre et ressentez l'énergie du Divin Père Ciel descendre en votre chakra coronal et l'énergie de la Divine Mère Terre monter en votre chakra de la base. Ressentez alors les énergies Céleste et Terrestre qui, unies l'une à l'autre au niveau de votre chakra du cœur, forment une seule force puissante qui diffuse alors partout dans vos cellules et ensuite émane à l'extérieur de votre cœur vers ce qui vous entoure. Ressentez vos cellules **vibrer** et ceci jusqu'au bout de vos doigts et de vos orteils.

La Vie coule en vous, dans vos vaisseaux sanguins, dans vos méridiens qui transportent l'énergie, dans vos organes et viscères, et enfin dans vos glandes : l'hypophyse, l'épiphyse ou pinéale, l'hypothalamus, la thyroïde, le thymus, le pancréas, les ovaires ou les testicules, les surrénales. L'énergie Divine coule en vous, circule partout, vous vous sentez vivants, légers, comme en lévitation. **Cette puissante énergie Divine Céleste et Terrestre réunie en votre cœur**, après avoir **régénéré votre corps tout entier** jaillit ensuite de votre thorax et diffuse autour de vous. Cette **énergie Divine d'amour, de paix et de guérison émane** autour de vous et touche en premier lieu vos proches, inondant votre maison, puis déborde sur votre quartier, puis votre ville, votre région, s'étend alors à tout votre pays, puis votre continent pour enfin couvrir la planète tout entière. »

Je vivais toujours profondément l'embrasement de ma glande pinéale par la Lumière Divine. La poussée de ma kundalini provoquait en moi cette délicieuse rétroversion de mon troisième œil qui regardait ainsi intensément ma glande pinéale m'apparaissant blanc-bleutée et brillante.

« La glande pinéale embrasée par la Lumière blanche Divine répand autour d'elle un influx d'énergie quantique extrêmement riche et porteur d'**informations vibratoires**. La puissance de la Lumière blanche Divine transmute au fil de l'élévation vibratoire de l'âme les obstacles résiduels, d'éventuels implants ou scories stagnant dans la glande pinéale et empêchant son plein pouvoir. Telle une pulvérisation des noirceurs sous la force de la Lumière blanche Divine, la glande pinéale se purifie et son potentiel croît. L'expansion de la **glande pinéale** est capitale et essentielle dans **l'ouverture de la conscience** toujours plus grande de l'être incarné en chemin sur la voie de l'ascension. Elle se fait en synergie avec l'expansion du **thymus** et l'ouverture du **cœur**, tous deux maîtres de l'amour. »

Toujours en rythme alpha, une demande surgit de mon cœur en vue d'une entière compréhension du phénomène par tous les êtres méditant avec ces lignes.

Christ'Al Shaya poursuivit :

« Lorsque la glande pinéale s'expanse, l'énergie Divine diffuse plus intensément partout dans les cellules et dans tous les corps physique et énergétiques et de plus, elle propulse l'être incarné vers un discernement toujours plus vaste en conscience et dans le cœur, grâce à une **force décuplée** de ses facultés en tous domaines, ceci sans complaisance.

Quand le **discernement** est optimum, l'**intuition** est puissante, totalement perméable et infusée par la guidance Divine et de fait les décisions sont d'une **grande sagesse** et les actions qui s'ensuivent sont **alignées aux Lois Divines** et servent donc complètement le Plan Divin. »

La méditation **associée au désir sincère de progresser** sur le chemin de l'ascension est magique et merveilleuse ! Elle permet de réaliser tant de progrès et accomplir tant de prouesses ! ressentais-je au plus profond de mon âme.

« Certes, ce que tu dis est totalement exact ! La méditation profonde et sincère de l'être en bon vouloir est toujours récompensée de progrès, de cadeaux divers et variés sous forme de soudaines **synchronicités** dans la vie ouvrant à de nouvelles opportunités heureuses et servant le Plan Divin. Cependant, divers cas se profilent.

Pour faciliter la compréhension, reprenons l'exemple du domaine du soin : un être déjà très réceptif à l'énergie car ayant déjà bien nettoyé ses propres noirceurs, guéri une partie importante de ses blessures d'âme et étant ainsi devenu totalement ouvert à recevoir l'énergie Divine, va être littéralement inondé par cette énergie Divine et accédera, s'il a un problème de santé, à une pleine guérison voire vivra un miracle, alors que – nous l'avons vu – un autre être incarné dont l'aura est moins purifiée, la conscience et le cœur moins ouverts, aura des écoutilles plus petites et plus fermées, et sera donc nettement moins réceptif à l'énergie Divine et parviendra seulement à une amélioration voire uniquement à un simple soulagement.

Le phénomène est identique lors de la méditation. **Durant cet état méditatif, l'ouverture du cœur et de la conscience – et donc le degré d'expansion de la glande pinéale – est cruciale.** Selon la **hauteur** et la **pureté** de **sa vibration d'âme**, l'être incarné est en connexion plus ou moins intense avec le Ciel. Ainsi, des antennes bien sorties, hautes et connectées aux strates très lumineuses de l'Au-delà capteront une quantité importante d'énergie de grande puissance car provenant de strates inondées de Lumière Divine, avec effet immédiat de croissance spirituelle de l'être incarné, alors que des antennes courtes intercepteront et retiendront une quantité bien inférieure d'énergie et de force lumineuse bien plus faible, avec le risque existant – tel un piège à ces niveaux – d'interférences avec les forces sombres. En vertu des Lois Divines de la réciprocité des effets et de l'attraction et l'affinité, chaque âme reçoit ce qu'elle mérite, non pas au sens d'un jugement punitif, mais au sens de : *chaque progrès appelle une récompense.* »

Je sentais ma kundalini très active, comme une énergie intense et puissante pulsant depuis mon hara et associée à l'énergie de Mère Terre. Cette énergie kundalinique en montant le long de la colonne vertébrale s'unissait à l'énergie Divine Céleste descendant en mon chakra couronne, l'ensemble enflammant ainsi mon cœur puis rejoignant mon troisième œil en le révulsant à nouveau vers ma pinéale. Cette énergie kundalinique se propulsait ensuite plus haut vers mes chakras supérieurs, bien au-dessus de ma tête. Elle s'unissait alors pleinement au faisceau blanc étincelant de la Lumière Divine Céleste et ouvrait la vision sur notre planète **Terre en devenir.**

Une douceur infinie enveloppait toute la planète, le **nouveau monde** se profilait, il était en attente d'être cocréé réellement sur Terre grâce à un **minimum de 20 %** d'êtres humains éveillés composant l'humanité. Oui un minimum du cinquième de la population mondiale connecté à la Source Divine Première – c'est-à-dire conscient des forces en présence et empli du bon vouloir de bien faire au service de Dieu – suffit à installer ce nouveau monde de la 5D.

Cette bascule vers le nouveau monde de cinquième dimension et plus encore vers la multi dimensionalité était là, évidente ; cependant, il manquait encore l'**éveil** de certains êtres endormis et **l'éveil plus grand** d'autres êtres éveillés certes, mais insuffisamment éveillés. Il manquait encore un peu d'**énergie positive** véhiculée par tous les **êtres reliés au Divin**, de façon à **gonfler toujours davantage les nébuleuses ou égrégores** de l'Univers rassemblant les qualités nobles Christiques de façon à ce qu'**en retour** soient déversées en cascade et à flot ces énergies positives sur tous les humains de bon vouloir et sincères connectés à ces égrégores positifs *(revoir l'illustration A du chapitre 1 de ce tome 4).*

Tout était si simple ! Tout semblait à deux doigts de s'installer dans la réalité et pourtant, il manquait encore une **pulsion positive** afin de contrecarrer définitivement les forces sombres que je voyais se déchaîner en moultes endroits sur le globe terrestre, tentant le maximum pour essayer de prendre le dessus sur la Lumière. Ce combat était virulent sur notre planète, en même temps qu'il existait d'une manière plus virulente encore autour de la Terre, dans le Cosmos.

« Il s'agit en réalité plus exactement d'un **rapport de forces**, plus que d'un combat, renchérit mon Guide de Lumière, dans le sens où l'expérience de l'ombre permet de mûrir, de **se positionner définitivement** en total discernement envers et pour la Lumière.

La Lumière est obligatoirement gagnante, encore faut-il qu'elle **occupe plus de place, c'est-à-dire que son territoire d'occupation sur la planète grandisse encore** et fasse ainsi complètement **reculer l'ombre**, ceci étant rendu possible à la fois si la Lumière éclot en des êtres encore endormis provoquant alors leur déclic de l'âme et aussi si elle grandit encore en chaque être déjà éveillé. Ces mots sont simplifiés pour faciliter l'intégration du processus. »

« La conclusion reste que la balle est dans le camp des humains et des êtres aidants du Cosmos », pensai-je à réception de ces mots.

« Oui ! reprit mon Guide de Lumière, c'est cela ! Il s'agit d'un **rapport de forces** entre la Lumière Divine et la lumière sombre ou fausse lumière au niveau terrestre et bien au-delà au niveau galactique. Les forces de l'ombre en déroute se déchainent en assauts tous azimuts. Elles se déchainent parce que – certes sans le reconnaître – elles savent qu'**au final** la victoire sera forcément celle de la Source Divine Première, en tout cas globalement au sein du

Cosmos. Elles espèrent encore pouvoir garder sous leur joug diverses planètes dont la Terre et elles maintiennent une lutte désespérée sur Gaïa. Vous êtes à **l'ultime moment où la bascule vers la cinquième dimension et les dimensions supérieures se fera avec ascension future secondaire de la Terre et illumination des êtres humains dont la vibration sera suffisamment haute pour y parvenir,** les autres êtres allant selon la Loi Divine d'affinité et d'attraction rejoindre la strate de l'Univers de densité égale à celle de leur vibration d'âme *(revoir l'illustration D au chapitre 4 de ce tome 4).*

En l'absence de cette bascule vers la cinquième dimension, la lourdeur néfaste et dévastatrice de la source de synthèse balaiera l'ensemble de votre planète bien-aimée jusqu'à **l'anéantissement total**. Ainsi, comme tu l'exprimes, la balle est dans le camp des humains et à un moindre titre dans celui des êtres aidants du Cosmos. »

« C'est bien cela qui s'est déjà produit lors du **déluge de l'Atlantide** suite à la déchéance par la perte des valeurs Christiques ? »

« Effectivement ! confirma mon Guide de Lumière. C'est bien ce scénario qu'a connu la planète au temps de l'Atlantide.

En cas d'anéantissement total, il s'agit bel et bien d'un retour au point zéro en vue d'un nouveau démarrage ultérieur offrant une nouvelle fois à la planète Terre totalement remodelée la possibilité ultime d'ascensionner. Que cela prenne – ou non – encore 26000 ans n'a guère d'importance en réalité puisque **le choix des humains** de servir la Source Divine Première ou la source de synthèse est **respecté**. Ce qui importe pour le déroulement du Plan Divin est **l'ascension de chaque âme** incarnée sur Terre dans le respect absolu de son libre choix, ainsi que **l'ascension finale de la planète Terre** elle-même en tant que **planète sacrée**, en tant que **planète vivante et vibrante, car porteuse de la vibration Divine, planète parfaite dans son état et son fonctionnement à condition que l'être humain ne désobéisse pas aux Lois Divines de l'Univers en l'abîmant et en la détruisant**.

Votre Terre bien-aimée est **destinée à vivre sur une magnifique vibration**.

Si les humains permettent cette belle montée vibratoire, ils connaîtront cette transformation vers le nouveau monde.

S'ils ne le permettent pas, seules les âmes ouvertes et réceptives à la Lumière Divine gagneront la strate d'énergie du Cosmos qui correspond à leur densité, le Paradis pour certaines d'entre elles ou Vénus, les Pléiades ou Arcturius pour d'autres, **tandis qu'après un anéantissement général et une destruction globale, un nouveau cycle de la Terre profondément remaniée redémarrera depuis le point zéro**, avec venue des âmes dont le mandat souhaite contribuer à l'élévation vibratoire de la Terre jusqu'à son ascension. »

Immédiatement me revenait l'échéance d'un terme de ce monde terrestre rejoignant la notion de l'apocalypse de

Saint Jean. Christ'Al Shaya m'expliqua qu'il en parlerait un peu plus loin dans ce livre, laissant d'ici-là agir les mots du cœur qui parlent à l'âme.

L'urgence à se mobiliser était là. Pour **ascensionner** et donc **définitivement transmuter l'ombre en Lumière**, il était besoin d'élever la vibration de la Terre, ceci en montant chacune et chacun notre propre vibration *(Tome 3, chapitre 11)*. La **bonne santé de la glande pinéale** survenait au premier plan.

« En effet, la glande pinéale régule et installe la vibration de l'âme. Plus la glande pinéale est pure et cristalline, plus la vibration de l'âme incarnée est haute. »

J'en conclus que le nettoyage, l'entretien, le soin, la protection de cette glande sont de toute première importance.

« Oui ! Le dégagement des impuretés, implants, matériel holographique présents dans la glande est primordial. Tout vaccin riche en aluminium, graphène et nanoparticules est à proscrire. Les ondes 4G et à plus forte raison les ondes 5G sont délétères au bon fonctionnement de cette glande. Les toxiques contenus dans les aliments industriels de basse qualité et porteurs d'organismes génétiquement modifiés, les constituants du tabac pollué et des drogues telles que le cannabis, encore davantage de la cocaïne et de l'héroïne ont des conséquences dramatiques sur l'état de la glande pinéale. »

Je conscientisai à nouveau le rôle crucial de **l'éducation et de l'information** des jeunes, qu'ils soient grands adolescents ou jeunes adultes face à ces dangers gravissimes pouvant mener à la mort clinique de la glande pinéale avec ses conséquences funestes – voulues et orchestrées par les forces de l'ombre – pour l'âme alors en perdition.

« Effectivement, poursuivit mon Guide de Lumière, le rôle des parents, des enseignants, du corps médical, des personnes encadrant la jeunesse est prioritaire pour aider ces jeunes à prendre soin d'eux, à ne pas sombrer dans le découragement, la dépression face à ce monde difficile et déroutant qu'est cette société de la troisième dimension. Les âmes indigo starseed ou les âmes cristal incarnées chez nombre de ces jeunes en malaise dans cette société déviante, âmes missionnées pour servir le Plan Divin sur la planète Terre, sont malmenées et mises en péril si elles ne sont pas aidées, enseignées, guidées par la génération qui les précède. »

Un élan d'amour et de compassion jaillit de mon cœur et j'eus profondément envie que tous ces jeunes indigo starseed et cristal soient éclairés. Je ressentais aussi fortement que plus les êtres activeraient leur kundalini, plus la puissance de leur potentiel créateur et multidimensionnel se manifesterait.

Christ'Al Shaya me sourit avec une infinie bonté et renchérit :

« L'énergie kundalinique est stockée dans le réservoir du hara, dans le pelvis. Cette énergie sexuelle sacrée peut rester dormante des années et même toute une vie.

Il existe deux types de montée kundalinique :

- La poussée de kundalini individuelle d'un être incarné dont la vibration est élevée et dont le cœur et la conscience sont ouverts ; cette montée individuelle de kundalini décuple les facultés de l'être et augmente sa puissance, en particulier celle du soin à autrui et à l'Univers.

- Il existe également la montée kundalinique du couple au cours de laquelle les deux êtres physiquement unis fusionnent leur propre énergie du hara pour faire apparaître une kundalini de couple, telle l'énergie du cobra blanc sacré[16].

Les relations sexuelles se vivent à différents niveaux selon la compatibilité des différents couples *(revoir les explications et les illustrations du tome 1, chapitre 21)*. Plus le couple augmente en degré de compatibilité, plus l'énergie kundalinique peut se déployer lors de la relation physique, emmenant les deux êtres vers une vibration pure et élevée de couple.

Un couple peu compatible ne connaîtra pas de montée kundalinique commune. Un couple hautement compatible comme les âmes jumelles présentant cinq chakras compatibles ou encore les âmes jumelles de haut degré comportant six chakras compatibles pourra vivre une

---

[16] Cobra blanc sacré : énergie sexuelle sacrée résultant de la fusion du couple dont au moins cinq ou six chakras sont compatibles et s'élevant avec puissance jusqu'au-dessus de la couronne du couple.

kundalini de couple, déployant l'énergie du cobra blanc sacré. Enfin, seul le couple de complément Divin – encore nommé couple parèdre – possédant sept chakras compatibles sera en capacité de vivre une kundalini de couple Divin sacré, incluant donc à la fois l'éveil kundalinique des deux membres du couple et la cocréation du cobra or Divin qui est soutenu vibratoirement par l'énergie kundalinique sacrée du couple Cosmique de complément Divin Jeshua Sananda et Marie-Madeleine Lady Nada. »

L'émanation et l'onde du cobra or Divin firent vibrer mon être tout entier *(Tome 3, chapitre 21 et revoir l'illustration : flamme sacrée rose jaune rouge orangée sur le couple de complément Divin du tome 3, chapitre 22)*.

« Accepterais-Tu de nous parler davantage du cobra or Divin ? » demandai-je spontanément.

« Avec joie ! Ce thème du cobra or Divin est si merveilleux qu'à lui seul il pourrait faire l'objet d'un seul livre ! Cependant les humains ne sont pas encore prêts à intégrer toutes les nobles notions du cobra or Divin. J'en resterai donc à l'essentiel, à ce que l'humanité peut recevoir aujourd'hui. Je te fais d'ailleurs une confidence : tu parleras davantage du cobra or Divin dans le cinquième et dernier tome de la série *Quête de l'Infini par les sons et la Lumière*, intitulé *L'Accomplissement*, livre que tu écriras en canal seulement après l'ouverture des premiers centres de santé de médecine naturelle spirituelle. »

J'étais emplie de joie et de gratitude. Je ressentais aussi l'excitation joyeuse de la perspective de plus en plus proche de la création avec mon compagnon des centres de santé de médecine naturelle spirituelle.

« Le cobra or Divin, reprit mon Guide de Lumière, fut vécu par le couple parfait de Jeshua et Marie-Madeleine sur la Terre au temps des Esséniens. La vibration or de ce cobra permet tous les possibles et déclenche la création positive de tout ce qui a besoin d'être pour servir le Plan Divin.

Lorsqu'un couple de complément Divin réalisera un cobra or Divin sur la Terre, il sera toujours accompagné par la vibration du cobra or Divin du couple Cosmique de complément Divin parfait Sananda et Lady Nada, qui sont des êtres de Lumière parfaits devenus maîtres ascensionnés et œuvrant en tant que couple de complément Divin Cosmique. La montée de kundalini d'un couple d'âmes jumelles ou d'âmes jumelles de haut degré déclenche la montée du cobra blanc sacré, tandis que l'embrasement kundalinique d'un couple de complément Divin s'accompagne de la montée puissante du cobra or sacré. Nous développerons plus amplement ce thème dans le cinquième tome. »

L'évocation du cobra or Divin par Christ'Al Shaya m'envahissait d'un bonheur profond et d'une immense gratitude envers l'Univers d'avoir pu rencontrer mon compagnon de complément Divin en cette vie terrestre. Mon Guide de Lumière reprit :

« Je l'ai affirmé plusieurs fois déjà et Je le confirme à nouveau par les mots du cœur qui parlent à l'âme. **L'époque est venue où les couples de complément Divin vont se rencontrer, plus exactement se retrouver.** En effet, les deux êtres Féminin et Masculin du couple de complément Divin sont sortis ensemble de la Source Divine Première. Pour faire image, ils ont pris leur envol de la Source Divine pour réaliser chacun leurs pérégrinations en toute liberté de positionnement par rapport aux forces de l'Univers. Pour ce faire, ils ont éclos du même œuf expulsé de la Source Divine Première car les deux âmes du couple de complément Divin étaient matures et ainsi prêtes pour faire leurs propres expérimentations, dans le but ultime de revenir, de préférence ensemble -mais non obligatoirement- lors d'une ascension commune en la strate la plus haute d'énergie offerte aux âmes venant de la Terre, communément nommée le Paradis. »

« Comment les couples vont-ils se former ? » m'exclamai-je spontanément.

« Ta question est portée en le cœur de tout être humain incarné sur la Terre et désireux de remplir son mandat de couple de complément Divin, dans le but noble et ultime d'activer son cobra or Divin. Lorsque la vibration de l'âme s'élève, elle appelle la rencontre de son complément Divin ou parèdre. Que cet être humain vive dans la même ville que celle de son parèdre ou à l'autre bout de la planète, cela n'a en soi aucune importance ! Le Plan Divin est très fûté ! Rions de bon cœur pour une bonne santé morale !

C'est-à-dire que tout simplement, la vibration montante de l'âme attire selon la Loi Divine de l'attraction et l'affinité l'âme qui lui est Divinement complémentaire, comme un aimant puissant attirerait l'aimant de polarité complémentaire. L'Univers reçoit et traite cette demande.

Parfois si cette quête du parèdre n'est pas encore conscientisée, l'Univers réceptionne le niveau vibratoire croissant de l'âme, niveau vibratoire qui permet à ce stade de montée vibratoire plus haute d'appeler le complément Divin.

Bien entendu, le couple parèdre réunit deux êtres à polarité féminine pour l'un et masculine pour l'autre.

L'être Divinement complémentaire pèse aussi dans la balance, si Je puis m'exprimer ainsi. C'est-à-dire que le niveau vibratoire de l'âme du parèdre a aussi besoin de permettre les retrouvailles de ces deux êtres. Si l'autre parèdre porte encore toutes ses blessures d'âmes sans s'en occuper, s'il est bloqué dans l'attachement ou encore prisonnier d'un karma toxique, alors la rencontre ne pourra s'effectuer. Elle deviendra possible s'il y a un début de prise de conscience chez cet être, lui induisant intuitivement le désir de guérir ses faiblesses et progresser sur le chemin de l'être autonome et positionné définitivement au service du Plan Divin.

Autre possibilité : si le parèdre immature s'est perdu au service de la source sombre, les progrès de l'âme qui est son complément Divin peuvent réellement l'aider, si toutefois cette âme encore immature accepte des remises en question et l'intégration des synchronicités qui seront sur sa route pour l'inviter à modifier ses comportements vrillés et ainsi s'auto-corriger, se réaligner.

Dans le cas ultime d'un parèdre qui aurait franchi le point de non-retour aboutissant de fait à ce que son âme soit rayée du livre de la Vie, ou celui d'un parèdre qui serait bloqué dans son évolution, ne prenez pas peur ! Il est toujours proposé à l'être de bon vouloir qui a progressé sur le chemin de l'ascension une autre alternative, soit avec l'âme jumelle ou soit par une mission spécifique qui, réalisée en alignement absolument total aux Lois Divines, lui permettra d'ascensionner même en l'absence de couple de complément Divin. **L'essentiel est la vie sur la vibration de l'amour Christique, garante de l'ascension et de la vie en éternité au Paradis**. »

La rencontre des couples de complément Divin se fait sous l'impulsion et la guidance du Plan Divin. Pour l'avoir vécue, je la portais en mon cœur comme une vérité absolue contre laquelle rien ni personne ne peut interférer, excepté l'une ou l'autre des deux âmes du couple de complément Divin.

Je me souvenais comment, sous l'impulsion de mon Guide de Lumière, j'avais opté cet été-là sans poser de questions pour un voyage en Californie. Le jour du vol, une femme que je ne connaissais pas était assise à côté de moi dans l'avion quand, à l'avant de l'appareil, un groupe de personnes eut besoin d'un interprète franco-russe. Ma voisine traductrice répondit à l'appel et se dirigea pour prendre place à l'avant de l'avion. Un homme serviable lui céda sa place, qui vint s'asseoir à côté de moi. Nous avons eu 12 heures de vol pour faire connaissance et ne nous sommes plus jamais quittés. Lui aussi, avait été travaillé intuitivement pour effectuer ce voyage et prendre le même vol Paris - San Francisco. C'était comme si nous nous connaissions depuis toujours. Tous les sujets de conversation nous régalaient car notre opinion était proche. Il y avait bien quelques tentatives du mental pour me dire : *reste sur tes gardes, tu as déjà bien donné avec le masculin. Et puis tu es tranquille et heureuse seule, tu es libre...* Pourtant mon cœur s'ouvrait malgré les injonctions de prudence de mon mental – et par là-même les tentatives des forces sombres d'empêcher cette union bénie par le Ciel – et je lâchais prise. Nous habitions pourtant à 800 kilomètres et venions d'un pays différent.

« Rien n'arrête le Plan Divin lorsque la rencontre parèdre est prête à se faire. Ni les kilomètres, ni la nationalité, ni la langue, ni l'âge. Rien ! » renchérit Christ'Al Shaya.

Je reçus tant d'énergie du rayon bleu cobalt de la part de Christ'Al Shaya que mon être entier plongeait en une prière fervente, profonde, intense. Je m'adressais à Dieu Père Mère. J'étais tout en gratitude pour cette rencontre avec mon complément Divin, pour cette protection intense que je recevais à chaque instant, pour ce mandat personnel et de couple parèdre. Je remerciais Dieu, les Mères Divines, les maîtres ascensionnés et les êtres de Lumière, les anges et les archanges, les êtres essentiels de la Nature.

C'est alors que Christ'Al Shaya aborda la prière :

« Outre la méditation profonde qui mène à l'extase, **la prière est merveilleuse pour vous rapprocher du Ciel**. Je veux dire par là, **lorsque vous priez, vous dialoguez avec Dieu Père Mère et tous les êtres de Lumière**. »

Je ressentais puissamment le souhait de mon Guide de Lumière de voir chaque lecteur le désirant me suivre dans ma prière. Il reprit :

« Centrez-vous bien dans votre cœur et commencez, si vous le voulez, par **exprimer votre gratitude** pour la vie, votre vie, avec ses hauts et ses bas. Cette vie qui ne doit **rien** au hasard puisque tout est régi par la Loi Divine de l'attraction et l'affinité et celle de la réciprocité des effets. Soyez en gratitude pour ce que vous vivez !

Si des **évènements un peu difficiles** surviennent sur votre chemin, ils sont **en lien avec** :

-votre **karma,**

-votre **attitude en cette vie** : pensées, paroles et actions négatives,

-votre reliance à des **nébuleuses** d'énergie négative,

-votre éventuel fonctionnement persistant dans le **triangle noir infernal** (victime, bourreau, sauveur),

-vos **blessures d'âmes** encore présentes,

-vos **freins auto-saboteurs** encore existants : les fausses croyances, les pactes même très anciens avec la source sombre, les implants, les entités.

Vous êtes le maître de votre vie, vous le savez maintenant, **et tout est toujours possible ! Absolument tout !**

Faites un focus sur **une demande que vous aimeriez faire au Ciel.**

Que vous manque-t-il actuellement qui vous prive d'**être heureux** ?

Quelle difficulté rencontrez-vous qui vous alourdit, voire vous épuise ?

Vivez-vous un nœud dans une relation à l'autre : conjoint, enfants, amis, collègues ?

Centrez-vous bien dans votre cœur et parlez à Dieu Père Mère ! Il vous écoutera avec Amour et fera descendre sur vous l'aide Divine que votre âme, à la vibration qu'elle a atteinte aujourd'hui, peut accepter et donc recevoir puis intégrer. Confiez- Lui vos soucis, vos déboires ! Expliquez-Lui vos désirs pour votre vie !

Si votre sincérité est manifeste, l'aide Divine va descendre !

Attention, il est important de **veiller à ne pas avoir d'attente précise** ; vous savez que vous serez aidés, cependant vous **ignorez la façon** dont cette aide Divine se manifestera et surgira dans votre vie. En effet, le Plan Divin connaît tous les tenants et les aboutissants de votre vie et maîtrise ô combien mieux que vous ce qui est utile à vivre pour vous à ce moment de votre vie, compte tenu de votre karma restant, de vos blessures d'âme et de vos freins auto-saboteurs. Vous-mêmes ne pouvez pas être aussi clairvoyants que Là-haut. Vous êtes, si Je puis dire, **le nez dans le guidon** à ne pas savoir réellement s'il est préférable d'aller à gauche, à droite, devant ou derrière, ceci parce que vous ne comprenez pas encore l'enchaînement des évènements. L'aide Divine pourra vous **surprendre** si vous attendiez quelque chose de précis car cette aide, Je le répète, vous permet de vivre des initiations qui – si elles sont validées avec un bon vouloir sincère – vont vous conduire, non pas là où vous souhaitiez arriver, mais à **encore bien mieux**, à quelque chose qui dépasse votre entendement, que vous n'envisagiez pas, auquel vous croyiez ne pas avoir droit !

Selon votre sensibilité, appelez **Marie, Mère Divine** et implorez Son aide ! Marie aide tous les êtres sincères dans leur demande, et qui montrent un déclic de l'âme ainsi qu'un bon vouloir. Marie peut **dénouer un nœud** vous reliant à une personne si votre cœur le désire vraiment et si vous vous remettez en question, avec aptitude à **pardonner**. Marie vous aidera aussi à pardonner.

Appelez **les autres Mères Divines** :

Lady Nada – Marie-Madeleine, compagne de complément Divin de Jeshua chez les Esséniens – pour des soucis de couple,

Lady Portia – Anna, grand-mère de Jeshua chez les Esséniens- pour vous aider à vous connecter davantage à l'Arche d'Alliance qui entraîne la Terre vers l'ascension *(revoir le Tome 3, chapitre 20)*,

Lady Gaïa, votre planète la Mère-Terre, qui vous nourrit de son énergie physique par la nourriture et par son énergie d'amour,

Et les Mères Divines nommées différemment dans d'autres cultures.

Appelez **les maîtres ascensionnés** : Sananda Jeshua, Roi de l'amour, Maître Saint Germain, Maître El Morya, moi-même Christ'Al Shaya et Nous mettrons sur votre route les initiations dont vous avez besoin pour grandir en conscience et dans le cœur,

Appelez **les archanges** :

Mickaël, pour la protection intense qu'il fait descendre sur vous jour et nuit, la purification qu'il apporte à vos pensées. Son épée de justice est puissante,

Raphaël, pour l'aide à la santé, à la guérison, ainsi qu'à la générosité dans l'abondance,

Gabriel, pour l'aide au verbe d'or, la parole impeccable, la transmission exacte des enseignements,

Uriel, pour son aide à intégrer en vos cellules davantage de Lumière et ainsi à devenir plus fort, plus puissant dans votre créativité et vos actions. Il interagit avec les forces cosmiques et permettra à davantage de Lumière de descendre sur vous, si toutefois la vibration de votre âme le permet,

Métatron, pour l'aide à la résolution du karma, pour le développement de l'intuition, pour le renforcement du bon vouloir de l'âme et l'aide à la sauvegarde de la planète.

Appelez **les anges** : messagers de Dieu, ils vous apportent leur aide en toute circonstance, raccrochant le maillon là où la chaine se casse, apportant la douceur partout dans l'Univers.

Appelez **les êtres de Lumière devenus parfaits vivant au Paradis**, vous les nommez communément les saints du Paradis et ils peuvent vous aider à renforcer vos projets au service du Plan Divin, vos aspirations, vos actions.

Appelez **les êtres essentiels de la Nature** : les Elfes, les Lutins, les Gnomes, les Fées, les Ondines, les Salamandres, les Géants des montagnes, pour leur aide à retirer les obstacles en tout genre.

Appelez les arbres, les fleurs, tous **les végétaux, les animaux, les minéraux** qui vous apporteront leur élixir de prédilection.

Posez-vous ensuite, ne pensez plus à rien, ne dites plus rien, ne faites plus rien.

Restez immobiles en prière et recevez !

Recevez la **Lumière Divine blanche étincelante** ! Recevez le rayon bleu ciel argenté de Marie, le rayon rose or orangé de Marie-Madeleine - Lady Nada, le rayon rose or d'Anna-Lady Portia.

Laissez descendre sur vous le faisceau jaune or de Jeshua-Sananda, le rayon violet du maître Saint Germain, la couleur rouge sublime du maître El Morya, le rayon bleu cobalt qui émane de moi Christ'Al Shaya - antérieurement incarné pour rappel en Horus de la Haute Egypte, le prophète Elie / Jean-le-Baptiste / Yogananda -.

Intégrez en vous le rayon des archanges, la Lumière des anges.

Laissez-vous envelopper par l'aide des êtres essentiels, des règnes végétal, animal, minéral.

Laissez-vous infuser par la force des quatre points cardinaux : l'Est, le Sud, l'Ouest et le Nord.

Vous êtes dans un **cocon de douceur, d'amour, de puissance et de Lumière.** Plus rien qui soit nuisible à votre ascension ne peut vous arriver, dans la mesure où vous acceptez votre réparation ou bien que celle-ci a déjà été effectuée. Vous êtes bénis par le Ciel et la Terre Mère.

En gratitude, vous recevez la Lumière Divine et votre cœur l'émane à son tour vers l'humanité.

Tout devient possible !

Tout est possible !

Vous êtes aidés et vous êtes profondément aimés ! »

En contemplation devant ce feu d'artifice de Lumière, de couleurs et de sons cosmiques, je rendis grâce et je me prosternai.

Chapitre 9

LES DÉSORIENTATIONS SEXUELLES

Toujours enveloppée de cette douce et intense Lumière, mon Guide de Lumière me montra les très nombreux futurs couples de complément Divin qui allaient se former sur la planète dans les années à venir. Il insistait sur le fait qu'il y a bien une polarité féminine et une polarité masculine au sein de l'œuf qui sort de la Source, polarités féminine et masculine vivant leurs propres expériences durant leurs pérégrinations dans l'Univers, puis se retrouvant pour ascensionner de préférence ensemble, mais non obligatoirement, et rejoindre la plus haute strate d'énergie nommée le Paradis.

« Que penser de **l'homosexualité** ? » demandai-je spontanément.

Christ'Al Shaya, tel un rappel à l'ordre, m'impulsa une remarque rigoureuse emplie d'une profonde gravité :

« Les Lois Divines et les Principes Divins sacrés sont **immuables**. Les contourner reste possible, en tant qu'expériences de vie, avec la nécessité toutefois d'effectuer obligatoirement, à un moment du parcours de l'âme, sa réparation dans le but de blanchir les taches de son aura et avancer plus loin sur le chemin de l'ascension. **Modifier les Lois Divines est interdit par l'Univers** au risque de compromettre le bon fonctionnement de la planète ainsi que des êtres qui y vivent. Ceux qui font ce choix grave de perturber le fonctionnement initial parfait de la planète, et à plus forte raison celui de l'Univers, alourdissent considérablement leur karma et s'exposent, s'il n'y a pas réparation intense, à rayer leur âme du Livre de la Vie. »

J'étais marquée par ces paroles en ce sens où, sans jugement aucun, tant de cas de figures revenaient à ma mémoire : tous ces êtres rencontrés en particulier dans l'exercice de mon métier de médecin – avec chacun des histoires de vie différentes, des situations variées –, des personnes gentilles. L'enjeu du couple et de la sexualité était clairement annoncé.

« Je perçois ton émoi, reprit Christ'Al Shaya. Il est tout à fait naturel car tu portes le Féminin sacré rédempteur. Mes propos ont été volontairement abrupts pour mobiliser les âmes concernées par ces déviances. Je vais en développer maintenant les nuances et expliquer la réalité des choses, mettre des mots vrais et responsables sur ces dévoiements sexuels que les forces de l'ombre bénissent car elles savent la perte de repères – et par là-même la **baisse vibratoire de l'âme** – causée par les désorientations sexuelles. Cette perversion de l'ordre du vivant par les forces ténébreuses est une **trahison abyssale** de l'ombre envers la Lumière Divine originelle et de l'âme envers elle-même. »

Toutes les déviances de comportement sexuel et de genre m'apparaissaient. Mon Guide de Lumière m'apaisa et reprit :

« Parlons tout d'abord de **l'homosexualité** puisque telle était ta question initiale et je traiterai des cas de transsexualité et de bisexualité ensuite. »

J'étais tout ouïe !

« Chaque âme créée par Dieu a une polarité féminine ou masculine. C'est l'une **ou** c'est l'autre, ce n'est **jamais les deux à la fois**. Je ne suis pas en train de dire que toute âme est destinée à vivre en couple car ce n'est pas le cas. Certaines âmes ont une mission particulière à réaliser seules, mais elles représentent une réelle minorité.

Il y a des éons de temps, les âmes prêtes à sortir de la Source Divine Première pour aller faire leurs expérimentations dans l'Univers quittaient la Source dans un cocon ou œuf contenant deux âmes de complément Divin, l'une à polarité féminine et l'autre à polarité masculine. Une fois le cocon dissocié à l'extérieur de la Source Divine Première, les deux âmes se séparaient pour vivre ce qu'elles avaient à vivre, chacune au rythme des **choix et positionnements** qui seraient les siens, créant ainsi le **karma individuel** et tout à fait singulier, **en toute liberté** de chaque âme dans l'Univers.

Au cours des pérégrinations, les deux âmes peuvent éventuellement se retrouver, dans des rôles et des situations très divers. Le but idéal des deux âmes est de se retrouver et former ce couple de complément Divin sur la Terre avec réalisation du mandat du couple de complément Divin, afin d'ascensionner de préférence ensemble, mais non obligatoirement, par une montée directe au Paradis en fin de vie terrestre si la mission a été remplie, ce qui inclut bien évidemment la guérison des blessures d'âmes de chacun par la même occasion.

Les âmes sont sorties de la Source il y a très longtemps. Et toutes les vies vécues – qu'elles soient à la fois galactiques et terrestres pour les âmes les plus anciennes ou uniquement terrestres pour les autres – sont **chacune une perle du collier de l'histoire de l'âme. Il n'y a pas deux colliers identiques**. En revanche, Je le répète, **les Lois Divines sont immuables.** »

J'interrompis mon Guide de Lumière avec cette interrogation :

« Pourquoi les sorties de la Source Divine Première se sont-elles faites il y a des éons de temps ? Des âmes sortent-elles encore actuellement ? »

« Cette question est tout à fait justifiée ! Oui ! Les âmes ont quitté la Source en des temps vraiment très anciens difficilement quantifiables en termes terrestres. La plupart de ces âmes ont vécu en beaucoup d'endroits différents dans le Cosmos et certaines uniquement sur la Terre. Il n'y a pas eu de nouvelles créations d'âmes véritables depuis, excepté les âmes de synthèse qui ne sont pas l'œuvre du Divin Créateur. Les nouvelles âmes Cristal ou Arc-en-ciel qui s'incarnent actuellement sur la Terre ne sont pas de nouvelles âmes créées, mais des âmes restées pures depuis leur sortie de la Source Divine, ces âmes ayant déjà guéri leurs quelques blessures d'âme, s'étant le plus souvent peu de fois incarnées sur la Terre et ayant vécu longtemps en des niveaux élevés de Lumière. Pour vous donner une image, je dirais que les âmes sorties de la Source Divine Première il y a des éons de temps, sont comme des brebis que le berger a libérées de la bergerie, puis laissées en toute liberté emprunter différents chemins de leur choix, dans l'espoir d'un retour au bercail un jour.

Le dessein de Dieu est qu'une fois leurs expérimentations et leur réparation faites, les âmes sorties de la Source reviennent toutes **mûries** car **enrichies des initiations vécues**, remises à la **norme du Créateur** suite à la **guérison de leurs blessures d'âme** et alors prêtes à entrer pour **l'éternité** au **Paradis**. »

« Qu'en est-il alors de l'être humain qui ressent une attirance physique et amoureuse vers un autre être du même sexe ? »

« Je le répète, reprit mon Guide de Lumière, chaque âme est parfaite à sa sortie de la Source et le **but** premier est d'**y revenir parfaite**, une fois toutes ses pérégrinations effectuées dans l'Univers, la réparation comprise.

Ces redondances sont nécessaires à votre bonne compréhension et en ce domaine si épineux des désorientations sexuelles qui sont légion en cette époque que vous vivez, les mots du cœur qui parlent à votre âme font merveille.

Un être humain homosexuel est un être qui a vécu un **énorme traumatisme avec le sexe opposé** dans ses vies antérieures, plus rarement dans cette vie-ci. L'âme porte l'homosexualité **le plus souvent avant son incarnation en cette vie** et l'être ressent cette attirance pour le même sexe dès la petite enfance, en tout cas très tôt, homosexualité qu'il refoule parfois sous le poids de l'éducation, des croyances religieuses et à d'autres époques, des lois.

L'homosexualité est difficilement décelable dans l'enfance. Il existe de nombreux cas de figures et J'évoquerai seulement l'un d'entre eux car là n'est pas l'essentiel de la compréhension. Il peut s'agir par exemple d'un petit garçon dont l'âme est porteuse d'homosexualité, jouant plus facilement avec les filles à l'école maternelle, recherchant donc la douceur du féminin ; plus tard, lorsque l'homosexualité verra consciemment le jour, il sera le pôle plus féminin du couple homosexuel masculin. **Attention, cela ne signifie en rien** que tous les petits garçons préférant jouer avec les filles pour leur douceur, redoutant la rudesse masculine, seront homosexuels ! Evidemment non ! Ce sujet demande beaucoup d'explications et de **nuances** car propice à de fausses interprétations. Ce petit garçon doté en réalité d'une grande intuition, qui à l'école primaire se sent mieux en compagnie des filles, peut simplement – et de loin le plus souvent – être **l'expression d'un très grand Féminin sacré en lui** et alors, l'harmonisation de son

Masculin sacré avec son Féminin sacré sera primordiale et de la responsabilité de ses parents et éducateurs, puis de sa propre responsabilité dès l'adolescence. D'où l'immense importance d'une famille éveillée spirituellement qui puisse ainsi guider son enfant vers la pleine éclosion de son âme et de son mandat. »

« Peux-Tu nous parler de ce traumatisme qui provoque l'installation de l'homosexualité ? » questionnai-je.

« Je comprends ton impatience, ce sujet est si brûlant actuellement, J'y viens !

Il s'agit d'un grand choc, d'un immense traumatisme, d'une **sidération de l'âme,** vécus lors d'une vie antérieure dans la relation d'amour avec le sexe opposé – rarement dans cette vie. Ce sexe opposé devient alors à éviter, **voire répulsif** tant la sidération a été forte et tant la **peur inconsciente** de revivre cette souffrance dans l'amour est grande. Il s'est installé **un blocage, un frein** qui brouille la vision de l'amour au sein du couple hétérosexuel et cet amour d'un couple homme/femme devient quasi inenvisageable.

Le traumatisme initial relève le plus souvent d'**un rejet accompagné d'une trahison** par le conjoint. Ce traumatisme installe la blessure de rejet et celle de trahison chez l'être qui a vécu ce choc et qui, **s'il ne soigne pas** ces deux blessures de rejet et de trahison, va alors lui-même mettre en place dans sa propre vie ces mêmes conduites de rejet avec fuite et d'attitudes de contrôle.

Pour réagir à ce point, l'âme était à fortiori **déjà fragilisée car porteuse de la blessure de rejet et de trahison avant les faits.** En effet un être ne portant pas ces blessures en son âme aurait éprouvé tristesse, chagrin, éventuellement colère, mais jamais le traumatisme n'aurait été aussi violemment reçu. Comprenez-vous cela ? L'âme est marquée et, si les blessures venant d'une autre vie ne sont pas soignées, elle **arrive marquée dans cette vie** où, tel que Je le mentionnais avant, elle peut avoir une vie hétérosexuelle dans un premier temps, suivant des préceptes d'éducation et les modèles sociétaux. Si un évènement traumatique dans sa relation avec son partenaire hétérosexuel entre en résonnance avec ce choc violent et ancien porté par l'âme et vient par là-même **réveiller, raviver** la blessure, une prise de conscience peut émerger avec rupture dans le couple et choix d'un couple homosexuel. »

« On pourrait dire que le traumatisme vécu a appuyé là où cela faisait déjà mal ? » demandai-je.

« Oui exactement ! » confirma Christ'Al shaya.

« A quel niveau s'implante la perturbation ? »

« Ta question est très utile, reprit mon Guide de Lumière. Le blocage porté par l'âme se répercute sur la glande **pinéale** (ou épiphyse), la glande **pituitaire** (ou hypophyse) et la glande de l'**hypothalamus**. Ce blocage retentit également sur **la glande du thymus**. Le fonctionnement de ces trois glandes : pinéale, hypophyse et hypothalamus se fait désormais sur un mode différent, avec retentissement sur l'équilibre et la santé des chakras coronal et du troisième œil, correspondant à ces mêmes glandes. Le dysfonctionnement de la glande du thymus se répercute, lui, sur le chakra du cœur, vous allez comprendre pourquoi : d'une part, le chakra du cœur est relié à la glande du **thymus** qui est, en cas d'homosexualité, profondément blessée karmiquement par cette sidération émotionnelle vécue au sein du couple dans une vie antérieure le plus souvent galactique ; d'autre part, une **vrille** s'est également installée dans les **glandes de la tête** et cette vrille offre l'opportunité à la source de synthèse d'utiliser cette brèche pour y poser des **implants** aisément téléguidables à distance. Cette vrille va **dénaturer les ressentis du cœur, les raisonnements du mental et le discernement** concernant le couple et elle sera évidemment entretenue par les forces de l'ombre qui se délectent à constamment réactiver cet implant afin d'empêcher l'ascension et la réalisation d'un éventuel mandat de couple.

Les gonades que sont les ovaires et les testicules ne sont pas touchées. En effet, un homme homosexuel peut émettre des spermatozoïdes et ainsi générer des enfants. De même, une femme homosexuelle a des ovulations et peut donc enfanter. »

« Les chakras racine et hara sont-ils intacts ?

« Le chakra racine et le hara sont encombrés de lourdes mémoires sexuelles des vies antérieures, mais ils ne sont pas en soi perturbés. Les chakras atteints sont ceux du troisième œil, de la couronne et du cœur. Non pas que l'être homosexuel ne puisse pas ouvrir son troisième œil, cela est tout à fait possible. Par contre le chakra du troisième œil ne tourne pas avec une énergie aussi fluide que celle d'un être hétérosexuel. Le chakra coronal est opacifié, comme si un opercule était déposé sur lui, limitant grandement sa capacité d'infusion de l'énergie Divine. Le chakra du cœur, lui, est encrassé de scories installées et entretenues par les pensées déviantes, les fausses croyances, la non guérison des blessures de l'âme, en particulier cette sidération dans l'amour vécue au sein d'un couple lors de vies antérieures. Néanmoins, l'être homosexuel peut être très intuitif, avoir beaucoup de qualités de cœur et émaner l'amour Christique. Chaque être homosexuel, homme ou femme, peut réaliser sa mission d'âme personnelle, mais ne peut absolument pas accomplir le mandat d'un couple de complément Divin. Le rayonnement du couple parèdre avec démultiplication exponentielle de la puissance de l'énergie quand l'un et l'autre des deux êtres de complément Divin sont ensemble ne peut en aucun cas exister au sein d'un couple homosexuel. »

Ma pensée cheminait et une question claire s'imposait :

« Un couple homosexuel peut-il être de complément Divin ? Si oui, est-il en possibilité de vivre une montée de kundalini avec un cobra or Divin ? »

Mon Guide de Lumière marqua une pause, comme pour insister sur ses explications :

« En tout premier lieu, il n'existe pas de possibilité de montée de kundalini dans l'union du couple homosexuel, ceci quel qu'en soit son degré de compatibilité entre les deux âmes, parèdres ou non parèdres.

Souvenez-vous, la sexualité sacrée au sein d'un **couple de complément Divin hétérosexuel** permet la montée de la kundalini qui signifie le déploiement total de l'énergie sexuelle sacrée dans une force et une puissance immenses. Lorsqu'elle existe, la montée kundalinique s'accompagne de celle du **cobra or sacré** sous la protection du couple Cosmique de complément Divin Jeshua Sananda et Marie-Madeleine Lady Nada. Ce cobra or sacré est créé uniquement lorsque la vibration du couple parèdre est très haute, à un niveau proche de l'illumination.

La sexualité sacrée du **couple hétérosexuel d'âmes jumelles et d'âmes jumelles de haut degré** permet également la montée de la kundalini accompagnée, à ce stade de compatibilité de couple, du **cobra blanc**. La puissance d'émanation est forte, certes moindre que celle du couple parèdre, dit de complément Divin.

Le couple **homosexuel,** en l'**absence de montée de kundalini**, ne peut en aucun cas atteindre cette puissance et encore moins l'extase de la montée kundalinique du couple hétérosexuel.

Bien entendu le couple homosexuel peut éprouver le plaisir physique et ressentir un amour vrai, authentique et très grand.

Le couple parèdre entre **deux êtres de complément Divin tous deux homosexuels** est en toute logique irréalisable puisqu'à l'origine les deux âmes parèdres sont une polarité masculine et une polarité féminine, donc un homme et une femme, et en conséquence, si deux êtres du même sexe se réunissent, leurs âmes ne peuvent être celles jumelées au départ à la sortie de la source Divine.

Il existe toutefois une exception : celle du couple parèdre dont les deux êtres sont parèdres homosexuels car l'un des deux êtres a fait le vœu permanent de s'incarner dans le sexe qui ne correspond pas à sa polarité originelle. Par exemple, une femme est homosexuelle et elle a fait le vœu définitif, le contrat d'âme solide de toujours s'incarner en homme ; alors dans cette vie, elle est incarnée en homme et porte cette homosexualité. Au cours de sa vie, elle peut rencontrer son parèdre qui est un homme en l'occurrence, lui aussi devenu homosexuel suite au vécu de ce traumatisme dans le cursus de ses vies antérieures comme expliqué précédemment. Loin l'idée d'inviter le lecteur à une gymnastique d'esprit avec des notions dont il ne connaît ni les tenants ni les aboutissants et qui, perçues par une conscience d'humain, sont complexes ! Simplement dire que cette rencontre entre les deux parèdres (ou êtres de complément Divin) homosexuels est exceptionnellement rendue possible par le Plan Divin seulement lorsque les deux êtres ont fait un **chemin spirituel d'ouverture du cœur et de la conscience**. Leur union devient alors un facteur très aidant à l'élévation plus grande de leur vibration d'âme et donc, en tant que porteurs de la même blessure traumatique, de leur possibilité d'extraire leurs implants perturbateurs pour un retour à la norme du Créateur. Retenez juste que les Lois Divines sont incontournables et que l'amour Divin est miséricordieux, amenant ainsi une explication rigoureuse de chaque cas rencontré sur votre planète.

Il se peut également qu'un couple hétérosexuel unissent deux êtres de complément Divin, donc parèdres, mais dont l'un d'eux porte l'homosexualité en son âme. Le couple est alors dysfonctionnel avec absence d'épanouissement et possible rupture. Cependant ce couple a par ailleurs grandement la possibilité de rebondir sur cet amour intense et pur qui unit leurs deux êtres et relie leurs chakras, du fait qu'ils soient tous compatibles car parèdres, ceci pourvu que l'être dont l'âme porte l'homosexualité reçoive des soins d'harmonisation des chakras et glandes concernés en vue d'une remise à la norme du créateur. »

« L'être homosexuel peut alors redevenir hétérosexuel ? » m'exclamai-je.

« Ton interrogation vient à point ! reprit Christ'Al Shaya. **Il est effectivement tout à fait possible à l'homosexualité de se transformer en hétérosexualité**. »

Je me disais que cette guérison, plus exactement cette remise à la norme du Créateur, n'était vraiment pas encouragée à l'époque actuelle et qu'au contraire, les influences gouvernementales et publicitaires, ainsi que les messages subliminaux, poussaient, à gros renfort de manipulation et mensonges, à s'écarter davantage et de plus en plus de la voie royale Divine.

« Oui ! ce que tu dis est juste, reprit mon Guide de Lumière, et les forces soumises à la source de synthèse dépensent beaucoup d'énergie et utilisent de nombreux stratagèmes pour parvenir à ces fins.

En effet, si le sujet homosexuel rencontre un être du sexe opposé et qu'un **amour réel et pur** nait entre eux, alors la sexualité entre eux est tout à fait possible.

Certes la sexualité reste difficile si la compatibilité du couple est faible (moins de quatre chakras compatibles). Elle devient envisageable si la compatibilité du couple atteint les âmes sœurs de haut degré (quatre chakras compatibles), d'autant plus envisageable que leur compatibilité de couple est grande (âmes jumelles avec cinq chakras compatibles et âmes jumelles de haut degré avec six chakras compatibles).

Et à plus forte raison dans l'exemple précédent du couple de complément Divin dont l'un des membres n'est pas homosexuel, le sujet homosexuel reviendra progressivement à la norme du créateur au niveau de son chakra du **troisième œil**, son chakra **coronal** et son chakra du **cœur**, grâce à **l'amour de son parèdre**, grâce à l'aide apportée par les **soins guérisseurs** et surtout grâce à **son propre bon vouloir**. Ses glandes **pinéale, hypophyse et hypothalamus** vibreront à nouveau à la fréquence Christique, avec retour à la norme du créateur. **Son thymus se libèrera de la sidération karmique vécue.**

Dans le cas du couple parèdre unissant deux êtres homosexuels, la force et la beauté de **l'amour du couple active l'aide Divine** et, dans un **bon vouloir intense et pur de revenir à la norme du Créateur**, la guérison des glandes épiphyse, hypophyse et hypothalamus avec pulvérisation des implants et disparition de la blessure de rejet et de trahison est possible. La libération du thymus l'est également.

L'harmonie du Féminin et du Masculin sacrés en chacun des deux partenaires du couple est la **clef** pour que chacun puisse prendre sa vraie place, celle de qui il est vraiment à l'origine, dès sa sortie de la Source Divine Première. C'est-à-dire que chacun des membres du couple a besoin d'harmoniser en lui-même les attributs du Féminin sacré **et** ceux du Masculin sacré, les qualités du Féminin sacré étant prépondérantes chez la femme de la Terre et celles du Masculin sacré étant majoritaires chez l'homme de la Terre. Cependant ces deux êtres, femme et homme de la Terre, possèdent tous deux en eux ces attributs, même s'ils sont dosés différemment.

Je le redis à nouveau, l'ascension en la strate d'énergie la plus haute de l'Au-delà nommée le Paradis ne devient possible qu'**après guérison de toutes les blessures**, quelles qu'elles soient. Les âmes autorisées à gagner le Paradis sont devenues parfaites. »

« Tu veux dire que l'homosexualité doit-être guérie pour ascensionner au Paradis ? »

« Oui ! C'est bien cela. L'homosexualité doit être guérie pour accéder au Paradis. Mais ne soyez pas effrayés ! Dès que **l'intention** de l'être homosexuel de revenir à la norme du Créateur est définitive et sincère, **ancrée dans un bon vouloir puissant**, alors **l'aide Divine descend avec**

force et à flot sur lui. La vrille touchant les trois glandes pinéale, pituitaire et hypothalamus peut alors être **soignée par** le **retrait des implants**, par la **libération des entités** souvent fixées car attirées par l'implant, par la **guérison des blessures d'âme de rejet et de trahison**, par la **normalisation du thymus**, par l'**harmonisation de son Masculin et Féminin sacrés** avant l'accès au Paradis. »

L'hypnose me vint immédiatement à l'esprit.

« Oui tout à fait, rebondit mon Guide de Lumière, l'**hypnose** bien conduite est un excellent moyen thérapeutique pour lâcher l'homosexualité. »

« L'homosexualité se guérit-elle en priorité sur cette Terre ou dans d'autres strates d'énergie ? »

« Comme pour la réparation, répondit mon Guide de Lumière, l'homosexualité guérie sur la Terre permet immédiatement des pas de géants, un **saut quantique magistral** qui propulse l'être ayant ramené sa sexualité à la norme du Créateur, haut sur son chemin de l'ascension.

L'être homosexuel qui à sa mort terrestre quitte la Terre sans avoir effectué ce travail sera **amené à s'en occuper dans l'Au-delà**. Il pourra gravir les différentes strates de Lumière de l'Au-delà au fur et à mesure des progrès de son âme, ou bien il pourra directement atteindre une strate élevée de Lumière si la densité de son âme le permet, mais en aucun cas, il ne pourra accéder à la Haute Planète Dorée qu'est le Paradis. La strate la plus haute de l'Au-delà que l'âme pourra le plus souvent atteindre est la **couche Jaune or Lumineux des Pléiades**. Dans certains cas, l'âme devient si belle qu'elle peut atteindre Arcturius et son Royaume de mille ans dont nous parlerons plus loin dans ce livre. Quoi qu'il en soit, l'homosexualité, qu'elle soit féminine ou masculine, est un obstacle au franchissement du seuil du Paradis. Des missions seront confiées à l'âme désireuse de revenir à la norme du Créateur de façon à lui permettre de guérir les traumatismes et les blessures ayant permis l'installation de l'homosexualité. Même s'il n'y a plus de corps physique dans l'Au-delà, la guérison des anomalies portées par l'âme est indispensable et la **remise à la norme du Créateur avec acceptation et respect de la vraie polarité de l'âme reste incontournable**. »

Je savais que l'homosexualité était aussi ancienne que notre monde et avait donc toujours existé. Je pensais à la vie de Jeshua chez les Esséniens.

« Oui ! reprit Christ'Al Shaya, l'homosexualité existe depuis la nuit des temps et Jeshua lui-même, comptait parmi ses amis proches des êtres homosexuels. Sans jamais les juger, ni les condamner, il leur expliquait qu'un jour, s'ils voulaient vivre pour l'éternité dans le Royaume parfait du Paradis, la case guérison par la remise à la norme du Créateur de la désorientation sexuelle serait incontournable. Il les assurait chaleureusement que dès l'instant où ils choisiraient de faire ce travail de remise à la norme, **l'aide Divine descendrait sur eux avec tant de puissance que la transformation et la guérison intérieures seraient faciles**. Jeshua leur enseignait que c'était **comme pour la réparation, l'effectuer durant la vie terrestre était plus**

facile, plus rapide et propulsait plus haut sur la voie de l'ascension. La réaliser dans l'Au-delà, en l'absence de corps physique, peut apparaître comme plus aisée ; il n'en est rien car les transformations induites dans les corps énergétiques par les blessures, implants et entités portées par l'âme demandent temps et persévérance pour un retour à la norme. »

La constatation fréquente de plusieurs cas d'homosexualité au sein d'une même famille m'interpella et mon interrogation jaillit spontanément :

« L'homosexualité est-elle héréditaire ? »

« Absolument pas, répondit mon Guide de Lumière en riant ! Il n'y a pas de lésions chromosomiques portées par le génome de l'être homosexuel. Ma chère fille galactique, rappelle-toi la Loi Divine de l'attraction et l'affinité ! Une âme qui s'incarne sur la Terre choisit ses parents selon différents critères, mais toujours suivant les Lois Divines d'attraction et d'affinité et de réciprocité des effets. Une âme qui s'incarne sur Terre et qui porte les blessures béantes de trahison et de rejet, ainsi que ce traumatisme puissant vécu avec le sexe opposé du fait même de ses blessures béantes, peut être attirée par un ou deux parents porteurs de ces mêmes blessures et traumatisme. C'est aussi simple que cela !

Il se peut aussi, selon la Loi de la réciprocité des effets, qu'une âme ayant provoqué volontairement et consciemment ce traumatisme à son partenaire dans une autre vie, vive dans cette vie une relation auprès d'un être homosexuel qui dans l'autre vie a été son partenaire blessé, et ceci afin de pouvoir réparer ce qu'il a fait et aider par son amour pur et sincère son partenaire à revenir à la norme du Créateur ; ce partenaire, dans cette autre vie, avait réagi extrêmement fortement, comme une sidération de l'âme car il portait déjà les blessures de rejet et de trahison.

Les nuances sont nombreuses et le but n'est pas d'embrouiller la compréhension des choses. Il reste cependant important que vous sachiez, que même si les circonstances de vie propres à chacune et chacun sont diverses et variées, les Lois Divines sont pour l'éternité parfaites, immuables et incontournables. »

« Que dire de la **transsexualité** ? » questionnai-je alors.

« L'âme sortie de la Source Divine Première porte une polarité féminine OU masculine, jamais les deux. Si elle suit la voie de l'ascension, elle ne pourra accéder **qu'avec sa polarité originelle** à la plus haute strate d'énergie Lumineuse nommée le Paradis, après ses pérégrinations dans le Cosmos.

Autrement dit une âme de polarité féminine, qui aura pu être parfois incarnée sur Terre en tant qu'homme au cours de son cursus d'âme, vivra sa dernière incarnation terrestre en tant que femme et ascensionnera en tant que femme. De même, une âme de polarité masculine, qui aura pu s'incarner en certaines vies terrestres en tant que femme, sera un homme en sa dernière incarnation terrestre et ascensionnera en tant qu'homme.

La polarité féminine ou masculine de l'âme est sacrée. Elle est la création de Dieu. Personne ne peut interférer sur la création de Dieu sans causer de graves dommages souvent irréversibles. »

Une question m'interpelait :

« Pourquoi l'âme s'incarne-t-elle tantôt en homme et tantôt en femme sur la Terre durant son long parcours de pérégrinations ? »

« Excellente question ! s'exclama Christ'Al Shaya. Nous l'avons vu, l'âme a une polarité originelle féminine ou masculine à sa sortie de la source Divine. Sa première vie dans le Cosmos, sur l'une des étoiles de l'Univers pour les âmes qui ont un passé galactique ou directement sur la Terre pour les autres, se fait donc dans sa polarité originelle. Par la suite, les incarnations successives suivront les Lois Divines. Vous allez me dire : encore et toujours les Lois Divines ? Oui ! Encore et toujours les Lois Divines incontournables et immuables ! Chaque âme va expérimenter au moins une fois au cours de son cursus, le plus souvent de nombreuses fois, l'incarnation terrestre dans l'autre polarité que celle qui lui est originelle. Prenons quelques exemples pour mieux comprendre ce choix du genre dans l'incarnation.

Une âme de polarité masculine originelle a vécu sur la Terre en se conduisant avec une immense autorité, totalement exagérée, un manque de douceur, et/ou une incompréhension de la femme de la Terre avec mépris et/ou indifférence et/ou rejet, tel que se comporte l'ancien masculin désaligné ; alors après sa mort terrestre, lors d'une prochaine réincarnation et selon la Loi de la réciprocité des effets et du karma, son âme va choisir d'expérimenter l'incarnation dans un corps de femme afin de ressentir la difficulté à ne pas être considérée comme qui elle est vraiment et qui plus est, à vivre dans une famille ou encore au sein d'un couple autoritaires, voire despotiques si le karma le demande. Si dans cette nouvelle vie, l'âme a réussi à développer son Féminin sacré – à savoir la douceur, l'intuition, la compassion – et à se faire respecter de façon pacifique par les hommes de son entourage proche, elle aura grandi. Lors d'une réincarnation ultérieure éventuelle, elle pourra se retrouver dans un corps d'homme pour cette fois continuer sa progression de l'âme en faisant grandir son Masculin sacré – à savoir la protection de la femme, le courage et la mise dans le concret de la matière de ce que l'intuition de la femme et du Féminin sacré indique pour le chemin à suivre – de façon à évoluer après sa mort terrestre dans l'Au-delà sans la nécessité d'une nouvelle incarnation terrestre ou vers une nouvelle incarnation au cours de laquelle pourra se faire l'harmonisation idéale entre son Féminin sacré et son Masculin sacré intérieurs.

Les **combinaisons de conditions de vie terrestre sont multiples et adaptées à chaque cas**. A noter en effet que cette même âme citée dans l'exemple, de polarité originelle masculine qui s'est conduite avec une immense autorité et incompréhension de la femme, a possiblement été, dans son incarnation précédente, une femme ayant vécu avec un comportement de matriarcat non aligné (qui est l'ancien féminin désaligné), coupant tout élan de réalisation aux hommes de son entourage ! Son âme n'ayant pas évolué au niveau de ce trait de comportement a poursuivi de la même façon, voire pire, dans l'incarnation suivante. Par la Loi d'attraction et d'affinité, l'âme a attiré une polarité masculine car l'autorité exagérée et despotique se retrouve beaucoup en l'homme de l'ancien masculin désaligné.

Un autre cas très différent consiste en l'âme de polarité originelle féminine qui a fait à un moment donné de son cursus d'âme, **le vœu** formel, souvent réitéré, de s'incarner en homme (cela peut aussi être le cas inverse d'une âme de polarité originelle masculine qui fait le vœu formel de se réincarner en femme) ; les incarnations peuvent ainsi se succéder en tant qu'homme jusqu'à ce que ce vœu soit dissous suite à son éveil de conscience.

Les exemples sont légion, **les possibilités quasi infinies tant chaque être est singulier dans son parcours d'âme.** »

J'entrevoyais ces innombrables éventualités d'incarnation, avec des enchaînements de vies à la fois différents les uns des autres, tout en étant soumis à une logique Divine implacable. Mon Guide de lumière confirma ces possibilités infinies et revint à la transsexualité :

« **Toute transgression de ce Principe Divin sacré du respect du Féminin et du Masculin sacrés** est gravissime et expose l'être qui déroge aux Lois de l'Univers à perdre son âme, c'est-à-dire à voir son **âme rayée du Livre de la Vie.** »

« Quelles raisons poussent ces êtres humains à changer de sexe ? » demandai-je.

« La source de synthèse, tu le sais, cherche à **instaurer l'inverse de ce qui est aligné au Plan Divin**. Elle sait en effet que l'allégeance aux Lois Divines conduit à l'ascension et à la Vie pour l'éternité au Paradis, tandis qu'au contraire, le service aux forces sombres mène à des strates de forte densité nommées enfer où l'existence est sans foi ni loi. L'habileté machiavélique de Satan et de sa compagne, servis par les grands qui gouvernent actuellement encore votre planète, a savamment permis d'introduire partout, absolument partout sur votre Terre bien aimée, une **inversion des valeurs**. Cette inversion des valeurs est prônée par les nombreux faux prophètes, plongeant les êtres humains en manque de discernement dans l'errance. **Tout est à l'envers**, empli de **paradoxes**, de façon à semer la **confusion**, la **perte des repères** et faciliter ainsi la **manipulation** puis l'**aliénation** et l'**esclavagisme**.

Ainsi, **sous couvert d'une tolérance généreuse et altruiste,** on vous fait croire et penser que tout est permis, tout est possible, que c'est la liberté de chacune et chacun de choisir qui il veut être biologiquement parlant.

Il y a **confusion totale entre :**

- **l'amour Christique inconditionnel** d'une part

- et la tolérance vrillée qui englobe la perversion, le mensonge, la désobéissance au Plan Divin, le service fidèle aux ténèbres d'autre part.

On vous culpabilise si vous vous positionnez en clamant haut et fort que **le sexe d'un être humain est sacré** et donc absolument à respecter. Plus encore, on vous calomnie lors de ce positionnement en vous assenant que votre attitude n'est pas chrétienne. Et quand ce type de propos est prononcé par un grand faux prophète, cela désoriente plus d'un être humain, l'emmenant sur le chemin de la **tolérance du faux, de la vrille, du mensonge, de la perversion**. On vous force à croire que la perversion est normale et juste. Plus encore, cette perversion est montrée en exemple, facilitée et grandement aidée socialement et financièrement ; elle est rendue héroïque. Encore plus grave, elle est maintenant enseignée en classes primaires et au collège, valorisant aux yeux des enfants scolarisés, une beauté et un courage exceptionnels au sein de cette **perversion diabolique qu'est la transsexualité**. »

« Comment devient-on transsexuel et où se logent les perturbations lors de la transsexualité ? »

« L'être qui devient transsexuel ne naît pas transsexuel. Il porte de ses vies antérieures des souffrances psychologiques qui, dans cette vie actuelle, se manifestent sous la forme d'un **état dépressif** avec de la difficulté à affirmer ses choix, sur un fond de personnalité psychotique avec paradoxes, ambivalences, et parfois signes de bipolarité.

Une **blessure importante et non guérie** lors d'une vie antérieure dans laquelle son âme s'était incarnée en un corps de matière du sexe de sa vraie polarité originelle – par exemple en homme pour une âme de polarité originelle masculine – va resurgir dans cette vie actuelle, blessure ravivée et amplifiée par des évènements de vie vécus douloureusement par la personne, et la poussant à souhaiter changer ce sexe qu'il assimile à son malaise et à son malheur. **L'enfant** est souvent triste et se sent incompris. **Si son âme a choisi des parents attentifs et aimants**, ils vont s'occuper de lui, lui offrir leur amour et permettre qu'il reçoive des soins qui soulagent, souvent améliorent, parfois guérissent l'état de mal être. **S'il est davantage livré à lui-même**, sans une aide efficace, le mal-être peut s'amplifier, d'autant plus si **un karma dans la débauche sexuelle** existe, et c'est à ce stade que les forces de l'ombre s'infiltrent dans cette brèche pour y installer des **implants** qui seront **téléguidés à distance**, modifiant ainsi les pensées de l'enfant, puis de l'adolescent vers un désir croissant de transsexualité. Des **entités négatives** attirées par la vibration en baisse de l'adolescent vont se fixer à son âme et alourdir encore davantage son état psychologique. Une fois l'état dépressif bien installé, ainsi que les **implants** enkystés et sans cesse réactivés par la source de synthèse, le **dysfonctionnement des glandes** va devenir croissant. Les mêmes glandes que dans les cas d'homosexualité sont touchées, à savoir l'épiphyse (ou pinéale), l'hypophyse, l'hypothalamus et le thymus. D'autres glandes sont également dysfonctionnelles et endommagées : le pancréas et les surrénales. »

« Seules les gonades sont épargnées ? », m'exclamai-je.

« Oui, reprit Christ'Al Shaya, les ovaires et les testicules restent pleinement fonctionnels, et comme dans l'homosexualité, permettent d'une part pour les ovaires chez la femme d'ovuler, sécréter les œstrogènes et la progestérone et donc enfanter, et d'autre part pour les testicules chez l'homme, d'émettre des spermatozoïdes et de produire la testostérone, **ceci** bien évidemment **avant** l'instauration d'un traitement hormonal artificiel perturbateur du fonctionnement physiologique spontané et avant toute chirurgie. La glande **pinéale** est très perturbée ; les **implants et les entités négatives altèrent et rendent** c**omplètement confus** le **ressenti intuitif** de l'être incarné et l'entraîne dans des **pensées obsessionnelles** qui tournent en boucle dans le mental, le privant de sa liberté de penser, de parler, de se comporter et d'agir d'une façon alignée aux Lois Divines. L'**hypophyse** est profondément atteinte également, avec dysharmonie dans son rôle de coordinateur hormonal. L'**hypothalamus** est freiné à la fois dans son action de supra régulateur de l'hypophyse, aggravant encore un peu plus le désordre au sein de l'hypophyse, et également dans son rôle de contrôle du fonctionnement du système nerveux végétatif[17]. Epiphyse ou pinéale, hypophyse et hypothalamus sont davantage perturbées que dans l'état d'homosexualité. Les glandes **surrénales** sont déréglées par trouble au niveau de leur commande hypophysaire et

---

[17] Système nerveux végétatif : encore appelé système nerveux autonome, il correspond aux structures nerveuses qui commandent automatiquement les organes, les glandes, la circulation, la respiration, l'homéostasie ou régulation de la température du corps, ceci sans intervention de la volonté.

hypothalamique ; il s'ensuit un dérangement dans leur sécrétion de cortisol avec des retombées cliniques et une répercussion sur l'état de stress. Le **pancréas** est attaqué par la mauvaise estime de soi-même. Enfin, la glande du **thymus** est abîmée par la vrille qui déforme l'amour envers soi-même et l'amour de l'autre, du couple, avec également l'insertion d'implants par les forces des ténèbres au sein de cette glande. »

« Les chakras sont-ils également déséquilibrés ? »

« Certes ! **Tous les chakras** de l'être attiré par la transsexualité sont perturbés et ce, d'autant plus qu'il franchit le cap des traitements hormonaux transformateurs et de la chirurgie, tout ceci étant, Je le répète, fortement encouragé par la manipulation des forces occultes. Le chakra du hara est souillé par de lourdes mémoires de débauches sexuelles lors des vies antérieures. Tous les autres chakras sont déséquilibrés par le dysfonctionnement de la glande qui leur correspond. »

« La remise à la norme est-elle aussi indispensable pour pouvoir ascensionner ? » demandai-je.

« Oui ! De la même façon que pour l'homosexualité, le **retour à la norme du Créateur** est incontournable pour atteindre l'illumination, cet état de perfection obtenu par l'omniprésence de la Lumière Divine dans toutes les cellules de l'être, lui autorisant l'accès au Paradis. »

Devançant ma question, mon Guide de Lumière ajouta :

« L'être perturbé dans ses perceptions au stade transgenre et souhaitant donc changer de sexe peut, si son bon vouloir est sincère et fort, recevoir à flot l'aide Divine afin de réussir sa guérison vers un épanouissement dans son corps de naissance, et ce d'autant plus facilement que les soins sont apportés **précocement** dans le processus d'errance. S'il a dépassé le seuil réversible, c'est-à-dire s'il est cliniquement devenu transsexuel et qu'ainsi il a modifié chimiquement et chirurgicalement son corps de naissance, il s'expose à ne plus pouvoir retrouver le chemin de remise à la norme du Créateur, **sauf grand saut quantique spirituel** qui le propulserait haut dans l'énergie avec montée vibratoire et possibilité de rédemption par une réparation cette fois dans l'Au-delà après sa mort terrestre. La réparation effectuée dans l'Au-delà, souvenez-vous, est longue et demande de très nombreux efforts et une intense persévérance. »

Je ressentais **l'immense trahison** que ces êtres, qu'ils soient homosexuels ou transsexuels, infligent à leur âme. Christ'Al Shaya rebondit sur mon ressenti :

« La trahison envers l'âme est immense et incompatible avec l'ascension totale. Seule la remise à la norme autorisera l'accès au Paradis pour l'éternité. »

« Que dire alors des **êtres bisexuels** ? » poursuivis-je.

« Les êtres bisexuels sont des personnes d'un sexe défini et acceptant leur genre de naissance, mais qui sont attirés indifféremment sexuellement ou amoureusement par une personne du sexe opposé ou bien du même sexe. Il y a confusion et négation des principes de complémentarité du Féminin et du Masculin sacrés. **L'ordre Cosmique originel est bafoué**. L'équilibre naturel Féminin/Masculin est violenté. C'est comme si l'on mélangeait le jour et la nuit, la lune et le soleil, le Yin et le Yang. Ce sont les forces de l'ombre qui s'infiltrent au sein de l'énergie de Lumière Divine. Et ceci n'est possible, vous le savez maintenant, que si les failles et blessures de l'être perturbé ne sont pas soignées, permettant ainsi aux forces sombres de rentrer en force dans les brèches ainsi présentes. Ces êtres seront également amenés à réparer ce travers sur Terre ou bien dans l'Au-delà, et à se mettre en allégeance aux Lois Divines pour pouvoir ascensionner. »

Les êtres non binaires et bigenres me vinrent à l'esprit et je ressentis davantage de lourdeur.

« Ton ressenti est juste. L'être non binaire, également l'être bigenre, qui mélangent les attributs féminins et masculins, physiquement et/ou psychologiquement, peuvent franchir le cap du non-retour. Les Lois de fonctionnement de l'Univers sont gravement et irrémédiablement bafouées. Leur âme s'expose à être rayée du Livre de la Vie. »

Des frissons parcouraient mon corps. Ce piège de la transsexualité et de la non binarité était si grand qu'il était très important d'en parler, de **diffuser l'information** sur les conséquences gravissimes de ces violations des Lois de l'Univers.

« **Le sacré doit être respecté et traité comme le sacré**, renchérit Christ'Al Shaya. Personne ne peut modifier ce que Dieu a créé, personne ! Ce piège de la déviance sexuelle est tendu en particulier aux **âmes indigo starseed** incarnées sur Terre. En effet, ces êtres peuvent ressentir, dans leur jeunesse, un mal-être car ils ne sont pas adaptés à la vie futile, dénuée de sens spirituel et exempte d'ouverture du cœur que les forces sombres leur proposent au sein de la matrice de synthèse. S'ils ne sont pas aidés par leur entourage, leur fragilité peut s'installer, créer un état dépressif avec ambivalence, du fait de se sentir très différents des autres adolescents dans leurs pôles d'intérêts.

Les autres jeunes de leur âge se complaisent dans les loisirs emplis de messages sataniques subliminaux, dans l'aspect matériel de la vie, cette matérialité étant leur seul but de vie : amasser de la richesse, vivre sans conscience et sans ouverture du cœur.

L'être indigo sent qu'il ne peut vivre uniquement dans la matérialité, en l'absence de spiritualité. Il peut se sentir **perdu dans ce monde dépourvu de valeurs Christiques.** Il porte l'amour Christique en lui et se sent totalement démuni dans la matrice de synthèse de la source sombre.

Si sa vibration descend trop bas par manque d'aide de l'entourage ou par insuffisance de réactivité de sa part, les forces sombres s'emparent de la proie de choix qu'il représente. En effet, pour les serviteurs des ténèbres, un enfant indigo perdu est un travailleur de Lumière en moins sur la planète, et surtout un galon pour leur promotion personnelle dans la hiérarchie maléfique des forces de l'ombre.

La **responsabilité des faux prophètes** qui promeuvent ces désorientations sexuelles –homosexualité, transsexualité, non binarité ou encore bisexualité – est immense face à la descente aux enfers de l'être indigo qui, conforté par les paroles mensongères du faux prophète, se laisse emporter dans ce tourbillon infernal de la violation des Lois de l'Univers, tout en sachant que les faux prophètes les plus habiles peuvent être eux-mêmes – nous l'avons vu – des âmes **indigo** starseed dévoyées de leur but noble par l'infiltration des forces sombres destructrices, et infligeant ainsi à leur âme une **haute trahison**. »

Je repensais aux programmes actuels d'éducation scolaire, aux publicités tendant à convaincre de la véritable normalité des déviances sexuelles en multipliant les sources d'information convergeant vers les mêmes doctrines dévoyées.

Christ'Al Shaya reprit :

« Le but des forces sombres est d'**inverser** les bases Christiques auxquelles l'humanité se réfère.

Sous couvert de prôner la tolérance, l'ouverture du cœur et l'amour de son prochain, la source de synthèse utilise, de façon habile et perfide (à travers les informations, les publicités, les lois facilitantes en ce sens et les nouveaux programmes d'enseignement scolaires pervertis) une analogie de langage avec les mots de Jeshua lorsqu'il était sur la Terre c'est-à-dire l'amour, la fraternité, la tolérance dans les différences.

Or, la perversion des genres et des sexes, le non-respect du Principe Divin sacré de l'harmonie du Féminin sacré et du Masculin sacré sont des **entraves** à la réalisation du Plan Divin et ne sont en aucun cas Christiques ; au contraire, elles sont une allégeance à la source sombre, et gare à celle ou celui qui ne s'en rend pas compte.

En ce domaine, l'influence du Vatican est extrêmement lourde de conséquences puisque le pape lui-même cautionne la normalité et la justesse de ces informations vrillées qui déforment ce qu'est la vraie vie au service de Dieu, ceci avec des mots qui semblent sortir du cœur et donc parler au cœur des êtres qui écoutent sans discernement. **Le danger est abyssal** pour celles et ceux qui se laissent piéger par ces beaux discours. J'invite tous les artisans de Lumière à une extrême vigilance pour affiner leur discernement ! »

Ma question surgit immédiatement quant au discernement. Mon Guide de Lumière répondit tout simplement :

« **Priez !** Priez encore et encore afin que l'aide Divine ouvre progressivement votre conscience et en vous guidant intuitivement, vous permette d'éviter les pièges de l'ignorance et de la confusion ! »

J'entrevoyais les incommensurables dégâts occasionnés par la manipulation et la perversion des forces de l'ombre. Je priais pour que suite à l'éveil d'un nombre toujours croissant d'artisans de Lumière, la bascule se fasse enfin vers le nouveau monde de Lumière de cinquième dimension et de la multi dimensionalité.

« Oui ! Je le répète souvent et tu le sais maintenant, lorsque 20 % de l'humanité aura suffisamment élevé sa vibration par l'ouverture du cœur et de la conscience, par le bon vouloir de s'améliorer chaque jour et d'agir au service du Plan Divin quotidiennement, alors la bascule vers la nouvelle humanité de Lumière se fera ! »

La question me brûlait les lèvres :

« Puis-je Te demander à quel pourcentage d'éveil en est l'humanité aujourd'hui ? »

Christ'Al Shaya fit une courte pause et s'exprima avec force et puissance :

« A ce jour, le pourcentage de la population éveillée sur votre planète bien aimée est encore de 18,2%. C'est à la fois peu et pourtant bien proche du but des 20 % à atteindre ! »

J'en étais consciente et je mesurais ô combien l'humanité était près du but, toute proche du point de bascule vers la délivrance de l'oppression et l'avènement de la simplicité authentique, la joie, la paix et l'amour dans la vie quotidienne.

La géographie des pays défilait en moi.

« Pourquoi certains pays se protègent-ils de ces dérives et désorientations sexuelles, alors que d'autres les promeuvent fortement ? » demandai-je alors.

« Chaque pays est soumis aux décisions de son gouvernement. Si le gouvernant du pays est pacté à la source de synthèse – situation la plus fréquente au sein des différents pays –, les lois humaines et l'ambiance du pays sont asservis à Satan avec aliénation des êtres humains et privation de liberté. Tandis que si le chef du pays a élargi son discernement et cultive des valeurs morales conservatrices issues des traditions anciennes, en se tenant en marge de l'Etat profond qui avance à grands pas vers la mondialisation, alors les principes moraux sont davantage respectés. Je ne suis pas en train de dire que les pays qui respectent les principes moraux, le droit de la famille, le règne du vivant sont parfaits, NON ! Cependant, ils sont davantage sur la voie de l'allégeance au Plan Divin que les pays qui obéissent à la source sombre de synthèse.

A ce jour, aucun pays de la planète n'est gouverné par un être totalement ouvert dans le cœur et la conscience et pleinement en allégeance au Plan Divin. Seuls quelques gouvernants de pays sont plus droits et soucieux de leur peuple, et **le Plan Divin les protège afin qu'ils puissent – même imparfaits – induire le changement vers la paix et la justice, en attendant la relève par la jeunesse montante.** »

Je remerciais Christ'Al Shaya pour son enseignement et je rendais grâce à la perfection des rouages de l'Univers.

Je projetai de mon cœur un faisceau d'amour appelant la diffusion de cet enseignement et la guidance intuitive de tous les êtres concernés afin qu'ils soient informés de la connaissance vraie dans la sagesse de la conscience ouverte. J'émis le souhait profond que l'éducation parentale et scolaire évoluent dans la conscience du cœur Christique.

Chapitre 10

ASCENSION PLANÉTAIRE OU APOCALYPSE ?

J'étais encore en recueillement et pourtant se bousculaient en moi tous ces évènements de l'actualité planétaire de ces dernières années : la pandémie au corona virus exagérée, dramatisée et mensongèrement expliquée à l'humanité par les médias soumis aux instances dirigeantes malveillantes, également la guerre entre la Russie et l'Ukraine, puis la guerre entre Israël et la Palestine, avec la volonté affichée des élites à déclencher une troisième guerre mondiale. Je pensais aussi à la crise climatique indûment imputée aux conduites humaines du citoyen lambda, également à la nouvelle poussée d'inflation – prémisses d'une crise financière occidentale voire mondiale, grave et calculée –, et encore au développement de la surveillance par reconnaissance faciale numérique à notre insu, avec privation croissante de nos libertés. Je focalisais enfin sur l'inversion des valeurs Christiques – en particulier avec l'incitation aux transgressions sexuelles –, sur la destruction de la culture traditionnelle de chacun des pays afin de tuer la sagesse ancestrale, et sur l'aliénation future à l'intelligence artificielle.

Mon Guide de Lumière fit descendre sa Lumière sur moi en un torrent d'énergie apaisante qui m'enveloppa et me pénétra. Dès que je fus à nouveau centrée en mon cœur, Il reprit :

« Tu le sais, votre Terre est votre mère nourricière ; elle vous protège. Cependant, elle n'en peut plus des mauvais traitements qui lui sont infligés. **L'eau** des lacs, des rivières, des fleuves, des mers et des océans est salie, alourdie, souillée, contaminée. Les métaux lourds, les produits chimiques polluent la nappe phréatique : pesticides, molécules chimiques des médicaments éliminés par les émonctoires des êtres humains, ainsi que les hormones déversées dans les eaux usées suite aux innombrables contraceptifs consommés par les femmes, aux divers traitements hormonaux accompagnant à tort la ménopause, aux anabolisants donnés aux animaux pour une exploitation plus rentable. **L'air** que vous respirez est chargé en dioxyde de carbone, en particules radioactives, en nanoparticules suite aux chemtrails diffusés dans le ciel par les avions. **La terre des sols** est mourante, privée de ses sels minéraux, de son terreau vivant, de ses haies protectrices, de ses vers, de ses abeilles et autres animaux indispensables à son équilibre. Elle est asphyxiée par les nitrites qui s'échappent dans l'air, puis se redéposent sur les sols lors des pluies et elle est contaminée par tous les pesticides encore utilisés. **Le climat** est perturbé par toute cette pollution industrielle et chimique, par cette manipulation négative opérée par géo-ingénierie. Les **nuages** sont artificiellement détournés pour assécher, ruiner certaines régions sacrifiées car jugées et condamnées comme sans intérêt, au profit d'autres endroits désertiques transformés en zone luxuriante réservée à la jouissance d'êtres humains riches et pactés à la source sombre. **Les fruits et les légumes** sont empoisonnés par les pesticides et dénaturés par les cultures avec organismes génétiquement modifiés ou OGM. Désormais les **nanoparticules, l'ARN messager et le graphène** contenus dans les injections géniques expérimentales mensongèrement recommandées, voire exigées, lors de cette pandémie à coronavirus orchestrée par les instances dirigeantes, sont également **introduits depuis** dans d'autre vaccins, traitements ou aliments et conduisent à l'apparition de maladies auto-immunes et de troubles de la coagulation invalidants, de cancers terrassants – en particulier du pancréas –, de modifications du génome humain et d'aberrations chromosomiques. **Les codes Christiques originels du génome** sont menacés, vrillés en codes reliés à la source de synthèse, faisant muter la race humaine vers davantage d'êtres déconnectés de la Source Divine, êtres devenant alors une proie pour l'intelligence artificielle, ceci jusqu'au puçage. Le but de transformer l'être humain en cyborg n'est plus utopique. »

Ces derniers mots me firent tressaillir.

« Que nous réserve l'intelligence artificielle ? » balbutiai-je.

« Le but recherché par vos élites est la transformation de l'être humain en un individu mi-humain, mi-robot et donc un être facile à dominer, à manipuler et à transformer en mouton docile ! Je développerai ce thème dans le cinquième et dernier livre intitulé *L'accomplissement* !»

J'étais consternée. Christ'Al Shaya me redonna espoir :

« Seule la progression de **l'éveil des humains jusqu'à atteindre 20 % de l'humanité,** provoquant ainsi la montée de la vibration de la planète, **peut** faire blocus à cette stratégie maléfique des forces sataniques et **sauver la planète Terre. Pour cela l'union de tous les êtres humains éveillés est nécessaire ; leurs idées et actions complémentaires doivent maintenant se faire en réseau uni, efficace et pacifique.**

Le lien d'amour de Mère Terre avec vous, les êtres humains, est si grand, si intense et si beau que Gaïa ne se révoltera ni par ressentiment ni par méchanceté, simplement pour un **réajustement du respect dû à tout ce qui est vivant et pour un retour vers la norme du Créateur.** Votre Terre bien aimée continue à nourrir de ses récoltes foisonnantes toute la population. Néanmoins, vous le savez maintenant, elle n'abreuve désormais de son amour que les êtres humains connectés à elle, ceux qui sont reliés au Ciel et à la Terre via leur cœur. Ainsi tout être qui se coupe de son cœur, de la Terre et du Ciel sera à nouveau nourri de l'amour de Mère-Terre uniquement dès que sa connexion à la Terre et au Ciel via son propre cœur prendra ou reprendra vie.

Votre planète va encore vivre des secousses sous forme de tremblements de terre, de tsunamis, de tornades, d'inondations, de sécheresse, de variations climatiques brutales en différents endroits du globe.

Ne craignez rien !

Si vous êtes **reliés au Ciel et à la Terre, centrés en votre cœur dans un désir pur et sincère d'agir au quotidien** en tant qu'artisan de Lumière, vous serez préservés, ceci quels que soient les stratagèmes de destruction utilisés par la source de synthèse.

Si vous êtes coupés de la Source Divine Première, vivez ce que vous aurez à vivre, là où vous serez. »

Les mots : *tout est juste* me traversaient l'esprit. J'étais sereine, dans la confiance totale de l'amour de Mère Terre et de la justesse parfaite du Plan Divin.

« Que se passe-t-il pour l'être humain éveillé et donc connecté consciemment à la Lumière Divine qui se retrouve au milieu d'un tremblement de terre ou un tsunami ? »

« Tout est juste ! Si un être humain connecté à la Lumière Divine meurt et quitte la planète au milieu d'un tremblement de terre provoqué par les apprentis sorciers de l'ombre, il se peut que son âme ait choisi ce moment pour partir vers d'autres plans, ou que son mandat d'âme passe par cet évènement, ou qu'un reste de karma personnel ou collectif relatif à son peuple lui fasse vivre cela. Si son bon vouloir est pur et sincère, cette âme sera inondée de l'aide

Divine intense et poursuivra vaillamment et aisément son chemin de l'ascension dans l'Au-delà »

L'actualité sur notre planète était si tendue en cette période de 2024 que j'évoquais les tensions entre les divers pays du globe, et les crispations au sein de la population exaspérée des différentes nations, en particulier de notre pays la France.

Mon Guide de Lumière reprit :

« Les forces de l'ombre ont planifié depuis bien longtemps tout ce qui se déroule actuellement sur les plans historique, économique, politique, social, humain, religieux et spirituel. Comme expliqué précédemment, les serviteurs pactés à Satan et à la source sombre sont très actifs pour installer sur votre planète un fonctionnement obéissant aux ténèbres, donc marchant totalement à contre-courant des Lois Divines et des Principes Divins sacrés, et inculquant donc aux êtres humains prisonniers de la matrice de synthèse **l'inverse des valeurs Christiques**, les aliénant ainsi à **l'anti-vie**.

La plupart de vos gouvernants sont malveillants envers l'humanité.

Trois possibilités s'offrent ainsi à vous tous, les humains de la Terre :

- Ou bien la **vibration globale de l'humanité stagne** au niveau qu'elle a atteint aujourd'hui et une guerre civile éclatera en certains pays de l'Europe dont la France, avec hostilités et violences entre les citoyens d'une part, et d'autre part, transformation en guerre mondiale du conflit existant pour le moment entre Israël et la Palestine et entre l'Ukraine et la Russie.

- Ou bien la **vibration actuelle baisse** et la guerre mondiale sera nucléaire avec destruction massive et barbarie au sein des populations.

- Ou encore la **vibration de l'humanité s'élève** parce de plus en plus d'êtres ouvrent leur cœur et leur conscience dans un discernement sans complaisance et les conflits internationaux entre les nations, et internes au sein des pays, seront éteints, évités. »

Me venaient à l'esprit les propos de certains êtres humains révoltés par le fait que Dieu n'empêche pas ces turbulences et calamités.

« Tu le sais maintenant, **Dieu Divin Père Mère n'a rien à voir avec les évènements catastrophiques vécus sur Terre par les êtres qui y vivent !** Dieu a créé des âmes parfaites qui, une fois sorties de la Source Divine Première, ont fait en toute liberté leurs propres choix, obéissant tour à tour pour beaucoup d'entre elles à la Lumière Divine et parfois à l'ombre. Ce que Dieu vous demande est de **vous positionner librement** et de revenir à la Maison du Père, comme il est dit dans les écrits bibliques, c'est-à-dire au Paradis. Et pour parvenir au Paradis après les pérégrinations de l'âme dans les diverses vies vécues, il est impératif que l'âme soit redevenue parfaitement pure. »

Je ressentais l'immense cadeau du Divin Père Mère qui nous offre cette possibilité de vivre et cheminer par essais et par erreurs, jusqu'à emprunter définitivement le chemin qui mène à l'illumination dans l'état de perfection absolue retrouvée.

Mon guide de Lumière ponctua :

« Cette incommensurable miséricorde Divine permet aux âmes de revenir à la Maison du Père pures comme au départ, et encore mieux de revenir enrichies de multiples expériences. Certaines de ces expériences sont positives et propulsent vers la Lumière, tandis que d'autres sont négatives nécessitant alors la réparation qui, si elle a été souhaitée, pleinement vécue, acceptée et réussie, efface totalement toute trace d'égarement. »

Ma gratitude était profonde. Je mesurais la liberté totale de chaque être humain et sa pleine responsabilité quant à ses choix et à son devenir.

« Oui c'est cela ! insista Christ'Al Shaya. L'être humain est toujours responsabilisé et **responsable** de ses actes, en toute liberté de choix, aidé en permanence, s'il l'accepte, par sa guidance de Lumière. **Dieu Père Mère n'est absolument pas relié à ce qu'il se passe sur Terre**. Les pensées, les paroles et les actes des êtres humains sont soumis aux Lois Divines et c'est l'être humain qui choisit à chaque instant la façon dont il agit en son âme et conscience. Ce qu'il advient sur votre planète est tout simplement le **résultat logique et implacable des conséquences** des pensées, des paroles et des actes des êtres humains **soumis aux Lois Divines. En profond respect du libre choix de l'être incarné sur la Terre**, Dieu autorise ce qu'il se passe.

Son souhait incommensurable est l'évolution positive des âmes sur le chemin Christique de l'ascension **jusqu'à atteindre le Paradis pour l'éternité**, dans un bonheur parfait et éternel. En ce sens, comme tu l'as rappelé juste avant, Dieu met à votre disposition l'aide immense de la guidance de Lumière, de la réparation, de l'accompagnement par les anges, les archanges, les êtres essentiels de la Nature et tous les êtres de Lumière missionnés depuis l'Agartha de l'Intra-Terre, également depuis Venus, Les Pléiades, Arcturius, Sirius et le Paradis. »

Il m'apparaissait si important que tous les êtres humains aient connaissance de cette explication afin de dissoudre leur colère, leur révolte et leur sentiment d'injustice et ainsi de se remettre en question et travailler à purifier leur âme.

Allions-nous réussir cette transition vers le nouveau monde en douceur et avec le maximum d'harmonie ?

Je me remémorais les écrits de l'apocalypse mentionnant les trois jours d'obscurité.

Christ'Al Shaya reprit :

« Les trois vagues de turbulences énergétiques qui ont déjà secoué la Terre fin 2019, fin 2020 et fin 2022 ne sont en aucun cas l'apocalypse. Tel un travail préparatoire, ces trois vagues ont permis en toute logique et en obéissance aux Lois Divines régissant l'Univers, un processus inévitable de nettoyage, de tri, d'assainissement de votre Terre, de façon à enfin autoriser par la suite la métamorphose de votre vie en troisième dimension vers un monde en 5cinquième dimension et pluridimensionnel.

L'apocalypse en tant que telle est un évènement qui surviendra **plus tard** lorsque le **tri final,** celui qui sépare le bon grain de l'ivraie, sera justifié, compte tenu de l'arrivée au terme du cycle planétaire actuel de 26000 ans avec nécessité d'un bilan global rendant des comptes, ceci étant une façon imagée d'aider à la compréhension du phénomène. Elle autorisera **l'illumination des êtres Christiques bien avancés** sur leur chemin d'ascension avec propulsion au **Paradis** pour ceux qui sont devenus parfaits ou dans le **Royaume de mille ans,** dont je vous parlerai bientôt, pour ceux qui ont besoin d'un perfectionnement ultime. Elle enclenchera la **réparation et maturation des âmes en chemin vers la guérison des blessures** personnelles en les dirigeant vers les strates d'énergie et de Lumière correspondant à la densité de leur âme. Elle emmènera au sein des couches sombres de l'enfer les âmes rebelles et enfin dans l'enfer pur et dur les âmes rayées du Livre de la Vie. »

« Savons-nous quand se produira l'apocalypse ? » balbutiai-je.

« En 2018/2019, lors de la parution du tome 1 : *La Réparation* de *la Quête de l'Infini par les sons et la Lumière,* la vibration de l'humanité indiquait la fin des temps **actuels** autour de l'année 2034. Aujourd'hui, **l'éveil** des âmes a progressé, la **vibration globale de l'humanité s'élève** et l'apocalypse se produirait autour des années 2040. J'emploie **le conditionnel car l'espoir est immense** de voir la vibration de votre Terre monter et monter encore **autorisant alors un sursis et une transformation de la Terre, non plus apocalyptique, mais douce et harmonieuse**. »

La conclusion était sans appel : **la balle est dans notre camp**.

« C'est exactement cela ! Dès maintenant et encore davantage à partir et autour des années 2034 à 2040, **si** l'évolution vibratoire de l'humanité **va *crescendo*,** la Lumière pleinement présente et répandue efficacement sur la planète et au sein de l'humanité permettra **l'ascension douce et harmonieuse** de la **Terre et celle** des êtres **humains prêts à ascensionner avec elle.**

Cela signifie dans ce cas que les êtres vibrant sur la cinquième dimension et davantage continueront à vivre dans la félicité sur la Terre, alors que les êtres dont la vibration sera encore trop basse devront quitter la planète pour rejoindre la strate de l'Au-delà correspondant exactement à la densité de leur âme et poursuivre alors leur chemin d'ascension dans l'Au-delà. La planète Terre pourra ainsi s'élever de plus en plus, en même temps que ses habitants. »

« Un peu comme ce qu'il se vit dans l'Agartha de l'Intra-Terre ? demandai-je.

« Oui ! Exactement ! Cela sera un peu comme le camaïeu dimensionnel actuel en Agartha de l'Intra-Terre. Si la vibration de l'humanité monte suffisamment, la bascule vers le nouveau monde de la beauté se fera, et la Terre ascensionnera en un dégradé de vibrations, toutes élevées certes, néanmoins de plus en plus hautes. Cela ira de la cinquième dimension et aussi de la sixième dimension d'une partie de la Terre, jusqu'à des zones ou strates de la Terre de vibration pure et plus élevée.

Les âmes incarnées dont **la vibration haute le permettra** seront autorisées à rester en ces zones d'énergie lumineuse de la planète afin d'y poursuivre leur progression.

Les âmes incarnées dont la **vibration est insuffisante** pour supporter la nouvelle vibration de la Terre quitteront la planète pour rejoindre l'Au-delà à leur juste place

L'ascension réelle de ce plan terrestre et de celle des êtres incarnés y vibrant sur cette très haute vibration pourrait aller jusqu'à l'**illumination** par intégration **alchimique de la Lumière Divine** absolument partout dans les **êtres humains** profondément **éthérés** et intégration également de la Lumière Divine dans la **croûte terrestre**, emmenant alors, selon les Lois Divines, la planète Terre à son plus haut niveau vibratoire. Et comme en Agartha de l'Intra-Terre, les **êtres** devenus parfaits – et donc **illuminés** – auraient la possibilité de rester sur la Terre ascensionnée avec une mission noble et précise, ou bien de rejoindre soit directement, soit via le Royaume de mille ans, la plus haute strate d'énergie de l'Au-delà communément nommée le Paradis. »

Emplie d'espoir, je percevais le processus, même si des détails m'échappaient !

Christ'Al Shaya sourit avec bienveillance et poursuivit :

« Ces mots sont imagés et parlent à l'âme par la voie du cœur. La compréhension du phénomène progressera au fil des intégrations et de l'évolution de chacune et chacun. Il en va ainsi de l'intégration par les humains connectés à la Lumière Divine de la connaissance vraie Universelle. »

« Qu'en est-il alors de l'avenir de notre planète **si** la montée vibratoire est insuffisante d'ici ces années de transition se situant autour de 2040 ? » m'enquerrai-je.

« Ta question pertinente rejoint les **écrits de l'apocalypse** relatés par l'apôtre Saint-Jean, ami de Jeshua et également mon ami, lors de notre vie terrestre chez les Esséniens.

Si la montée vibratoire est insuffisante d'ici la fin de ce cycle terrestre actuel de 26000 ans qui touchera à son terme à partir et autour des années 2034 à 2040, il y aura de toute façon transmutation obligatoire de la matière avec recyclage.

Ainsi il y aura projection directe de l'âme incarnée de chaque être en la strate de l'Au-delà de densité égale à celle que cette âme aura atteinte à ce moment d'apocalypse, depuis le bas astral jusqu'au Royaume de mille ans, en passant par tous les niveaux d'énergie intermédiaires. Là où la vibration de l'âme incarnée sera pleinement Christique, la projection de l'âme se fera immédiatement vers le Paradis. Là où il y a refus total et inexorable de servir le Plan Divin avec dépassement du point de non-retour, il y aura désintégration et recyclage.

Autrement dit, il y aura ce **tri entre le bon grain et l'ivraie**, et chaque âme rejoindra la place qui est la sienne, dans une **justice parfaite** au sein du mécanisme parfait des rouages de l'Univers. La planète Terre sera soumise à la **transformation avec recyclage et redémarrage ultérieur à zéro** avec, comme déjà expliqué antérieurement, incarnation d'âmes choisissant le mandat de vivre sur cette nouvelle planète complètement remaniée dont le but et l'aspiration seront d'évoluer vers l'ascension en une durée maximale de 26000 ans. »

Je restai songeuse, tant les perspectives étaient **différentes selon la montée ou non de la vibration de l'humanité**.

« Quoi qu'il en soit, poursuivit mon Guide de Lumière, votre Terre se modifiera, ainsi que relaté ci-dessus.

Soit elle **ascensionnera dans sa globalité car la vibration de l'humanité sera suffisamment élevée, soit elle vivra l'apocalypse – comme ce fut déjà le cas lors du déluge de l'Atlantide il y a des éons de temps –**, permettant alors à ce moment précis et lors de grandes turbulences ici-bas, l'acheminement des âmes incarnées sur Terre au niveau de densité de l'Au-delà correspondant à celui de leur âme. »

Même si nous en avions déjà parlé plusieurs fois, mon âme appelait un rappel du déclenchement du déluge de l'Atlantide et mon Guide de Lumière reprit :

« Ta demande est juste ! Ce rappel est important ! Lors du cycle terrestre précédent, vivaient sur la planète Terre le peuple des Atlantes et celui de la Lémurie.

Les Atlantes se divisèrent en deux groupes : d'une part les Atlantes utilisant leur potentiel personnel puissant en allégeance au Plan Divin et donc au service du bien commun, et d'autre part les Atlantes gonflés d'ego qui mirent leur haut potentiel personnel au service de leurs propres intérêts et donc celui de la source sombre.

Les êtres de la Lémurie restèrent, eux, alignés aux Lois Divines. Lorsque l'impact de l'ego fut tel que **l'égrégore relié à cet ego malveillant** envers autrui devint énorme, alimentant abondamment en retour ces atlantes déviants, il y eut bascule de l'énergie et destruction totale. Le négatif l'avait emporté sur le positif. Et ce déséquilibre dysharmonieux, totalement contraire aux Lois Divines, provoqua l'engloutissement sous les eaux. »

Ce rappel résonnait tellement avec l'actualité planétaire de notre époque !

« Oui ! Tu as raison ! Les humains de la Terre en sont presque à ce niveau de rupture ! D'une façon imagée, votre planète est sur une crête de montagne avec d'un côté l'abîme des ténèbres vers lequel vous êtes constamment tirés par ce que vous appelez ce nouvel ordre mondial soumis aux forces sataniques et de l'autre côté de la crête ce royaume de l'Eden que serait votre Terre s'il y avait juste davantage d'êtres éveillés, c'est-à-dire d'êtres ayant le déclic de l'âme, prenant alors en toute logique les rênes de la planète avec remise à la norme du Créateur et donc bascule vers le nouveau monde de la beauté ! »

« Il y a réelle urgence ! », me disais-je.

« Vous disposez encore de quelques années décisives pour réussir à provoquer cette bascule de la Terre vers le monde de la beauté de la cinquième dimension et des dimensions supérieures !

Je vous demande instamment de **déployer toute votre énergie en ce sens** !

D'autant plus que la vérité va bientôt éclater dans tous les domaines sur Terre et que cette **divulgation de la vérité** va tellement choquer tous les êtres humains encore naïfs qui ont placé leur confiance en leurs gouvernants malveillants et dans le système actuel de vos sociétés modernes, que leur réveil sera très douloureux, pouvant générer beaucoup de colère et de tristesse ! Ces êtres naïfs enfin réveillés auront besoin **en urgence** et en abondance de **l'aide aimante**, du **non-jugement** et de la **compassion** de tous ceux qui sont **déjà réveillés** et qui donc ont compris la supercherie vécue en ces temps pervertis sur la planète, ceci afin d'éviter la trop grande violence d'une révolte de ces êtres humains terriblement déçus face à l'ampleur de la tromperie. Cette réelle trahison de l'élite actuellement gouvernante envers l'humanité est en effet **la plus grande trahison** vécue sur la Terre durant le dernier millénaire.

L'enjeu est de taille ! Sans une mobilisation active de vous toutes et tous, dans une **résistance active pacifique**, le point de non-retour, au jour d'aujourd'hui, se situe autour de 2040. Intégrez ces mots sans peur, juste au sens des mots du cœur qui parlent à l'âme, c'est-à-dire qu'il n'y a rien de mental, d'intellectuel en cet enseignement.

Rien n'est figé, absolument rien ! Il y a simplement la sagesse à saisir :

Persévérez ! Continuez à élever votre vibration d'âme et la **métamorphose vers la beauté** se fera, rendant inutile le passage par l'apocalypse ! »

Emplie d'espoir, la conclusion s'imposait :

Tout est encore possible si l'humanité se réveille et se mobilise pacifiquement !

Chapitre 11

LA RUSSIE ET LE MOYEN-ORIENT

Ma pensée voguait vers cette guerre actuelle entre **l'Ukraine et la Russie**, conflit qui prenait tant de place dans les médias et déchainait tant de réactions.

« Il est juste d'en parler maintenant, intervint Christ'Al Shaya. Ce conflit armé en Europe de l'Est a été soigneusement organisé par l'Occident qui a provoqué la Russie jusqu'au bord de sa propre frontière. Il est vrai que la Russie sur la défensive a déclenché ce conflit, ceci dans le but de freiner l'installation du gouvernement mondial soumis aux ténèbres et voulant l'aliénation de l'humanité aux forces sombres. Et l'information qui vous en est transmise en Occident par vos médias corrompus puisqu'achetés par le pouvoir en place, se base sur une **propagande mensongère** véhiculant encore et toujours la peur qui paralyse et culpabilise les populations si toutefois elles ne sont pas éveillées et averties dans leur discernement en conscience et dans le cœur.

La Russie est actuellement diabolisée. Certes, elle n'est pas toute blanche ni l'Occident tout noir ; cependant ce pays a un rôle capital, celui d'**ouvrir une nouvelle voie qui permette au Plan Divin de descendre sur votre planète bien-aimée**. Il n'est pas ici question de cautionner un chef d'état ou un autre, simplement **la Russie** reste un pays dont **l'aspiration collective de l'âme** est grande. Ce pays a déjà énormément souffert et a été fortement brimé durant de longues périodes de façon à freiner la force spirituelle de son peuple. L'idéologie communiste entièrement conçue par les êtres au service de la source de synthèse a accablé ce pays durant la guerre froide, cherchant ainsi à saboter la grande sensibilité du peuple russe, en particulier à l'art et à la musique, ainsi qu'à entacher sa pureté émotionnelle et ses facultés inventives au service de la santé holistique et donc au service de l'humanité. »

En tant que médecin, les inventions géniales de matériel de diagnostic et de soins russes me venaient à l'esprit, me remémorant les immenses bienfaits sur la santé obtenus grâce à ces appareils conçus par les chercheurs russes.

Christ'Al Shaya acquiesça et poursuivit :

« D'autres populations de certains **pays slaves** ont également été cassées pour saboter la puissance intrinsèque du peuple. Vous avez par exemple en mémoire la dislocation de l'ancienne Yougoslavie en Serbie, Croatie, Macédoine du nord, Slovénie, Bosnie-Herzégovine et Monténégro.

De par sa réceptivité à la vibration Divine, la Russie est actuellement la nation **choisie par le Plan Divin** pour tenter de freiner le déchainement des forces négatives sur la planète, dont les conséquences sont catastrophiques sur l'humanité, le but évident des forces sombres étant la perte de l'identité de chacun permettant alors une domination globale mondiale imparable.

Très loin de toute considération politique, il est alors uniquement question de se rendre compte que **la Russie** est la **nation choisie dans sa globalité physique, émotionnelle, intellectuelle et spirituelle** par le Plan Divin pour se voir confier cette **mission de sauvetage des hautes valeurs Christiques**. Les Ukrainiens natifs le répètent : Russes et Ukrainiens, nous nous sommes toujours sentis comme des frères… Oui le conflit d'intérêt et la propagande mensongère se trouvent en haut de la pyramide des dirigeants des pays et non au sein des peuples liés par le cœur. »

« Que va devenir ce conflit ? » balbutiai-je.

« L'aide des Vénusiens, des Pléiadiens, des Arcturiens est omniprésente. Cette aide veille à calmer l'escalade et vise à faire échouer les bombardements dangereux. Elle est assurée par quantité de missions effectuées par ces êtres de Lumière depuis leur étoile, ou encore indirectement depuis leur étoile en guidant des êtres humains connectés à eux sur la Terre. Quant aux êtres de Lumière de Sirius, ils ont un rôle de chef d'orchestre à distance dans la coordination globale des missions de défense, protection et sauvegarde de la Terre.

Cette protection intense par les êtres de Lumière tend à faire gagner les meneurs qui défendent les valeurs Christiques, même si leur personnalité et leur politique sont loin d'être totalement alignées aux Lois Divines. »

Je pensais aux élections régulières au sein des différents pays et aux grandes élections dans certains pays du globe et, consciente que la perfection n'existe pas encore sur notre planète, je souhaitais de toutes mes forces que les rares candidats actuels capables de ramener leur pays à plus d'harmonie et aptes à contrer l'inversion des valeurs Christiques, accèdent aux commandes du pouvoir et j'appelai la protection Divine sur ceux qui veulent la paix et respectent le vivant.

« Oui, la **protection Divine** descend sur les leaders qui, même imparfaits, prendront en toute bienveillance des mesures en faveur du rétablissement de la vérité et du respect des valeurs Christiques. Ces leaders préparent le terrain souvent du mieux qu'ils le peuvent et contribuent à ce que les **nouveaux meneurs de la génération montante** puissent éclore et prendre toute leur place. Ces nouveaux meneurs de la génération montante sont **lumineux**, leur idéal est **grand** et leur mission d'âme **noble**. Grâce au soutien de tous les artisans de Lumière actifs et à la montée régulière de la vibration globale de l'humanité, ils sont l'avenir de votre planète la Terre. »

Pleine d'espoir, je revenais à la guerre entre la Russie et l'Ukraine et Christ'Al Shaya reprit :

« De là où nous sommes, Nous sommes **confiants** en l'issue finale de cette guerre entre la Russie et l'Ukraine car, en accord à ce qui a été dit juste avant, la vibration de l'humanité monte un peu plus chaque jour et de plus en plus d'êtres s'éveillent. Cependant les drames seront nombreux et à ce jour, rien n'est encore totalement joué. Il est crucial que les humains de la Terre se responsabilisent davantage et **se positionnent** fermement en faveur de la Lumière. »

Je priais pour le réveil de la population et Christ'Al Shaya reprit :

« Je le répète, il est essentiel que vous tous, artisans de Lumière, vous soyez pétris de **paix profonde à l'intérieur de vous en votre cœur Christique**, afin qu'elle soit florissante et puisse **se déverser à flots** de votre cœur vers votre pays et au sein de l'humanité.

De la force de votre paix intérieure et de la puissance de votre amour peut enfin naître une désobéissance civile pacifique, autrement dit une résistance active pacifique prodigieusement efficace et bénéfique, plutôt que des affrontements sanglants d'une guerre internationale ou civile nationale, autorisant alors une répression sévère et pénalisante pour les populations. Cette désobéissance civile pacifique sous la forme de **résistance active pacifique** est alors capable de devenir **planétaire** et ainsi, en boycottant tout ce qui n'est pas aligné aux Lois Divines, de freiner ainsi **définitivement** le plan diabolique des forces sombres. Cette résistance active **pacifique** peut devenir **surpuissante** sous sa forme de rébellion déterminée et en toute sérénité, ceci dans **l'unité totale et pacifique.** »

Je songeais alors au corps de l'armée et à celui de la police. Un immense espoir jaillissait soudain en moi !

« Oui ! tu as raison ! Le soutien de l'armée et de la police au peuple uni dans une résistance active **pacifique** sera déterminant, les dirigeants d'un pays devenant totalement impuissants sans l'appui des forces armées. Le rôle de la base qui bouge est crucial, car alors tout se renverse. L'élite négative est en déroute et perd le contrôle si **la base est unie en un bloc pacifique déterminé.**

Certains êtres incarnés sur la Terre et dont l'âme belle et courageuse dénonce la mafia sombre embrigadant la planète dans une matrice de synthèse, sont déjà bien investis dans ce projet et lancent **des appels à l'union** régionale, nationale, internationale, **des appels à unir vos cœurs, vos convictions et votre positionnement commun en allégeance au Plan Divin.** Ces êtres meneurs sont bénis et, de Là où nous sommes, Nous les aidons.

Plus vos cœurs déverseront la **paix et l'amour** autour de vous et au sein de l'humanité et plus les conséquences des turbulences que vous vivez seront **adoucies !** »

Me venait alors à l'esprit **le conflit entre Israël et la Palestine.**

« Pourquoi un tel conflit, de plus existant depuis si longtemps ? » demandai-je.

« Encore une fois dans votre monde actuel, rien n'est tout blanc ou tout noir. Cependant, les quelques dirigeants du peuple d'Israël adhèrent à des dogmes déviants et désalignés aux Lois Divines, donc contraires à la bienveillance, l'amour et la compassion. Leur conduite est ambivalente : en effet le but de ces dirigeants est de semer la division et la guerre, au point d'aller jusqu'à créer et financer leur ennemi pour mieux le condamner et le combattre ensuite dans des affrontements sanglants qui fragilisent le peuple et installent la confusion et la peur au sein de la population.

De fait, ces dirigeants entraînent la population dans de terribles épreuves et turbulences alors que le peuple ne le souhaite pas, tant il sait vivre **en harmonie au quotidien** avec le peuple palestinien et, de même que les Ukrainiens et les Russes se sentent frères, Juifs **non** membres de la junte dirigeante et Palestiniens **non** extrémistes le sont également. »

« Pourquoi les habitants d'Israël et de Palestine vivent-ils ces atrocités, n'étant ni les responsables ni les décisionnaires ? » m'exclamai-je, même si je pressentais la réponse en mon for intérieur.

« Tout est juste dans l'Univers, les Lois Divines sont parfaites et rien n'échappe aux rouages de l'Univers. Les habitants de ces pays vivent là pour diverses raisons : ils appartiennent au karma collectif du peuple, ou ils ont une réparation de karma d'une ancienne vie correspondant à ce vécu, ou ils viennent expérimenter cette façon de vivre pour grandir, ou ils sont liés karmiquement à d'autres êtres du pays, ou encore ils ont un mandat d'âme à réaliser en ces terres du Moyen-Orient, encore nommés Terre sainte, en cette époque sulfureuse. »

Je réalisai que **personne ne subit** une situation, qu'elle soit agréable ou malheureuse.

Christ'Al Shaya renchérit :

« Oui ! Tout est absolument juste et répond strictement à la Loi d'affinité et d'attraction et à la Loi de la réciprocité des effets. Rien ne saurait échapper aux Lois Divines, quoi que l'humain désaligné fasse. »

Mon regard embrassa alors le Cosmos et mon Guide de Lumière poursuivit :

« Le troisième œil ouvert de certains êtres leur permet de mesurer ô combien cette guerre terrestre existe aussi au niveau **subtil galactique** et ô combien elle est conséquente, tout en constatant que la Lumière a déjà gagné à d'autres niveaux dimensionnels, et qu'il est **urgent que l'éveil se propage toujours plus sur votre planète bien-aimée** afin d'y installer également définitivement la victoire du plan de Lumière Divine et donc le bonheur pour toutes et tous. Il n'est en aucun cas question de se polariser sur ces forces négatives, il est juste besoin d'être dans le **discernement du cœur et de la conscience afin de ne pas être piégés, manipulés, entraînés dans la vrille de la perversion**. »

Je ressentais l'immense danger du manque de **discernement,** plaçant alors l'être humain sur un chemin désaligné.

« Si vous êtes vigilants, reprit Christ'Al Shaya, vous ne tomberez pas dans une léthargie néfaste ! En veillant de toutes vos forces, d'une part à prendre des temps de méditation et de prière afin d'élever la vibration de votre âme, et d'autre part à travailler sur vous-même au quotidien pour guérir vos blessures et transmuter en Lumière vos points d'accroche avec l'ombre, votre **discernement progresse** ! Et le discernement vous permet de ne pas sombrer dans la paresse de l'âme et donc d'ouvrir toujours davantage votre conscience et votre cœur !

L'expansion de la **conscience** est **indissociable** de l'ouverture du **cœur** si vous choisissez de vivre en harmonie et en alignement au Plan Divin. »

Je visualisai les êtres artisans de Lumière éveillés, éclairés dans leur discernement et unis !

Mon Guide de Lumière conclut :

« **Là où vous êtes**, dans votre village, votre ville, votre pays, votre continent, **soyez unis en paix et dans l'amour pour permettre la bascule** vers le nouveau monde auquel vous aspirez tant !

Chaque perle de paix est utile, chaque flot d'amour jaillissant du cœur est salutaire et vous êtes **toutes et tous co-acteurs et co-responsables** du résultat et donc de votre avenir. »

Tout paraissait si simple, logique et juste ! **Notre puissance personnelle dans l'humilité du cœur** était au premier plan.

Chapitre 12

LE ROYAUME DE MILLE ANS

J'étais en pleine conscience de notre entière responsabilité face au devenir de notre Terre. Les mots **Royaume de mille ans**, que mon Guide de Lumière avait prononcés, dansaient en moi et suscitaient espoir, beauté, patience, persévérance, amour, bienveillance et joie.

Mon âme s'envolait, comme flottant dans les airs et un état de paix intense m'envahit.

« Bienvenue dans le Royaume de mille ans, en la couche rouge sublime d'Arcturius, s'exclama mon Guide de Lumière. Te voici dans l'Univers de la guérison suprême.» *(revoir l'illustration D : Les strates de l'Au-delà, chapitre 4 de ce tome 4).*

Une joie immense m'habitait. Une sérénité et une confiance inégalables s'emparaient de moi et comblaient mon âme. Quel délice de ressentir cela ! Mon âme avait besoin de marquer une pause et de savourer cette halte, juste pour contempler la beauté qui m'entourait. La Lumière rouge sublime était omniprésente. Elle était transparente, brillante, éclatante, scintillante, extrêmement légère et pure. Elle transportait une joie si intense, une bienveillance si puissante, une miséricorde si extraordinaire que rien d'autre n'était nécessaire.

« C'est cela, reprit mon Guide de Lumière ! Ce Royaume de mille ans est un lieu où la valeur temps n'a aucune importance – elle n'existe pas – et les âmes qui vivent là sont dans une paix totale, sachant en toute conscience pourquoi elles séjournent là et ce qu'elles vont faire et acquérir en ce lieu baigné par la Lumière rouge sublime. »

Mon Guide de Lumière était à mes côtés de façon, m'expliquait-il, à permettre à mon âme en voyage de se stabiliser et ainsi de percevoir la vision nette et précise de cet endroit de très haute énergie.

« Seule, tu ne pourrais encore y arriver ; ce lieu est si puissant, sa vibration est déjà si haute que ton âme a besoin que Je sois à côté de toi en la couche orange or lumineux d'Arcturius pour te permettre depuis cette couche orange or lumineux cette vision du Royaume de mille ans. »

Je sentais parfaitement l'aide puissante de mon Guide de Lumière qui rendait possible cette vision à la fois proche et intense. Ma vision était claire : je séjournais dans la couche orange or lumineux d'Arcturius et la vision me montrait une projection de mon âme au sein du Royaume de mille ans. Je découvrais des êtres extrêmement lumineux, d'une très grande taille d'environ six mètres de haut et portant tous de longs et magnifiques cheveux aux reflets scintillants de Lumière. Ces êtres gracieux et élégants se déplaçaient avec une immense légèreté, sur un tempo lent et majestueux tout en étant extraordinairement rapides. Certains chevauchaient avec aisance et beauté une licorne et ce spectacle ravissait mes yeux subtils. Quelle agilité et quelle grâce émanaient de ces animaux divinisés et de ces chevauchées harmonieuses ! J'étais complètement émerveillée.

Le sol semblait un délicieux tapis moelleux, parsemé de fleurs multicolores baignées par la Lumière rouge sublime. Les cailloux scintillants renforçaient la beauté de ce tapis. L'harmonie était telle entre les êtres lumineux vivant là, les animaux majestueux, les végétaux luxuriants de beauté et les minéraux splendides que la sensation de bonheur emplissait tout mon être. Des édifices répondant totalement à la géométrie sacrée parsemaient le paysage. Tout était Lumière pure, intense ; les courbes des édifices de cristal aux reflets magiques scintillant sous la Lumière rouge sublime invitaient à la prosternation et inspiraient la contemplation.

« Que font ces êtres lumineux de très grande taille disposés en un cercle parfait ? » demandai-je à mon Guide de Lumière.

« Ces êtres pratiquent l'échange énergétique, c'est-à-dire qu'ils laissent circuler entre eux, d'un cœur à l'autre, l'énergie Divine qui les traverse de façon à ce que chaque âme reçoive de cette énergie Divine ce dont elle a besoin. Cette énergie porte également la vibration des expériences pures et instructives vécues par chaque âme pour son grandissement et enrichit ainsi chacun des êtres du cercle. »

Je ressentais une solidarité absolument intense entre ces êtres lumineux baignés par la Lumière rouge sublime. L'amour qui émanait d'eux était si fort que je demandais à mon Guide de Lumière pourquoi ces êtres n'étaient pas sur la Haute Planète Dorée nommée le Paradis.

« Le Royaume de mille ans, me répondit-Il, est **l'endroit où l'on apprend à devenir parfait.** Les âmes qui parviennent à ce niveau vibratoire sont déjà très avancées dans leur état de pureté Christique ; cependant, des ajustements sont encore nécessaires, et ce lieu de très haute énergie aide ces êtres en total bon vouloir et en complète allégeance au Plan Divin à travailler sur leurs ultimes imperfections. Chaque trace encore persistante de blessure d'âme va être soignée. A ce stade, il n'y a plus d'actes désalignés, même pas une réelle pensée non alignée ; il existe encore juste **l'ébauche** de pensée désalignée à corriger définitivement. »

J'étais profondément touchée par l'émanation d'amour autour de ces êtres lumineux. Leur amour était un baume de guérison ; il me semblait que plus rien ne pouvait faire mal ou déranger tant l'amour était puissant.

« Oui c'est cela ! reprit Christ'Al Shaya. L'amour est roi en ce lieu saint, ultime passage avant le Paradis éternel. Les êtres qui vivent en ce Royaume de mille ans se purifient sans relâche jusqu'à devenir parfaits et franchir alors pour toujours le seuil du Paradis. »

« Comment procèdent-ils pour progresser jusqu'au nettoyage total de leur aura ? »

« La purification de chaque âme se fait au rythme choisi par chacune d'elle. En tout premier lieu, **la contemplation et l'adoration** de Dieu Divin Père Mère permet à chaque instant une intégration plus ample de la Lumière Divine en les corps causal, bouddhique et Christique existant en tant que véhicule de l'âme à ce niveau d'énergie de l'Au-delà. Le corps causal est quasi immaculé car le karma à ce stade a disparu ; seules subsistent quelques faiblesses résiduelles comme de simples **ébauches** de pensées moins alignées qui ne prennent pas corps car elles sont immédiatement éclairées par l'amour bienveillant des autres êtres de l'entourage et enveloppées d'un flot d'amour pour se dissiper. Ces ébauches de pensées sont issues des vies antérieures terrestres ou galactiques et non encore complètement guéries. Là est la raison du séjour des âmes dans le Royaume de mille ans. »

« L'adoration de Dieu Divin Père Mère soigne les faiblesses résiduelles ? » demandai-je, subjuguée par la force de l'amour ressenti à ce niveau de l'Au-delà.

« Oui, ma chère fille galactique, la contemplation et l'adoration de Dieu Divin Père Mère purifient et guérissent intensément. L'adoration du Divin Créateur permet à l'énergie du Divin Père Céleste et à l'énergie des Mères Divines de circuler intensément en les corps de Lumière de l'être séjournant dans le Royaume de mille ans et le place ainsi en allégeance permanente au Plan Divin. Le bon vouloir des âmes à ce stade est si intense et si pur que l'adoration est vécue dans une concentration immense, une dévotion absolue et une gratitude infinie. »

« Comment-fait-on pour adorer ainsi ? » ajoutai-je, soucieuse d'aider mes frères et sœurs humains à s'initier déjà sur Terre à l'adoration Divine.

« Merci à ta générosité d'âme ! Oui il est important et magnifique de commencer l'adoration Divine sur Terre car elle apporte sagesse, discernement, ouverture du cœur et purification. Elle ne peut atteindre l'intensité de l'adoration vécue dans le Royaume de mille ans ; cependant elle est source de cadeaux gigantesques pour l'âme de l'être humain qui s'y adonne. »

« Comment fait-on ? questionnai-je aussitôt.

« Tout simplement, l'être humain désireux d'entrer en adoration de Dieu Divin Père Mère se met en prière ; il oublie son mental et fait un **focus sur la Lumière Divine**. Il peut commencer par réitérer son vœu d'allégeance au Plan Divin en se rappelant les Lois Divines et les Principes Divins sacrés ainsi qu'en renouvelant sa promesse sincère et pure de vivre en **harmonie avec le Cosmos** et de remplir au mieux sa **mission de vie** *(Revoir le chapitre 1 de ce tome 4)*. Il se laisse ensuite porter par la vibration haute de la Lumière Divine et son âme baigne dans les champs lumineux célestes, protégée par ses guides de Lumière. Lors de l'adoration, l'âme est emplie de **gratitude** et cette gratitude est source de soin car elle attire d'une façon plus intense les particules adamantines emplies de Lumière Divine et en facilite l'intégration cellulaire. L'adoration est source de joie immense ; en vénérant Dieu Père Mère, elle active les **retours positifs selon la Loi Divine de la réciprocité des effets**. »

Je ressentais l'impact majeur de l'adoration des êtres envers le Divin là au sein du Royaume de mille ans. Ces êtres lumineux étaient prosternés en adoration dans une attitude élégante, digne et pieuse. Ils étaient majestueusement grands et en même temps tout petits tant ils étaient prosternés devant la toute puissante et souveraine Divine Lumière. Je voyais les ondes de bonheur tournoyer autour de leur aura et nourrir leurs corps énergétiques. L'adoration semblait éternelle tant elle était intense, sincère, authentique et thérapeutique. »

« Oui, renchérit Christ'Al Shaya, je te confirme que le temps n'a plus d'importance à ce stade et que cette sensation d'éternité est propice aux progrès et au bonheur. «

« Au Paradis, l'éternité est-elle encore plus intensément vécue ? ponctuai-je.

« C'est exact ! La vie sur la Haute Planète Dorée, communément nommée le Paradis, est infiniment éternelle ! C'est-à-dire qu'il n'y a plus de notion de début ou de fin, d'avancement linéaire, de vitesse ou de rythme d'action. Tout se réalise dans l'harmonie la plus totale, au bon moment, de la juste manière et de façon parfaite. Plus rien n'est figé. **Tout est mouvement car le mouvement est la Vie !** Tout est mouvement harmonieux vibrant sur l'onde Divine pure en allégeance à Dieu et pour le bonheur parfait de tous. »

« Outre l'adoration, comment procèdent les âmes dans le Royaume de mille ans pour guérir définitivement leurs faiblesses et devenir parfaites ? »

« Tu as raison, à côté de l'adoration, les âmes toutes très désireuses de guérir totalement, se voient proposer **des missions** extrêmement subtiles, comme dans les strates de l'Au-delà précédemment décrites. Ces missions sont autres dans le sens où l'âme ne se réincarne plus, comme depuis la couche jaune or lumineux des Pléiades. L'âme est au service du Plan Divin, en remplissant des missions seule ou en groupe. La **télépathie** existe absolument partout dans le Royaume de mille ans et la moindre once d'ébauche de pensée non alignée est immédiatement vue par toutes et tous, absolument pas dans le sens d'un jugement, uniquement dans une harmonie globale offrant l'amour et la compassion immenses de chaque être à celui qui en a besoin en vue de sa guérison. Il s'agit d'une solidarité aimante et géante qui relaie l'Amour Divin pour le projeter avec force vers l'être qui est en demande pour guérir. »

Les mots magiques de mon Guide de Lumière cheminaient en moi et je demandai :

« L'être va en réalité réparer les infimes traces de désalignement de son âme. Là est la mission commune de tous les êtres connectés à la Lumière Divine. Va-t-il aussi transmuter les ultimes traces de blocage ou de frein ayant empêché la complète réalisation de son mandat sur Terre, dans le cas d'une âme galactique s'étant engagée dans une mission juste avant son incarnation terrestre ? ».

« Oui c'est bien cela ! Le séjour dans le Royaume de mille ans offre la possibilité de guérir tous les résidus de manque, de vrille, de blocage ayant pénalisé la mission terrestre. Il n'y a plus aucune culpabilité, uniquement le désir absolu de réparer les moindres séquelles de failles. »

« C'est en somme une **réparation ultime avant la vie éternelle au Paradis** ! » m'exclamai-je.

« Exactement ! reprit en souriant mon Guide de Lumière. Du temps est nécessaire pour devenir parfait et, la notion de temps n'existant plus à ce niveau d'énergie de l'Au-delà, l'être en chemin vers la perfection chemine à son rythme, au gré des initiations et de l'adoration Divine. »

Des exemples de blessures d'âme pouvant freiner la mission sur Terre faisaient irruption en mon esprit. Christ'Al Shaya reçut mes interrogations et poursuivit :

« Si l'on reprend l'exemple de la blessure de l'âme ayant entraîné ultérieurement une **homosexualité,** *tel qu'expliqué dans le chapitre 9 de ce livre,* l'être devenu quasi parfait tout en portant encore sa blessure d'homosexualité est freiné pour franchir le seuil du Paradis. Cet être va vivre des initiations lui offrant l'opportunité de recouvrer avec amour son Féminin sacré originel ou son Masculin sacré originel, c'est-à-dire que le traumatisme brutal vécu antérieurement avec l'être du sexe opposé par son âme elle-même déjà porteuse de blessure de trahison et de rejet va **être gommé, ceci en apportant l'aide consciente** à d'autres êtres dans la même situation, vivant en d'autres niveaux plus faibles de Lumière.

Il se peut que cet être souffrant de la même blessure et nécessitant une aide séjourne déjà dans l'Au-delà, et l'âme du Royaume de mille ans va apporter vibratoirement son concours à cet être en organisant des situations de vie et initiations à valider par cet être en chemin, là où il se trouve, depuis Vénus jusque Arcturius. Pour ce faire, il projette son énergie à l'endroit du soin à donner et opère en union intime à la Lumière Divine.

Si l'être du Royaume de mille ans s'occupe d'un être souffrant de la même blessure que celle que lui-même porte maintenant extrêmement minime, et que l'être à soigner se trouve plus bas dans les strates de l'Au-delà ou qu'il soit même actuellement incarné sur la **Terre**, il va l'aider d'une façon indirecte en missionnant des **intermédiaires** qui, selon les deux grandes Lois Divines, seront forcément tous **en affinité** les uns avec les autres. Pour que cette aide puisse exister, il est obligatoire que l'être vivant sur la Terre et présentant une homosexualité souhaite réellement et fortement recouvrer son essence originelle.

Tu te rappelles, vous vous souvenez, l'âme intermédiaire qui se voit confier une mission va elle aussi, si elle mène à bien cette mission, progresser vers une strate plus lumineuse. Il s'agit d'une **chaîne vibratoire** : l'information concernant l'être en besoin de soin sur la Terre parvient vibratoirement jusqu'à l'être du Royaume de mille ans – via les êtres des strates intermédiaires missionnés pour cela – à condition que le **cri de l'âme de l'être incarné sur la Terre** soit sincère. Lorsque l'onde transportant depuis la Terre ce cri de l'âme arrive au

Royaume de mille ans, elle est reçue par l'être lumineux qui a choisi lui-même, en toute conscience, de guérir à la perfection sa propre blessure d'homosexualité et de retrouver ainsi son essence originelle. Celui-ci fait alors descendre sur l'être homosexuel incarné sur la Terre l'énergie Divine guérisseuse en guidant et coordonnant les âmes intermédiaires dans leur participation à ce travail de guérison. »

J'étais à nouveau émerveillée de cette entraide profondément juste s'établissant selon une chaine de maillons aimants et bienveillants offrant cette magnifique **solidarité aidante** qui fait progresser chaque maillon de la chaine, en vertu de la **Loi de la Réciprocité des effets.**

Christ'Al Shaya reprit :

« Il en est de même pour chaque reste de blessure ou séquelle de faille. Par exemple les êtres incarnés sur Terre qui ont connu **la dépendance ou l'attachement** progressent après leur mort terrestre dans l'Au-delà jusqu'à atteindre le Royaume de mille ans. Là, ils vont travailler sur les ultimes traces de dépendance ou d'attachement pour enfin rejoindre le Paradis pour l'éternité. Le processus sera le même que décrit précédemment : ils rempliront des missions par lesquelles ils aideront d'autres êtres des niveaux d'énergie plus faible ainsi que des êtres incarnés sur la Terre présentant la même problématique qu'eux. »

« Pourrait-on dire que dans le Royaume de mille ans, les êtres presque purs portent des traces **infinitésimales** des blessures ou failles qui ont marqué leur âme au cours de leurs pérégrinations dans le Cosmos ? » m'exclamai-je.

« Oui absolument ! s'exclama mon Guide de Lumière en riant. L'homéopathie est chère à ton cœur de médecin et cette image est vraie et tout à fait explicite pour nos lecteurs !

Les êtres séjournant dans le Royaume de mille ans sont devenus **extrêmement purs tout en présentant encore des traces infinitésimales** de leur principale blessure d'âme antérieure. Par exemple, l'être qui portait une blessure de **trahison** béante dans ses différentes incarnations terrestres – et durant ses pérégrinations dans le Cosmos si son âme est galactique et donc très vieille – va, une fois arrivé dans le Royaume de mille ans, travailler à se débarrasser totalement de la moindre et de la plus minime séquelle de sa blessure de trahison.

Pour ce faire, il s'adonnera à l'**adoration Divine** et remplira avec succès des **missions** venant en aide à des êtres vivants – comme nous venons de le voir – dans des niveaux de Lumière plus faible ou encore sur la Terre. Ainsi, si la blessure de trahison avait provoqué chez l'être qui se purifie au Royaume de mille ans une répercussion **somatique** durant son incarnation terrestre, sous forme par exemple de maladie neurologique, rhumatismale auto-immune ou de cancer, ce même être propulsé maintenant dans le merveilleux Royaume de mille ans va diriger son aide puissante sur **l'être humain qui vit la même chose et qui bien évidemment a le cœur ouvert à la Lumière Divine et donc souhaite de toutes ses forces progresser**

vibratoirement et ainsi améliorer ou guérir sa pathologie. L'être lumineux du Royaume de mille ans envoie une énergie de protection très intense pour empêcher les énergies négatives d'entrer dans les brèches de l'aura de l'être humain terrestre. Il permet ainsi de ralentir, voire d'éviter la maladie physique que ces énergies négatives auraient provoqué chez cet humain livré à lui-même, c'est-à-dire faisant seul face à l'attaque de ces énergies négatives ; l'être lumineux freine la rumination des pensées négatives dévastatrices qui s'ensuivent. Ainsi, l'aide de l'être du Royaume de mille ans renforce l'aura de l'être humain terrestre avec lequel il présente une affinité et instaure une gangue lumineuse de protection. »

Une autre question surgit :

« Un être lumineux du Royaume de mille ans peut-il s'occuper de plusieurs âmes en besoin, qu'elles séjournent dans les strates de l'Au-delà et/ou sur la Terre ? » questionnai-je ?

« La Lumière est toute puissante et l'aide véhiculée par un être du Royaume de mille ans est prodigieuse et peut intervenir auprès de multiples âmes, à la fois incarnées sur la Terre et non incarnées vivant alors dans l'Au-delà », confirma mon Guide de Lumière.

J'admirais ces êtres magnifiques œuvrant dans le Royaume de mille ans. Je vis l'un d'eux recevoir des autres êtres autour de lui une pluie d'énergie rouge sublime l'enveloppant totalement.

« Reçoit-il un soin ? » demandai-je.

« Oui c'est exact. L'être lumineux qui reçoit maintenant l'énergie rouge sublime a servi l'ombre dans certaines de ses vies antérieures terrestres, en ayant tissé des liens avec la source sombre lors de pactes avec l'ombre, en ayant pratiqué la magie noire dans certaines vies ou encore en ayant appartenu à des corporations de franc-maçonnerie dans d'autres vies. Aujourd'hui, il s'est libéré de toutes ces connexions et son âme est redevenue magnifique. Cependant, il existe encore des infimes ébauches de reliance, non pas négatives car sinon il ne serait pas arrivé en ce lieu sublime du Royaume de mille ans, simplement une très légère opalescence en deux endroits de son aura et l'ultime soin par la Lumière rouge sublime fait disparaitre définitivement ces deux aspects légèrement dépolis. Il était prêt à l'ultime guérison et le voici désormais guéri, blanchi. »

« Il va donc transiter vers le Paradis ? » m'exclamai-je emplie de joie pour cet être lumineux.

« Son bon vouloir et son travail sur lui-même sont extraordinaires et il est aujourd'hui d'une beauté et d'une pureté parfaites. Il est effectivement prêt à se laisser emmener pour l'éternité vers la Haute Planète Dorée, communément nommée le Paradis. »

« Comment ce passage se fait-il ? » demandai-je aussitôt.

« Je te réponds dans le prochain chapitre lorsque nous parlerons de Sirius. »

J'étais tout à coup subjuguée par des animaux de toute beauté, se déplaçant gracieusement en compagnie d'êtres lumineux. Je reconnus un lion, un chat et un aigle. Tous trois étaient au summum de la beauté et ils émanaient l'amour pur et puissant.

« Ce sont des animaux divinisés, reprit mon Guide de Lumière. Leur comportement sur Terre a été exemplaire et ils ont rejoint non pas l'âme groupe animale, mais le Royaume de mille ans. *(Tome 2, chapitre 20)*. Leur aide à la rédemption totale des êtres est immense ; par la simple émanation de leur amour et leur dévotion absolue à Dieu, ils emplissent les êtres lumineux qu'ils côtoient de leur Lumière et contribuent par une forme d'alchimie à dissoudre les dernières traces de tâche dans l'aura. »

Cela me rappelait le rôle bienveillant et bénéfique des chats sur notre planète Terre lorsqu'ils captent le mal de leur maître pour le remettre à la Terre. Christ'Al Shaya me le confirma d'un regard approbateur et empli d'un amour incommensurable, Il reprit :

« Au Royaume de mille ans, tous les êtres sont à l'école du Ciel. Il n'y a **ni premier ni dernier, ni plus fort ni plus faible.** Les Lois Divines sont les mêmes pour tous et pour tout le Cosmos et pourtant, chaque cas est particulier en ce sens que chaque réparation est spécifique à l'être concerné. Les âmes vivent dans l'amour Christique, l'amour de soi, l'amour des autres, le pardon à soi-même pour les erreurs anciennes et le pardon aux autres, dans l'amour inconditionnel. Lorsque l'aura est blanchie, la réparation est totale. Il n'y a plus aucune tache, aucune trace ; **c'est comme s'il n'y avait jamais rien eu.** »

« La culpabilité n'existe plus ! » ponctuai-je joyeusement.

« Non, la culpabilité a complétement disparu à ce niveau d'énergie. La rivalité et la comparaison également. Quelles que soient les fautes passées, à condition de ne pas avoir atteint le point de non-retour des âmes rayées du Livre de la Vie, l'âme les a réparées sur Terre ou tout au long de son cursus dans l'Au-delà. Ainsi, tous les êtres sont devenus égaux aux yeux de Dieu. »

La parabole de l'enfant prodigue me revenait à l'esprit *(Tome 1, chapitre 6).*

« C'est cela ! C'est exactement cela ! insista mon Guide de Lumière. De la même façon que l'âme qui est toujours restée très pure depuis son origine, l'âme qui a erré au gré des vies et qui a maintenant réparé ses erreurs est accueillie à bras ouverts dans les hautes sphères d'énergie. Comme vous le dites sur Terre, *l'ardoise est littéralement effacée.* Il n'y a **aucune hiérarchie** : quelle que soit la mission réalisée sur Terre, il n'y en a pas de plus belle ou de moins belle. Si l'être a mis tout son cœur et son bon vouloir à réaliser ce qu'il était venu faire sur Terre et qu'il a terminé sa réparation, peu importe la hauteur des responsabilités ou de la difficulté de ce qu'il avait à faire ; la mission est choisie par son âme et adaptée à son profil. La comparaison et la supériorité telles que vous les connaissez encore actuellement sur votre Terre n'existent plus.

Chaque âme est singulière et a sa place au Paradis une fois que sa réparation – sur Terre ou bien finalement effectuée dans le Royaume de mille ans – est terminée. Le but ultime est le retour de l'âme au Paradis, à la maison du Père. »

Songeuse, je me disais que le Royaume de mille ans est une école de perfectionnement ultime pour devenir parfait et accéder définitivement et pour toujours au Paradis.

Je reçus une douce pluie de Lumière rouge sublime en guise d'approbation et la vision se poursuivit pour mon plus grand émerveillement.

Chapitre 13

SIRIUS

Une magnifique et impressionnante trainée de Lumière bleu azur pure et intense dansait et dessinait un chemin qui reliait la strate de couleur rouge sublime d'Arcturius à la Haute planète Dorée. Sa puissance était si irradiante qu'elle m'obligeait à me prosterner.

« Quelle beauté ! » m'exclamai-je, clouée au sol.

Christ'Al Shaya m'entoura de son amour enveloppant.

« Cette Lumière bleu azur, m'expliqua-t-Il, est celle de Sirius. »

A ces mots, ma prosternation s'accentua encore, un immense bonheur m'envahit et je m'écriai :

« Sirius, mon étoile de cœur ! »

La sonorité du mot, la vibration de chacune des lettres et le nom lui-même faisaient vibrer tout mon être. Je ressentais le retour à la maison. Quelque chose en moi criait :

« Go back home ! [18] »

Mon Guide de Lumière chuchota près de moi :

« Sirius est ton étoile préférée. Lors de vies très anciennes Inca ou encore amérindienne, également lors de ta vie en Angleterre ou encore celle en Irlande où tu pratiquais alors les rituels celtes, enfin durant cette vie actuelle, tu as été profondément reliée à Sirius. »

Une nostalgie intense envahit tout mon être et des larmes d'énergie subtile coulaient sur mes joues.

« Ce n'est pas de la tristesse, reprit Christ'Al Shaya. C'est une nostalgie extrêmement profonde, une aspiration à retrouver cette Lumière bleu azur de ta maison d'enfance. C'est une façon imagée de parler, mais c'est pourtant cela. Sirius t'a accueillie à tes tout premiers débuts à la sortie de la Source Divine Première lorsque l'œuf contenant ton âme et celle de ton complément Divin s'est ouvert et que chacune des deux âmes a choisi ses propres pérégrinations dans le Cosmos. »

Je ressentais un bonheur immense. Tout m'appelait sur Sirius car mon amour pour cette étoile était intact. Je reconnaissais les sons, les couleurs, les odeurs. Tout était

---

[18] « Go back home ! » : expression anglaise signifiant « Retourne à la maison ! »

Divinement magnifique. J'eus un bref instant l'envie irrésistible de quitter l'enveloppe terrestre pour rejoindre Sirius.

« Ce que tu ressens est légitime ! Mais il n'est ni l'heure ni le lieu pour t'échapper de l'incarnation terrestre que ton âme a choisie avec la mission double de retrouver la blancheur parfaite originelle de ton âme et de mener les autres êtres vers le déclic de l'âme, par des soins avec les mots du cœur qui parlent à l'âme, des soins de médecine naturelle spirituelle et des soins par l'amour inconditionnel », ponctua mon Guide de Lumière.

Un éclair de culpabilité me traversa furtivement, comme si mon ressenti venait de ressembler à une échappatoire au parcours terrestre.

« Cet appel à rejoindre Sirius est licite et compréhensible ! » murmura mon Guide de Lumière avec tant d'amour et de compassion que toute ébauche de sentiment négatif s'évanouit immédiatement. Inondée d'un flot de Sa Lumière bleu cobalt et en pleine sincérité consciente, je renouvelai avec force et conviction mon vœu d'allégeance au Plan Divin.

Un magnifique dauphin se présenta alors devant moi. Ses yeux emplis de l'amour inconditionnel me scrutaient et m'invitaient à le suivre du regard. A son contact, une joie indicible m'envahit. Il était si beau, si pur, si bleu azur !

« Suis-moi, je vais te présenter mes autres amis les dauphins sacrés de Sirius ! » s'exclama-t-il joyeusement, rejoignant avec élégance ses pairs à une vitesse plus rapide que celle de l'éclair.

Un groupe de dauphins bleus dansaient dans une mer aux eaux parfaitement limpides et transparentes. Ces eaux bleu azur scintillaient de mille feux et les phosphènes[19] produits étaient profondément relaxants et thérapeutiques ; ils étaient un baume pour l'âme.

Mon cœur était lié au cœur des dauphins par une lemniscate bleue et or et je leur demandai :

« Quel est votre rôle ici sur Sirius ? »

De leurs délicieux sons enchanteurs pour l'âme, ils me répondirent :

« Nous sommes amour inconditionnel ! ».

Je les admirais avec respect et les invitai à me donner des précisions.

« Nous sommes les **ambassadeurs de l'amour inconditionnel** et nous diffusons notre vibration partout où elle peut être reçue.

Nous émanons cet amour inconditionnel de notre cœur vers notre étoile Sirius, vers Arcturius, vers les Pléiades, vers Vénus. Nous l'émanons aussi le plus possible vers

---

[19] Phosphènes : Découverte du Dr Lefébure, en 1959, montrant l'utilité pour la mémoire ou le développement personnel, de mêler ses pensées à la fixation de sources lumineuses, ainsi qu'à des balancements, ce qui donne accès aux pouvoirs de l'esprit.

Saturne. Quant à ta planète Terre bien-aimée, nous raffolons d'irradier notre amour inconditionnel en chaque zone géographique réceptive, en chaque être vivant réceptif. »

Je ressentais ô combien était à la fois douce et puissante cette émanation d'amour inconditionnel qui mettait en joie intense et rendait le cœur extraordinairement léger.

« Aidez-moi s'il-vous-plait à comprendre comment vous faites pour diffuser votre amour inconditionnel chez nous, sur la Terre », ajoutai-je.

« Tout est très simple ! Nous suivons les Lois Divines et respectons les Principes Divins sacrés. Les êtres vivants incarnés sur Terre, qu'ils soient des humains, des animaux, des végétaux ou des minéraux, reçoivent notre amour inconditionnel selon la **Loi d'attraction et d'affinité** et la **Loi de la réciprocité des effets**.

Ainsi, les êtres vivants reçoivent notre amour à la hauteur de leur connexion au Divin et de la pureté de leur vibration, c'est cela l'attraction et l'affinité. De même, leurs paroles, pensées et actions alignées au Plan Divin appellent des retours positifs, c'est alors la réciprocité des effets. »

J'étais à nouveau admirative de la perfection des rouages de l'Univers et je les invitai à poursuivre leur explication à propos des Principes Divins sacrés.

« Nous **respectons la Vie** et nous aimons tout ce qui vit. Nous diffusons notre amour inconditionnel partout où le **Féminin et le Masculin sacrés** s'harmonisent entre deux êtres et à l'intérieur de l'être lui-même, dans sa propre part de Féminin et de Masculin sacrés. Enfin, nous œuvrons en le **cercle Divin sacré**, c'est-à-dire que nous sommes humbles, unis, égaux et complémentaires dans notre singularité, tous en allégeance totale au Plan Divin. »

« Vous arrive-t-il de vous baigner dans nos mers et nos océans de la Terre ? demandai-je spontanément.

« Notre vibration d'amour inconditionnel est si pure que nous ne pouvons pas descendre jusqu'à vous physiquement. L'onde d'amour inconditionnel se propage depuis notre cœur jusqu'au **cœur des dauphins terrestres** de votre planète bien-aimée.

Nous nourrissons nos frères et sœurs les dauphins de la Terre de notre puissant amour, afin qu'eux puissent le déverser en vos mers, vos océans et au sein de l'humanité. Les dauphins de la Terre vivent en communauté en cinquième dimension et ils inculquent intuitivement aux êtres humains aptes à les recevoir la créativité et le modèle des futures **communautés de Lumière**. »

Immédiatement, j'entrevoyais déjà les communautés de lumière naissantes, encore à l'état embryonnaire tout en étant quand même existantes sur notre Terre.

« Oui ! Ces communautés se forment doucement sur les différents continents de Gaïa. Certes, ces communautés de Lumière sont à leurs balbutiements car la cinquième dimension n'est pas encore réellement là. Cependant elles travaillent courageusement à s'en approcher, menées par des êtres de bonne volonté dans l'ouverture du cœur et de la conscience. »

« Peut-on dire d'une façon imagée que vous, les dauphins bleus sacrés de Sirius, vous êtes les chefs d'orchestre et que les dauphins de la Terre sont les instruments de l'orchestre qui répandent les sons guérisseurs ? »

« C'est exactement cela ! répondirent les dauphins sacrés. Eux et nous sommes en reliance totale du cœur et de la conscience. Nos actions ne vont pas l'une sans l'autre et elles sont parfaitement coordonnées dans une douce harmonie.

Notre amour inconditionnel est également relayé par les dauphins de la Terre pour l'offrir à **Mère Terre** qui a tant besoin de soutien ! La Terre est si lasse des agressions permanentes qui lui sont faites ! Elle est une source d'amour du Féminin Divin, un véritable puits d'amour inconditionnel et la vibration de l'amour inconditionnel autour d'elle la touche chaleureusement. »

Je ressentais profondément la présence des dauphins sacrés. Leur amour immense circulait en moi et je sentais un travail d'ouverture se faire au niveau de mes chakras supérieurs.

« Oui c'est ainsi ! renchérirent-ils. Notre vibration d'amour inconditionnel, lorsqu'elle peut être reçue par l'être humain, aide son intuition à grandir toujours plus et contribue à éclairer son discernement dans le cœur et en conscience. »

Je les remerciais infiniment pour leur aide si précieuse. Une question jaillit en moi :

« L'étoile du berger visible dans nos cieux terrestres est-elle Sirius ? »

« Oui, Sirius la magnifique est bien l'étoile que vous surnommez l'étoile du berger. Tu le sais, lors de la naissance de Jeshua – encore appelé Jésus – il y a plus de 2000 ans, Sirius brillait de mille feux pour attirer et guider les trois rois mages jusqu'au berceau de Jeshua afin de se prosterner devant celui qui venait apprendre l'amour Christique aux humains de la Terre, celui qui serait le Christ-Roi (*Tome 2, chapitre 17*).

Souviens-toi, les rois mages apportèrent des présents à Jeshua. Gaspard offrit l'or, symbole de l'amour, Melchior offrit l'encens, symbole de la sagesse Divine et Balthazar offrit la myrrhe, symbole de la volonté pure et créatrice au service du Plan Divin. Ces trois symboles montrent le chemin à **l'être humain de bon vouloir** qui veut suivre la voie de l'ascension et lui confirment que **lui aussi peut devenir Christ.** »

J'étais submergée de respect et de gratitude envers les dauphins bleus sacrés de Sirius qui m'invitèrent télépathiquement près d'un groupe d'êtres de Sirius extrêmement lumineux, d'une très grande taille, émanant une douce et sublime Lumière bleu azur. Ils se parlaient chaleureusement d'âme à âme, disposés en un cercle sacré Divin.

« Nous te saluons chère sœur de la Terre et nous te remercions de ta visite. Nous sommes heureux de communiquer avec les êtres incarnés sur la Terre, planète à laquelle nous vouons un amour de dévotion.

Sirius est le **royaume des Sages** en le sens où notre cheminement d'âme nous a permis d'atteindre le **point de perfection**.

La géométrie sacrée est omniprésente sur notre étoile et l'énergie du Paradis y descend, venant inonder nos cœurs parfaitement aptes à la recevoir et comblés d'en être inondés.

Nous sommes spécialisés, si nous pouvons le dire ainsi, dans la **sagesse Divine**, c'est-à-dire **la sagesse en conscience qui passe par le cœur**.

Ainsi, cet atout puissant qui est le nôtre nous permet d'émaner notre énergie bleu azur dans le Cosmos, pour y répandre directement ou via Arcturius, les Pléiades et Vénus, la sagesse Divine dont certains endroits de l'Univers – et la Terre en particulier – ont tant besoin. »

Mes yeux subtils contemplaient à nouveau cette trainée de Lumière bleu azur pure et intense qui relie la couche de Lumière rouge sublime d'Arcturius (ou Royaume de mille ans) à la Haute Planète Dorée (ou Paradis). Les êtres bleus de Sirius captèrent télépathiquement mes interrogations.

« Notre sagesse d'amour accompagne les êtres en cheminement qui séjournent dans le Royaume de mille ans, qui est la strate rouge sublime d'Arcturius.

Tel un pont sacré entre le Royaume de mille ans d'Arcturius et le Paradis, cette Lumière bleu azur pure et intense que tu admires est **une arche de communication entre le Royaume de mille ans et le Paradis** *(voir l'illustration E ci-après : Sirius reliant le Royaume de mille ans d'Arcturius au Paradis).*

Cette arche a son point d'ancrage sur l'étoile Sirius et elle se déploie d'une part vers le Royaume de mille ans d'Arcturius et d'autre part vers le Paradis, les reliant par une passerelle de Lumière bleu azur, passant par Sirius.

L'arche permet ainsi le passage des âmes purifiées et devenues parfaites au cours de leur séjour dans le Royaume de mille ans vers la strate ultime d'énergie Divine qu'une âme peut atteindre : le Paradis.

Notre sagesse infinie dans le cœur et en conscience accompagne ces âmes devenues parfaites dans ce passage ultime vers le Paradis et les abreuve d'un amour inconditionnel immense, prémices heureuses de ce qui les attend pour l'éternité. »

TOME 4 : LA TRAHISON

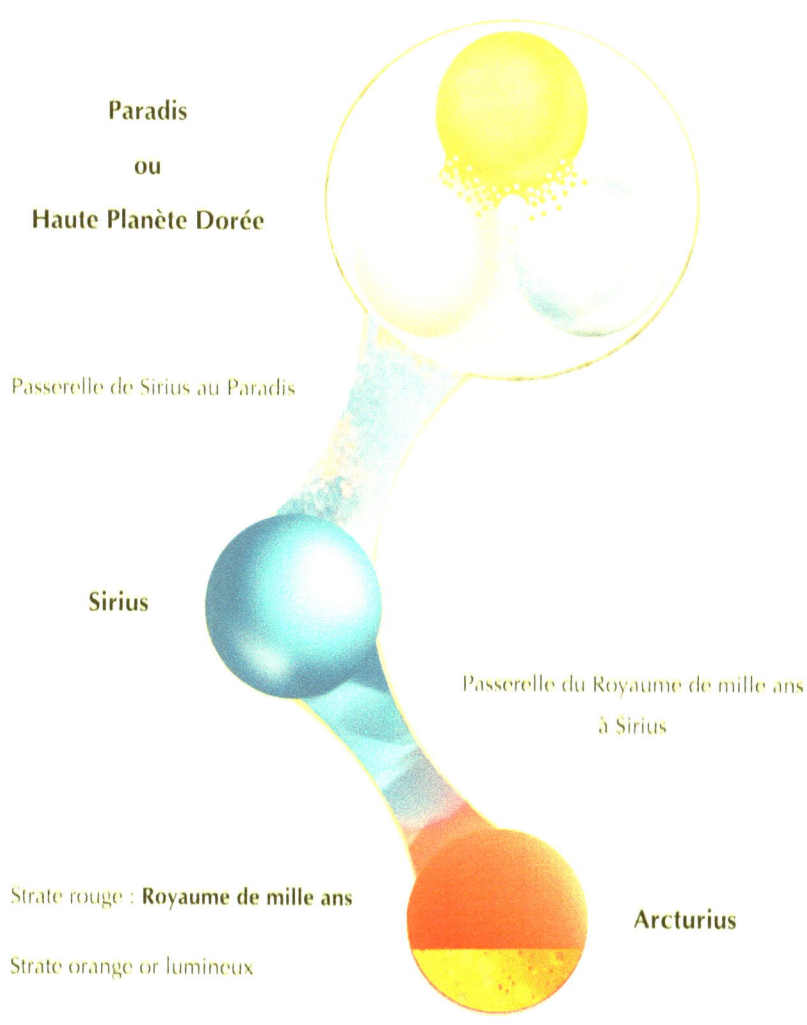

Illustration E : *Sirius reliant le Royaume de mille ans d'Arcturius au Paradis*

Je ressentais ô combien chaque âme est accompagnée et ceci, quel que soit l'endroit de l'Au-delà où elle séjourne. Christ'Al Shaya me chuchota avec amour que **chaque âme est précieuse pour le Divin** et que les rouages parfaits de l'Univers offrent une **assistance et un accompagnement amoureux à chaque âme,** selon son état de réceptivité et selon son ouverture du cœur et de la conscience, cela toujours dans le **profond respect de la liberté de choix** de l'âme.

Chapitre 14

LE MANOIR DU GRAAL ET LA TRÈS HAUTE SPHÈRE DIVINE

Emplie de gratitude devant la beauté et l'amour omniprésents autour de moi, se dessinait maintenant devant mon œil subtil l'esquisse d'un espace grandiose incandescent d'une Lumière violette, blanche et or. J'étais en sidération totale tant j'étais subjuguée par cette vision et mon âme se prosternait en adoration.

Christ'Al Shaya avec une douceur infinie m'expliqua alors :

« Ce spectacle féérique et transcendant, là, devant tes yeux subtils est le reflet des Hautes Sphères Divines. Personne ne peut discerner avec précision ces Hautes Sphères Divines tant la vibration est d'une dimension infiniment haute, inconcevable pour un être humain, et tant la puissance de la Lumière est incommensurable. »

« Depuis le Paradis, est-il possible de contempler ces Hautes Sphères Divines » demandai-je.

« Oui, certes, cette Lumière incandescente violette, blanche et or, avec des reflets de couleur arc-en-ciel est visible par les âmes pures et parfaites vivant au Paradis. Elles se prosternent en adoration face à cette Lumière Divine et vénèrent Dieu Père Mère Tout Puissant. »

« Des âmes peuvent-elles se rendre plus haut que le Paradis vers cette Lumière incandescente ? » questionnai-je.

« Non, cela est impossible. Le Paradis ou Haute Planète Dorée est la plus haute strate d'énergie Divine qu'une âme venant de la Terre puisse atteindre. »

« De là où Tu es, peux-tu me décrire ces Hautes Sphères d'énergie Divine ? » balbutiai-je humblement.

« Il est difficile de mettre des mots sur la Lumière incandescente des Hautes Sphères Divines. Ce que Je puis te dire est qu'une sphère de Lumière nommée le Manoir du Graal surplombe le Paradis.

Le **Manoir du Graal** est relié au **Paradis** par une **Arche** de **Lumière violette scintillant de blanc et or** qui permet le passage de l'énergie Divine depuis le Manoir du Graal vers le Paradis qui est ainsi constamment nourri de la Haute Lumière Divine.

La haute sphère du **Manoir du Graal**, elle, est surplombée à son tour par la **Très Haute Sphère Divine** qui déverse sur le Manoir du Graal, ceci par l'intermédiaire d'une Arche les reliant, la sublime Lumière Divine incandescente aux reflets couleur de l'arc-en-ciel.

TOME 4 : LA TRAHISON

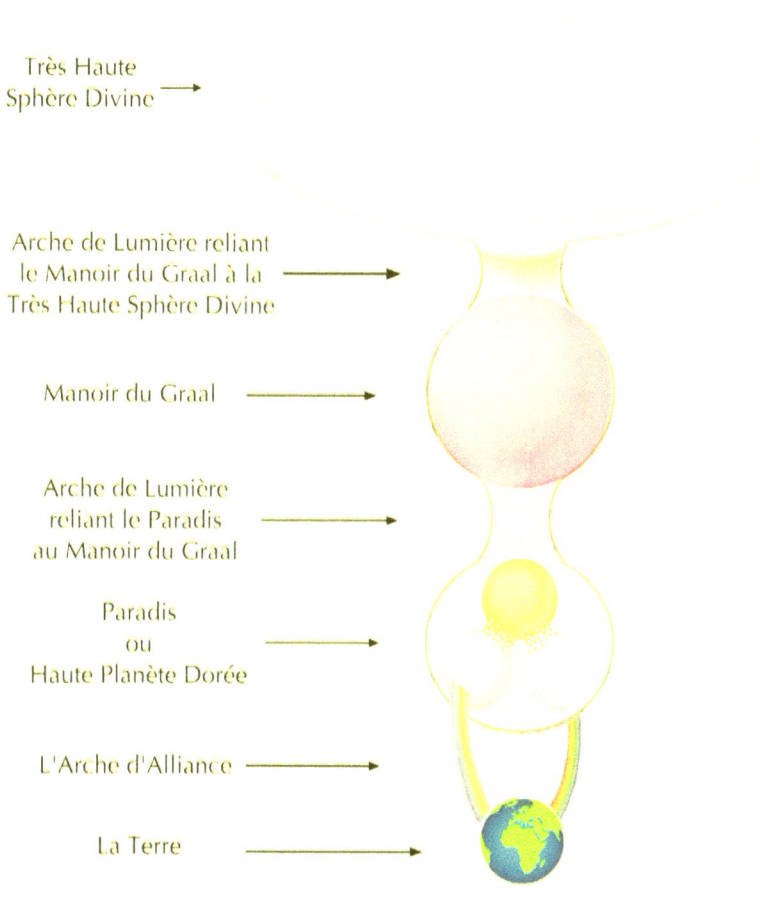

Illustration F : L'Arche d'Alliance reliant la Terre au Paradis et les Arches de Lumière unissant le Paradis au Manoir du Graal et le Manoir du Graal à la Très Haute Sphère Divine

Et la Très Haute Sphère Divine est, avec des mots imagés afin que tu comprennes le mieux possible, le Logis de Dieu Tout-Puissant *(voir l'illustration F ci-avant : L'Arche d'Alliance reliant la Terre au Paradis et les Arches de Lumière unissant le Paradis au Manoir du Graal et le Manoir du Graal à la Très Haute Sphère Divine).* »

J'étais emplie de gratitude ! Mon Guide de Lumière me fit prendre du recul et apparut alors en flash devant mon troisième œil l'ensemble de l'Arche d'Alliance reliant la Terre au Paradis et les Arches de Lumière unissant le Paradis au Manoir du Graal, puis le Manoir du Graal à la Très haute Sphère Divine. J'étais subjuguée devant tant de beauté et de perfection !

Cette Arche d'Alliance, pont lumineux reliant la Terre au Paradis, était comme une immense et sublime bouffée d'oxygène et de survie lumineuse qui transperçait -en la faisant exploser de plus en plus- la matrice de synthèse encerclant notre planète *(revoir le chapitre 20 du tome 3 et le chapitre 5 du tome 2).*

Christ'Al Shaya reprit :

« Ce pont de Lumière qu'est l'Arche d'Alliance reliant votre planète Terre au Paradis existait à l'origine de ce cycle de la Terre.

Ce pont de Lumière a malheureusement été rompu, vous le savez maintenant, il y a plus de 2000 ans au moment de la crucifixion de Jeshua, dit Jésus, mon cousin bien-aimé, pourtant venu expliquer aux êtres humains de la Terre comment aimer d'un amour vrai. Le refus du message d'amour authentique inconditionnel de Jeshua par l'humanité à l'époque provoqua cette rupture de l'Arche d'Alliance jusqu'à sa reconstitution au XXème siècle lors de l'incarnation du maître El Morya en Abd Ru Shin et de Lady Portia en Frau Maria au Tyrol.

Tu te rappelles la force et la douceur de cette région que tu connais bien et tu sais ô combien la Lumière de ces deux maîtres ascensionnés est encore présente en cette terre du Tyrol ! »

Moultes souvenirs affluaient en ma mémoire, tous plus chaleureux et attendrissants les uns que les autres.

Mon guide de Lumière poursuivit :

« Cette Arche d'Alliance nouvellement recréée entre la Terre et le Paradis a permis depuis 100 ans un réel début d'éveil des âmes au sein de l'humanité. Ce déclic des âmes s'est énormément renforcé depuis 2012 suite à l'intervention des maîtres ascensionnés et de celle de Kryeon[20] sur la grille magnétique terrestre.

Ainsi, les particules adamantines porteuses de Lumière Divine pure descendent désormais en abondance sur la planète Terre et tout être humain désireux de bien faire et animé d'une vraie bienveillance reçoit ces particules de Lumière Divine, à la hauteur de sa vibration d'âme. »

---

[20] Kryeon : collectif de Lumière, d'énergie Christique, missionné dans l'ajustement des nouvelles grilles magnétiques terrestres.

Je contemplais avec admiration et gratitude ces Arches de Lumière unissant les différentes sphères lumineuses de l'Au-delà.

Quelle beauté et quelle bonté en ces lieux hautement bénis !

Christ'Al Shaya conclut :

« Le Paradis est en connexion directe avec le Manoir du Graal et il est infusé de sa Lumière violet blanc or.

Le Manoir du Graal est uni à la Très Haute Sphère Divine et il est constamment nourri de sa Lumière Divine incandescente Arc-en-Ciel.

L'Arche de Lumière bleu azur de Sirius permet, elle, le pont entre le Royaume de mille ans d'Arcturius et le Paradis *(revoir l'illustration E de Sirius et ses passerelles au chapitre précédent)*.

Enfin le Paradis et la Terre sont reliés par l'Arche d'Alliance. »

J'étais infiniment reconnaissante envers Christ'Al Shaya de me dévoiler ces connaissances et, même si j'avais conscience que ma compréhension n'en atteignait qu'une infime partie, j'étais profondément honorée, en toute humilité et en très profonde gratitude.

Chapitre 15

LE HANDICAP

Ce voyage dans les hautes strates de Lumière de l'Au-delà m'avait littéralement comblée ! Mon âme, mon cœur et toutes mes cellules étaient emplies de joie. Je reprenais assise dans mon corps physique. Mon Guide de Lumière me fit pratiquer quelques exercices d'ancrage. En position debout, Il m'invita à me connecter à la Terre Mère et à ressentir l'énergie d'amour de la Terre monter en moi avec force, nourrissant de sa puissance mon chakra du hara, puis atteignant et infusant mon cœur. Puis Il me convia à me connecter au Divin Père Ciel et à sentir l'énergie Divine descendre intensément en mon chakra coronal, puis infuser ma glande pinéale – gérante du discernement en conscience – puis ma glande du thymus – gérante, elle, de l'amour – pour enfin envahir mon cœur. A cet instant, mon énergie kundalinique put se déployer et se propager à ma glande pinéale énergétisée. Christ'Al Shaya fit alors pleuvoir sur moi son faisceau de Lumière bleu cobalt en même temps qu'avait lieu la diffusion de l'énergie d'amour depuis mon cœur vers l'extérieur : autour de moi, sur mon lieu de vie, puis mon pays, mon continent et enfin toute la planète.

J'étais en paix, émerveillée de la perfection des rouages de l'Au-delà et tout à la fois consciente que j'étais bien incarnée sur la Terre pour y faire progresser mon âme et apporter ma contribution au déclic de l'âme des êtres humains.

La vie concrète du quotidien des humains incarnés sur la Terre avec ses différents aspects défilait devant mes yeux. Les difficultés ou les épreuves vécues sur la Terre firent monter en moi des interrogations.

« Pourquoi certains enfants naissent-ils avec un handicap ? » demandai-je.

« C'est une vaste question qui embrassera plusieurs réponses, répondit Christ'Al Shaya.

Je me posais cette question depuis longtemps, en tant que parent témoin d'autres parents confrontés à ce vécu et en tant que médecin accompagnant ces familles. J'étais tout ouïe.

« La naissance sur Terre avec un handicap peut être **un choix de l'âme qui s'incarne pour développer une force intérieure**. En acceptant le handicap, en surmontant la souffrance que cette situation entraine, en dépassant les regards parfois indifférents, moqueurs ou apitoyés des gens qu'il croise, en gérant toute culpabilité de faire vivre cette situation de handicap à sa famille qui – pourrait-il penser – n'aurait rien demandé à vivre de tel, l'être né handicapé fait grandir son potentiel intérieur, sa propre compassion, son attention à l'autre, son intuition ; il apprend à se réjouir de voir les autres en pleine possession de leurs moyens, il cultive sa joie intérieure en dépit du handicap, mettant le focus sur son ouverture du cœur et de la conscience ainsi que sur la montée de sa vibration jusqu'à devenir un être très éveillé. Les êtres handicapés ayant développé ces qualités sont nombreux à ascensionner directement au Paradis après leur mort terrestre.

Le handicap peut aussi être un choix précis de l'âme, avant l'incarnation, d'**effectuer sa réparation d'âme** de cette façon – même si un autre scénario de vie terrestre était également possible pour la réparation de son âme – et ainsi de développer les qualités précédemment citées pour ascensionner en fin de vie terrestre.

L'âme peut aussi faire le choix d'arriver sur Terre avec un handicap **pour aider ses parents et ses frères et sœurs à évoluer** en conscience et dans le cœur, par exemple en les aidant à accepter la différence, en renforçant l'unité familiale et la solidarité au sein de la famille. En effet, les parents et les frères et sœurs d'un enfant handicapé deviennent souvent beaucoup plus tolérants, attentifs au bien-être d'autrui, généreux, positifs, en le sens où ils relativisent toutes les petites choses difficiles du quotidien, ayant accepté le handicap au sein de la famille. Leur faculté à aimer avec un grand cœur est stimulée et grandit jour après jour.

Il peut également s'agir d'un **karma personnel de l'âme** qui s'incarne dans un corps handicapé. Cette âme a par exemple provoqué des handicaps chez autrui dans d'autres vies antérieures et la réparation de ce karma pourra se faire, de par la Loi Divine de la réciprocité des effets, dans l'acceptation et l'évolution vibratoire de l'âme.

Cela peut résulter aussi, selon la Loi Divine d'attraction et d'affinité, d'**un karma de l'un des parents ou frères et sœurs ou de plusieurs d'entre eux**, le but bénéfique pour l'âme portant le karma étant également la réparation. Les autres membres de la famille étant liés par affinité, il sera également juste pour eux de vivre, selon cette même Loi Divine d'attraction et d'affinité, cette situation familiale. »

Je concevais mieux la force des liens réciproques entre parents, fratrie et enfant handicapé et j'en étais profondément émue. »

« Pourquoi le handicap arrive-t-il parfois non pas dès la naissance, mais **seulement en cours de vie** ? » questionnai-je.

« Certains êtres vivent un **retour karmique** qui explique l'arrivée du handicap en cours de vie. Ce handicap survient en accord avec la Loi Divine de la réciprocité des effets. Cependant lorsque l'être a déjà parcouru un beau chemin vers l'ascension, alors son retour karmique - même s'il reste incontournable - est atténué, **adouci** à la hauteur des progrès de la vibration de l'âme de l'être concerné. Ainsi le handicap, provoqué par l'accident par exemple, sera plus léger que ce qu'il aurait dû être si la vibration de son âme n'était pas montée suite à ses progrès, et parfois si l'élévation de la vibration de l'âme est vraiment importante, le handicap ne survient pas : arrive alors juste l'accident avec seulement ses dégâts matériels, vous comprenez ? Tout est parfaitement juste !

Il se peut aussi que l'âme de l'être incarné soit très souffrante et qu'elle accepte, pour se guérir, sa **réparation** sur Terre avec l'arrivée d'un handicap en cours de cette vie terrestre. Ce handicap peut survenir à la suite d'un accident, d'une réaction d'intolérance à un médicament chimique ou une vaccination, ou enfin suite à une maladie dégénérative. L'être est dans ce cas **immensément aidé** par le Plan Divin tant son déclic de l'âme est courageux et exemplaire, et son chemin de vie, contre toute attente d'un œil non initié qui pourrait poser un jugement, devient léger et joyeux tant l'âme incommensurablement aidée grandit et atteint une vibration élevée sur laquelle la joie du cœur est permanente. »

Concernant les **suites de vaccination**, j'avais souvent remarqué ce halo gris plus ou moins foncé dans l'aura, disposé comme une crête sur la tête ou plutôt comme un chapeau de gendarme, chez les êtres polyvaccinés.

« Oui, les substances indésirables véhiculées par le vaccin nuisent à la circulation énergétique et à la connexion au Ciel, et ce halo gris que tu décris en est une preuve tangible pour qui sait le détecter. Cet état entraine une fragilité du moi identitaire avec aptitude à laisser entrer des entités sur l'âme jusqu'à la possession dans certains cas. Cette situation post-vaccinale nocive, même si elle est choisie sans la conscience totale des conséquences du geste, est à nouveau une **trahison de l'être envers son âme** » confirma mon Guide de Lumière.

« Que se passe-t-il si l'âme une fois incarnée n'accepte pas son handicap ? continuai-je.

« Le refus d'acceptation du handicap par l'âme lui est préjudiciable car suivant le cas, soit elle ne remplit pas sa mission, soit elle rejette sa réparation. Il en est de même pour le parent. La réparation se fera dans l'Au-delà ou dans une nouvelle incarnation.

Lorsque le handicap est vécu par l'être lui-même ou l'entourage dans un esprit de **sacrifice**, le but n'est pas exactement atteint et il sera nécessaire que des prises de conscience surviennent pour quitter cet état de sacrifice. Les initiations et l'aide Divine seront là pour contribuer à y parvenir. »

De nombreux êtres handicapés croisés et soignés au cours de ma carrière de médecin revenaient à mon souvenir. Mon Guide de Lumière poursuivit :

« Tu te souviens de toutes ces belles personnes handicapées et de leurs proches qui t'ont marquée par leur courage, leur force et leur amour.

Comme expliqué précédemment, les qualités de cœur sont grandes chez ces êtres en grande évolution personnelle. Certains êtres parfois même très handicapés, peuvent soigner les autres avec le rayon d'amour émanant de leur cœur et le rayon de sagesse en conscience sortant de leur troisième œil. L'énergie Divine reçue par leur âme est si importante, la connexion avec le Divin si grande que l'être est empli de joie et vit heureux. »

J'intégrais toujours davantage cette richesse d'éventualités, cette singularité des êtres dans le respect absolu des Lois Divines et de l'Ordre Cosmique.

Je m'inclinai en totale gratitude devant cet amour Divin omniprésent.

Chapitre 16

LE SUICIDE

Les situations de choc intense, de tristesse, de désarroi, d'incompréhension vécues par les patients au cours de ma vie de médecin et également dans la vie du quotidien à l'écoute de l'autre, me revenaient à l'esprit, les unes à la suite des autres, et le thème du suicide fit irruption.

« Pourquoi un être humain en vient à se suicider ? » m'exclamai-je.

« Le suicide est une vaste question ! Je t'avais promis lors de l'écriture du tome 2 – *L'immersion* – d'y revenir. Nous y voilà !

Tout d'abord, le suicide n'est pas dans la logique de la vie. **Le suicide déroge aux Lois Divines**. Ce n'est point là une condamnation, juste une information sérieuse, nécessaire et percutante pour tout lecteur qui pourra se sentir concerné. Ces mots du cœur qui parlent à l'âme sont uniquement destinés à la prise de conscience, au discernement, au réalignement utile en cas de risque de suicide. »

« Pour quelles raisons un être humain en arrive-t-il à se suicider ? » demandai-je à nouveau.

« Il existe plusieurs raisons qui motivent ce geste grave de conséquences.

L'être humain qui pense au suicide, et qui plus est va au bout de sa pensée, **souffre d'une blessure d'incarnation**. Autrement dit, il n'est pas pleinement incarné dans le sens où son enracinement à la Terre Mère est insuffisant, trop fragile, mal conscientisé, mal évalué ou plutôt sous-évalué. Nous l'avons vu, l'être humain incarné sur Terre a ses racines qui descendent dans la Terre Mère, assurant sa solidité face aux bourrasques de la vie. Cet être reçoit la nourriture de son corps physique par les récoltes terrestres et celle de son cœur par l'amour immensément puissant de Mère Terre. Lorsqu'un être n'a pas pleinement cette conscience de la nécessité absolue d'être intimement relié à la Terre Mère, d'une part la vie lui apparait comme peu précieuse voire lourde et négative, d'autre part il ne reçoit pas la force d'amour de la Terre car il n'y est pas connecté. Il est comme un arbre qui serait coupé de ses racines et qui, pour reprendre une expression de votre langage, *ne pourrait plus faire long feu* ! »

Mes réflexes de médecin me faisaient immédiatement entrevoir l'importance salvatrice d'un exercice d'ancrage quotidien chez ces êtres portant cette blessure d'incarnation.

« Oui ! Tu as raison, cet **exercice d'ancrage** est la base du soin. Il y a ensuite la volonté de l'être humain à **remplir la mission** qui est la sienne et que son âme a elle-même choisie avant l'incarnation dans cette vie terrestre. Pour ce faire, il a besoin de **comprendre comment il est construit**, c'est-à-dire d'un corps de matière, de corps énergétiques et d'une âme. Le deuxième soin préventif lorsqu'il y a risque de suicide sera **d'expliquer les fondements de la vie, d'enseigner ce qu'est la mission d'une âme** *(revoir le chapitre 1 de ce tome 4).* »

Je réalisais que le martelage mental au quotidien, chez les enfants scolarisés, par des dogmes déformés et détournés de la vérité de la vraie vie, installe des lacunes dans l'éducation de la jeunesse. Je ressentais l'urgence à créer les **nouvelles écoles** de *natural learning (Tome 3, chapitre 6),* avec possibilité pour les adultes ouverts en conscience et dans le cœur de pouvoir y enseigner afin d'aider les jeunes qui s'y instruisent à se construire pleinement dans leur globalité.

« Oui, il y a urgence à diffuser cette nouvelle éducation qui est la synthèse de la **sagesse** de la connaissance vraie et de la voie du **cœur Christique**, c'est-à-dire nourrir le cerveau certes, cependant d'une façon indissociablement liée à la gestion des émotions, à la conscientisation des fausses croyances suite à l'affinement du discernement, à l'entretien du corps physique qui est le logis de l'âme dans la matière et à l'enseignement de la connaissance sage et vraie. Cette nouvelle éducation passera obligatoirement par la **voie du cœur**, nourrie par l'amour Christique inconditionnel et profondément reliée à la **conscience** dans le discernement et la connaissance vraie, alignée aux **Lois Divines**. »

Il devenait impérieux que chacun soit informé et instruit de la connaissance vraie de façon à intégrer les Lois Divines dans le quotidien de la vie.

« Exactement ! L'enseignement **avec le cœur** des Lois Divines explique à l'être humain incarné que son âme a choisi de venir sur terre avec une mission précise et qu'écourter cette vie terrestre par une décision personnelle alors que l'heure de la mort naturelle n'est pas arrivée ne répond pas au Principe Divin sacré du **respect du vivant** et sera donc soumis aux rouages de l'Univers régis par les Lois Divines.

La Loi Divine d'attraction et d'affinité fait que si l'être humain broie du noir, cultive des pensées négatives de désespoir et de mort, alors il se connecte à la nébuleuse – encore appelé égrégore – de désespoir, tristesse, dégoût de la vie, mort, nébuleuse qui déverse alors sur lui les mêmes pensées négatives à la puissance 100. Si l'être ignore les Lois Divines, il n'est pas conscient que les pensées sont réellement créatrices de la réalité et du futur très proche.

La Loi Divine de la réciprocité des effets met en avant **le karma**. Chaque être humain a besoin d'intégrer cette notion. En effet, comment se rebeller contre la soi-disant injustice de la vie lorsque l'on a compris que, par la Loi Divine de la réciprocité des effets, tout ce qui est vécu dans cette vie résulte à la fois du contenu des vies antérieures avec le karma plus ancien et des actions de cette vie terrestre avec le karma récent, sachant que le retour de ce karma récent se solde désormais dans cette vie en cours et non plus tard. Ce karma peut amener dans la vie terrestre actuelle tant de lourdeurs à vivre que l'être non informé et non instruit de la vraie connaissance peut sombrer dans le suicide. »

« Une âme peut-elle s'incarner déjà porteuse de la tendance au suicide ? » demandai-je soudain.

« Oui effectivement, ce cas existe. L'âme porte cette propension au suicide, soit parce qu'elle s'est déjà suicidée dans une autre vie (que ce soit avec succès ou pas d'ailleurs), ou qu'elle y a été confrontée parmi ses proches. Si cette âme n'a rien conscientisé de l'anomalie absolue qu'est le suicide, elle arrive souffrante dans cette incarnation actuelle et elle est plus vulnérable. »

Je voyais à nouveau à quel point la connaissance aide à vivre une vie alignée au Plan Divin, la vraie vie. En mon souvenir revenaient des êtres suicidaires à qui mon aide avait permis de se raccrocher à la vie en leur offrant cette éducation simple et globale ; mon cœur en était heureux. Je ressentais cette joie du progrès de l'autre, cet amour qui souhaite profondément voir tous les êtres sur leur vrai chemin.

Christ'Al Shaya acquiesça et tout en m'inondant de sa Lumière bleu cobalt, poursuivit :

« L'être incarné sur la Terre peut également en arriver au suicide s'il ne **conscientise** pas ses **blessures de l'âme**. Vous les connaissez, il s'agit de la blessure d'abandon, de rejet, d'injustice, de trahison, d'humiliation, de non reconnaissance, d'intrusion, de maltraitance.

Lorsque l'être humain ne sait pas qu'il porte une ou le plus souvent plusieurs et parfois toutes ces blessures en même temps, il ne peut pas être dans la conscience et le bon vouloir de les soigner.

Le comportement vrillé à travers le filtre créé par sa ou ses blessures, prend le dessus et réduit voire annihile **la confiance en lui et la foi** ! La réalité du quotidien est alors déformée, et l'être a l'impression d'être écrasé par le tourment.

De la même façon, si l'être humain se rend compte qu'il est blessé émotionnellement et qu'il reste inactif parce qu'il est dans le déni, rien ne peut s'améliorer ! Dès qu'il a le moindre **déclic** pour se guérir et donc se réaligner, **l'aide du Ciel** descend en abondance. Sans bon vouloir, l'aide Divine est là certes, cependant elle n'a pas de prise. »

« *Aide-toi et le Ciel t'aidera !* » m'exclamai-je en riant.

« Exactement ! renchérit Christ'Al Shaya. De même, l'être humain a besoin de conscientiser les **fausses croyances et les dogmes faux** qui l'emprisonnent dans un schéma de pensée erroné et vrillé et dans des jugements qui perturbent alors tous ses comportements. S'il ne le fait pas, les pensées négatives, renforcées par la connexion aux égrégores (ou nébuleuses) correspondants, l'envahissent, le dépassent et peuvent l'entraîner dans le geste définitif du suicide. Il y a dans ce cas **absence de discernement** que tout est juste, dans le sens que **tout découle des Lois**

Divines, et par suite les pensées déviantes conduisent à des comportements destructeurs. »

En tant que médecin, je me questionnai sur les soins concrets à pratiquer – outre l'apport de la connaissance vraie – pour améliorer cet état de tristesse, de désarroi, de détresse et de dévalorisation pouvant mener au suicide.

« Ton esprit pratique est le bienvenu ! Bien évidemment, les soins médicaux, en particulier ceux de médecine naturelle spirituelle *(revoir chapitre 3 de ce tome 4),* sont de toute première importance. Qu'il s'agisse d'une dépression, d'un très grand état de dépendance, d'un fonctionnement psychique bipolaire, d'un mental obsessionnel, d'un modèle familial fortement influençant, les soins médicaux par la voie du cœur et l'ouverture de la conscience sont bénis pour compléter l'enseignement de la connaissance vraie de l'Univers.

Béni soit aussi celle ou celui qui prodigue ces soins alignés ! »

La problématique du suicide équivalait alors à une **trahison de l'être par rapport à lui-même**.

« C'est cela ! Le suicide est un véritable **acte de trahison** de l'être humain par rapport à son âme ! C'est empêcher volontairement son âme de faire ce qu'elle a à accomplir et la priver d'aller là où il est juste et bon qu'elle aille ! »

Ce statut de trahison m'interpelait et je ressentais un tel gâchis pour ces âmes.

« Cet acte est une décision dont l'être est responsable, même s'il y a des circonstances atténuantes d'environnement, de blessures d'âme, d'enfermement mental, de karma. Cet acte sera donc amené à **être réparé** dans l'Au-delà ou ultérieurement dans une autre incarnation terrestre. »

« Que se passe-t-il pour l'âme suicidée, après la mort terrestre ? » interrogeai-je.

« Vaste question ! s'enquit Christ'Al Shaya. Lorsqu'il y a suicide, l'âme de l'être qui s'était incarnée pour vivre jusqu'à l'heure de sa mort naturelle, ne trouve pas sa place dans l'Au-delà car il y a **erreur de trajectoire,** contradiction du plan de vie originel par emprise de la main de l'homme sur sa destinée logique et naturelle. Autrement dit, les plans de l'Univers sont contrariés.

L'âme ne rejoint pas le juste endroit qu'elle aurait atteint au moment de l'heure de sa mort naturelle ; elle va alors rejoindre le plan de densité lourde recueillant toutes les âmes suicidées, allant depuis la strate du bas astral pour les âmes suicidées qui n'étaient pas connectées à la Lumière jusqu'à la **strate de moyenne densité de la matière subtile de l'astral,** en passant par les niveaux intermédiaires selon la densité de cette âme au moment du suicide.

Quoiqu'il en soit, l'âme suicidée ne peut dépasser la couche de moyenne densité gris moyen de l'astral à son arrivée dans l'Au-delà. De plus, elle se retrouve groupée avec les autres âmes suicidées en une zone exclusivement réservée aux âmes suicidées. Parfois, cette âme suicidée arrive dans l'Au-delà et ne se rend pas compte qu'elle est décédée ; pour d'autres âmes suicidées, la conscience d'être décédée y est accompagnée de la détresse de voir qu'elles sont comme enfermées dans ce ghetto des âmes suicidées. Ces âmes sont bloquées là car la logique implacable initialement prévue de l'Au-delà ne peut s'appliquer puisque l'âme n'est pas arrivée à l'heure de sa mort naturelle. Le déblocage se fera lorsque cette heure sera atteinte. »

Je ressentais ce désespoir possible pour ces âmes décédées de suicide et la compassion m'emplissait le cœur.

« L'important est que l'âme suicidée lance un **cri de bon vouloir**, montrant à l'Univers qu'elle intègre son erreur et qu'elle demande en toute sincérité l'aide Divine pour pouvoir monter dans la Lumière ou encore se réincarner et faire désormais mieux qu'auparavant. Si le **cri de l'âme** est vraiment **sincère**, l'aide Divine permet que les choses **bougent plus rapidement**, c'est-à-dire avant l'avènement de l'heure naturelle qui aurait été celle de la mort terrestre, ceci en vue d'une **réincarnation**. »

« Comment aider ces âmes depuis la Terre en tant qu'êtres humains vivants incarnés ? » demandai-je alors.

« Ces âmes qui ont quitté la Terre suite à un suicide ont **besoin d'amour**. Leurs proches peuvent les aider considérablement en leur envoyant de tout leur cœur leur **amour pur et puissant**, leurs **pensées éclairées et porteuses de vérité** pour qu'elles atteignent cette âme suicidée qu'ils aiment. Ces pensées d'amour et de vérité portent **la connaissance et l'information de la guérison** et elles seront reçues par l'âme décédée par suicide si celle-ci a un sursaut de bon vouloir avec un **réel déclic** de l'âme. »

Le chagrin des familles de l'être suicidé venait au premier plan.

« **Que personne ne se culpabilise** lors d'un suicide car la culpabilité est alourdissante pour celui qui la vit et pour l'âme suicidée qui la reçoit ! Souvent, l'être qui s'est suicidé s'est enfermé dans sa souffrance et l'a volontairement cachée. La plus belle action des proches est d'envoyer son amour pur, puissant, **sans jugement, allégé de toute tristesse**, de façon à ce que cet amour guérisseur soit totalement bénéfique à l'âme suicidée, en quelque endroit où elle se trouve. Ainsi l'âme suicidée est touchée par l'amour, **réchauffée par cet amour** et elle est stimulée pour relancer son **étincelle de vie** et ainsi davantage appeler l'aide Divine. »

Le pardon m'apparaissait primordial et tellement réparateur !

« Oui ! **Le pardon** est crucial. Le pardon de l'âme suicidée à elle-même, dès qu'elle a conscientisé l'erreur de trajectoire que le suicide entraîne, est un pas extraordinaire vers la **possibilité de se réincarner** dans les conditions idéales de guérison choisies par l'âme – selon les Lois Divines et avec l'aide de sa guidance – ou encore de **monter** vers des niveaux de Lumière supérieurs après l'heure qui aurait été celle de sa mort naturelle, **ou plus vite** si son cri de l'âme sincère pur et puissant le permet. **Le pardon de**

ses proches restés sur terre est aussi très important car grandement facilitateur de la guérison de l'âme suicidée. »

J'étais songeuse. Mon Guide de lumière conclut :

« Le suicide ne devrait pas exister. Si l'enseignement des Lois Divines était présent inculquant la **connaissance vraie** de la vie, si les êtres humains connaissaient les **rouages de l'Au-delà**, personne n'infligerait le suicide à son âme, personne ne se ferait vivre à soi-même **une telle trahison**.

Cependant, **la bonté et la miséricorde de Dieu Père Mère sont incommensurables** autorisant ainsi **la réparation et l'amour vrai** à **guérir l'âme** suicidée afin qu'elle reprenne le **vrai chemin de la vraie vie.** »

Chapitre 17

FAMILLE TERRESTRE ET FAMILLE D'ÂMES DE LUMIÈRE

La notion de famille terrestre s'imposa dans mes pensées. Cette structure qu'est la cellule familiale sur Terre semblait si importante ! Chaque famille terrestre est tellement différente !

Christ'Al Shaya acquiesça :

« La **famille terrestre est la cellule d'accueil** de l'être nouveau-né. Elle se compose classiquement d'une mère et d'un père, auxquels se joignent un ou plusieurs enfants. Rappelle-toi, l'âme de l'enfant est reliée à celle de l'un de ses parents ou parfois des deux. Il est toutefois possible que l'âme de l'enfant soit en relation avec celle d'un être extérieur à la famille si la maman a côtoyé des milieux extérieurs influents en première partie de sa grossesse. Il est très important que la future maman se protège durant sa grossesse en veillant à la qualité de ses relations. Quoi qu'il en soit, **c'est toujours l'âme de l'enfant qui choisit ses parents**.

Il existe deux types de liens entre parents et enfants, les liens karmiques et les liens d'affinité.

Tout d'abord les **liens karmiques** sont les plus fréquents. Ils résultent de la Loi Divine de la réciprocité des effets et ils ne signifient en rien que ce karma soit forcément négatif.

Il peut s'agir d'une belle relation entre deux personnes incarnées en un autre temps dont l'histoire n'a pas pu se terminer et cette nouvelle vie va permettre de vivre ou de développer ce qui devait l'être ; on parlera dans ce cas de **karma positif**.

Dans d'autres situations, le karma existant entre parent et enfant est **alourdissant**, c'est-à-dire qu'il amène beaucoup de problématiques dans la vie du quotidien. Il va alors demander un travail de **développement personnel** de part et d'autre, chez les parents en premier lieu puis chez l'enfant lorsqu'il sera adolescent et adulte en devenir. Ce travail sur soi va consister à détecter quelles sont les blessures d'âme réactivées par la présence de l'autre.

Quatre issues seront possibles :

- Soit chacun sait en tirer l'enseignement bénéfique, cela sera extrêmement enrichissant pour tous car source de guérison des blessures, de développement de la compassion et de la pratique authentique du pardon, avec en conséquence l'élévation de la vibration de l'âme.

- Ou bien seul le parent évolue au contact de son enfant dans cette relation plus difficile ; l'enfant puis le jeune adulte qu'il devient restent alors fermés à sa famille tandis que cette situation amène le ou les parents à la persévérance, la compassion et l'amour inconditionnel.

- Parfois seul l'enfant se transforme avantageusement vers la construction de qui il est vraiment, accroissant ainsi la beauté de son âme au prix d'une enfance et d'une adolescence plus rudes et pauvres en affection, ses parents, eux, refusant toute évolution.

- Enfin, il se peut que ni parent ni enfant ne saisissent cette occasion du karma à réparer avec l'autre, et que par conséquent personne n'avance sur son chemin d'ascension ».

Ma pensée cheminait au gré des mots de mon Guide de Lumière.

« Ce travail personnel des parents et des enfants participe-il à leur propre réparation ? » questionnai-je.

« Oui ! reprit Christ'Al Shaya, en ce sens où tout nœud karmique aplani avec une personne est un progrès pour l'âme. Ce faisant, l'âme s'allège et peut progressivement arriver au **véritable cri de l'âme qui appelle à la réparation**, la réparation étant un concentré d'évènements et d'initiations à vivre en rapport avec les faits négatifs les plus marquants dans le cursus de l'âme. »

L'idée qu'un karma positif reliant parent et enfant était tellement plus facile à vivre me traversa l'esprit et mon Guide de Lumière rebondit :

« Un karma n'est pas négatif en soi ; il demande le **discernement** pour alléger la relation tel qu'expliqué précédemment. L'on peut dire que ce karma alourdissant permet une vigilance et une **incitation permanente à s'aligner** toujours davantage, évitant ainsi aux personnes de tomber dans le piège de la vie facile qui ne demande pas de remise en question de soi-même pour s'améliorer. »

L'exemple des familles dont les parents et enfants ne se côtoient plus jamais m'apparut.

« Il est vrai qu'il peut y avoir rupture de liens au sein des familles. Cette cassure peut être péjorative si chacun reste dans sa colère ou son jugement de l'autre.

Le karma dans ce cas n'est pas complètement purgé et il y aura des péripéties – en tout cas pour celui qui veut avancer sur son chemin d'ascension – dans cette vie ou dans l'Au-delà pour réparer et transmuter ce karma. Lorsqu'il n'y a aucun désir de s'améliorer avec campement sur ses propres positions, alors une fois la rupture installée entre parents et enfant, la vie peut être ce que vous appelez un long fleuve tranquille dans le sens où l'Univers n'apporte pas d'initiations à vivre au quotidien pour grandir puisque justement les êtres ne sont pas intéressés à grandir, étant davantage préoccupés par exemple par l'attachement aux biens matériels de la troisième dimension.

En revanche, dans le cas d'une relation toxique avec impossibilité d'une proximité familiale, il arrive qu'une réelle distance entre les membres de la famille soit bénéfique à la condition exclusive d'un **pardon**

authentique pour arriver à une **libération totale de ce karma** alourdissant. »

Me venait alors à l'esprit le **cas des familles recomposées et celui de l'adoption.** Qu'en était-il du karma parents/enfant ?

« Une **famille recomposée** n'échappe pas aux Lois Divines ! Le nouveau couple formé est lié par ces Lois Divines et les enfants respectifs de chacun des membres du couple sont eux-mêmes liés à leurs propres parents, toujours par les mêmes lois Divines ! Vous comprenez alors que les liens unissant les êtres de cette famille recomposée relèvent exclusivement de l'Ordre Divin et en aucun cas du hasard qui, souvenez-vous, n'existe pas ! »

« L'adoption répond également aux Lois Divines !» m'exclamai-je aussitôt.

« Oui ! **L'adoption** n'échappe pas à la règle universelle des Lois Divines, répondit Christ'Al Shaya.

Ainsi, tel enfant est confié à tel parent parce que selon la Loi Divine de la réciprocité des effets, le lien karmique – positif ou au contraire alourdissant – qui relie leur âme demande que les nœuds soient dénoués ensemble en cette vie.

Lorsque les âmes sont liées par la Loi Divine d'attraction et d'affinité, il ne s'agit plus d'un lien karmique, mais de liens d'affinité et **nous abordons ainsi le deuxième type de liens parent/enfant.** »

Les familles fonctionnant au travers de liens d'affinité faisaient alors irruption en ma pensée et mon Guide de Lumière poursuivit :

« **Un lien d'attraction ou d'affinité entre parent et enfant consiste en un point commun très marqué** au niveau du caractère, d'une passion, d'une vocation, d'un don. A nouveau, ce lien peut être heureux si le point commun reliant les personnes est positif, par exemple l'ouverture du cœur, le désir de soigner les autres, le goût des inventions, le don de chanter et/ou d'être musicien, l'envie d'aider l'humanité. L'on voit ainsi des familles de soignants, de chercheurs, d'inventeurs, de musiciens, etc. Ce lien est moins léger si le point commun, même beau en apparence, est vrillé par l'appât du gain, l'attachement, l'ego, les fausses croyances. »

La multiplicité des cas m'apparaissait clairement.

« Comme tu le comprends, les possibilités de relations unissant parent et enfant sont nombreuses. Elles peuvent aussi être à la fois basées sur un lien karmique **et** sur un lien d'affinité ».

J'entrevoyais toutes les éventualités et ajoutais :

« Le lien peut-il donc être un double lien, lien karmique (positif ou négatif) et lien d'affinité (positif ou négatif) ? »

« Oui c'est cela et les combinaisons de liens sont multiples. Ce qui importe est **l'existence permanente d'un lien compte tenu de l'absence totale de hasard.** »

Au-delà des liens karmiques et/ou d'affinité, je ressentais profondément un **fil conducteur au sein de toute famille**. Confirmant mon ressenti, mon Guide de Lumière reprit :

« Une synthèse simple, en un résumé facile à intégrer, permet de distinguer deux situations essentielles :

- **Si les parents sont éveillés** et que leur préoccupation première est d'éduquer leur enfant dans la conscience Christique, leur premier travail sur eux-mêmes sera de **se débarrasser de leurs fausses croyances** qui sont de réels freins à cette éducation Christique et de **guérir leurs blessures émotionnelles** qui empêchent d'aimer vraiment. Ainsi, ils permettront à l'enfant de grandir en conscience en existant tel qu'il est et donc de devenir qui il est vraiment. Dans cet accompagnement, les parents seront des guides **bienveillants, emplis d'amour et de compassion**. Leur amour émanera à la fois la **douceur** reçue des Mères Divines et la **fermeté et rigueur**, **en alignement** au Plan Divin avec le respect des Lois Divines. Leur **compassion** les conduira à **pardonner** les erreurs ou les écarts de conduite de leur enfant tout en restant dans leur rôle de garde-fou, c'est-à-dire celui de se comporter et d'agir avec **l'exigence de l'obéissance** aux Lois Divines enveloppée d'une **douceur aimante et compassionnelle**. En cela réside tout l'art d'être parents et c'est une occupation à part entière qui peut emplir noblement une vie. Les parents se comportant de cette façon offrent toutes les chances à leur enfant d'évoluer sur une belle vibration et de se conduire comme un être sachant qu'il peut devenir Christ et donc d'œuvrer vers ce devenir précieux et glorieux.

- Si les parents ne sont pas encore éveillés, l'enfant va parfois les pousser dans leurs retranchements afin qu'ils travaillent sur eux-mêmes et puissent évoluer vers de plus grandes valeurs et une ouverture de conscience et de cœur.»

Je pensais alors aux **âmes incarnées d'origine terrestre ou galactique**. Christ'Al Shaya saisit ma pensée et poursuivit :

« Effectivement, le karma est uniquement terrestre en relation avec les vies antérieures terrestres communes entre parents et enfant si l'âme est d'origine terrestre, tandis qu'il est à la fois galactique et terrestre pour une vieille âme ayant d'abord vécu sur d'autres étoiles avant de vivre plusieurs vies sur la Terre. Cela signifie qu'un karma uniquement terrestre peut être relativement vite soldé, alors qu'un double karma terrestre et galactique demandera plus d'efforts, de patience, de persévérance, d'amour avec compassion et pardon.

La première partie de l'existence correspondra chez l'enfant et l'adolescent à la transmutation du karma terrestre, et son entrée dans la période du jeune adulte puis de l'adulte lui fera vivre – toujours s'il avance sur son chemin – la réparation du karma galactique et la transmutation de ses failles, vrilles et blessures originaires de ses vies galactiques, ceci afin de blanchir son aura. »

Je comprenais bien que le double karma terrestre et galactique apportait davantage de turbulences à vivre de part et d'autre – parents et enfant – ; je ressentais également que la possibilité de grandir et d'évoluer en transmutant toutes les noirceurs terrestres et galactiques était une chance immense à saisir !

« Le passé galactique sur les étoiles, reprit mon Guide de Lumière, correspond aux premières failles de l'âme survenues lors de ses missions Divines initiales importantes, failles consécutives à l'influence négative des forces sombres qui entraînent l'âme dans des actions non alignées au Plan Divin. Attention ! L'influence négative des forces sombres est là, certes ! Néanmoins elle n'a un impact sur l'être humain **que si** celui-ci se rend vulnérable par manque de foi, de courage ou de volonté, ou par connexion aux nébuleuses négatives (envie, jalousie, violence, colère, trahison, etc). Dès lors, ces failles de l'âme sont une **brèche** dans laquelle s'engouffrent ensuite facilement les forces sombres. Ce désalignement crée des souffrances ou **blessures de l'âme** que l'être cherche à contourner en se protégeant grâce à de nouveaux comportements qui lui permettent de s'adapter à l'évènement ou à la situation. C'est alors que l'être se cache derrière un **personnage** qui n'est pas sa vraie nature.

C'est à ce moment que l'on parle de la naissance des grandes blessures de l'âme à savoir l'humiliation, le rejet, l'abandon, la trahison, l'injustice, la non- reconnaissance, la maltraitance, l'intrusion, la culpabilité et la honte. **Chaque blessure déforme** le comportement **naturel aligné** de l'être **vers** une attitude **désalignée** aux **Lois Divines**.

Non pas que ces blessures n'existent pas chez une âme plus jeune uniquement d'origine terrestre, mais chez ce type d'âme, les blessures sont moins grandes, moins imbriquées avec celles d'autres âmes et donc plus facilement guéries que chez les âmes qui ont vécu sur les étoiles avant de vivre sur la Terre.

Ces vielles âmes qui ont déjà vécu sur les étoiles avant de s'incarner sur la Terre ont accumulé davantage de vies intriquées, enchevêtrées avec d'autres et fabriqué des nœuds plus anciennement noués avec les autres êtres dont l'âme est galactique et qui vivent aujourd'hui dans une même famille terrestre. »

Je me rendais compte que les interactions entre parents et enfants dans une famille terrestre étaient d'une ampleur et d'un impact totalement différents si les âmes composant la famille étaient de vieilles âmes, interactions faisant ressortir des vécus très anciens qui, s'ils ne sont pas compris par les protagonistes, peuvent provoquer des éclats et des dégâts.

« Encore une fois Je le répète, les turbulences au sein d'une famille d'âmes galactiques dont chacun des membres cherche à progresser sur son chemin d'ascension, tout en restant dans la relation d'amour avec compassion et pardon avec les autres membres de la famille, aboutissent à des **merveilles** pour chacun, avec transmutation des noirceurs anciennes et **développement extraordinaire du potentiel personnel** de chacun. »

« C'est plus long, plus tumultueux et plus difficile, cependant lorsque la persévérance et l'amour sont là, ce chemin de vie permet de gagner le gros lot de l'avancée massive vers l'ascension ? » m'exclamai-je spontanément.

« Oui ! Tu peux le résumer ainsi ! En réalité, il n'y a rien à comparer ; chaque famille est singulière et vit ce qu'elle a à vivre selon les types d'âmes qui la composent, les envies de chacun de s'améliorer dans l'ouverture du cœur et de la conscience, les types de karma qui unissent les êtres.

Ce qui reste absolument prioritaire est de **ne jamais juger** une famille car vous n'en connaissez ni les tenants ni les aboutissants et, comme le dit votre adage, *l'habit ne fait pas le moine.* »

Christ'Al Shaya fit descendre avec puissance son rayon de Lumière bleu cobalt sur moi et m'infusa :

« La famille terrestre est importante ; elle est une école de la Vie.

Au-delà de la famille terrestre, et lorsque les liens en son sein sont assainis et les nœuds dénoués, il y a la **famille de Lumière** qui regroupe toutes les âmes incarnées sur la Terre ayant fait définitivement le choix du service au Plan Divin.

Cette famille de Lumière s'accroît à chaque instant tant l'éveil des âmes actuellement est grand. Les êtres de cette grande famille de Lumière se rassemblent en **communautés de Lumière** qui se créent doucement en

France et en différents endroits de la planète. Les êtres humains s'y retrouvent par la Loi Divine de l'attraction et l'affinité car à ce stade vibratoire, une bonne partie des karmas sont purgés et la réciprocité des effets, lorsqu'elle existe, joue donc davantage en faveur de retour positif.

Ces communautés de Lumière en sont seulement à leurs **balbutiements** car la troisième dimension est encore bien présente et de fait, celle-ci provoque des grincements dans les rouages de la cinquième dimension en passe de s'installer. »

Je percevais bien l'extrême importance du positionnement envers le Plan Divin et de l'émanation de l'amour depuis le cœur des êtres en allégeance au Plan Divin.

« Chaque être humain éveillé et connecté à la Lumière est une **perle irremplaçable** du cercle Divin sacré installé sur la Terre. Chacun des êtres connectés à la Lumière a son rôle d'éveilleur de l'humanité.

Je le redis, lorsque **20 %** de l'humanité sera dans l'éveil et le service au Plan Divin, les communautés de Lumière pourront fonctionner, les tourments sur votre planète cesseront car l'amour sera si fort et si présent que tout ce qui n'est pas **Lumière Divine** sera sans impact sur vous. »

Une question me brûlait les lèvres et je balbutiai :

« Quel est le pourcentage d'êtres éveillés aujourd'hui au sein de l'humanité ? »

Avec un sourire empli de bonté et une immense douceur, mon Guide de Lumière murmura :

« En ce mois de décembre 2024, **18,2 %** de l'humanité a désormais fait le vœu sincère et irrévocable de servir Dieu.»

Chapitre 18

DE L'ARGENT À L'ÉTHÉRISATION DES CORPS ET DE LA PLANÈTE

Plongée dans la vision des familles terrestres travaillant à leur harmonie et celle de la famille des âmes de Lumière qui progressivement se rassemblaient par affinité au sein des différentes communautés de Lumière, je voyais partout la joie, la légèreté et l'entraide.

Songeuse, mon esprit fit un focus sur la vie matérielle et ma question surgit :

« Comment **assumer le quotidien matériel** dans cette troisième dimension encore présente sur notre planète, tout en restant dans un détachement matériel le plus grand possible afin d'avancer vers la cinquième dimension et la multi dimensionalité ? »

« Cette question est de toute importance car elle touche à la **grande transition** que vous vivez actuellement sur la Terre. La façon dont vous assurez votre quotidien dans la 3D est une merveilleuse école pour intégrer de plus en plus de Lumière en vos cellules et ainsi élever votre vibration progressivement jusqu'à la cinquième dimension et la multi dimensionalité. »

« Pouvons-nous encore gagner de l'argent sans cautionner le système des valeurs inversées mis en place par les forces de l'ombre partout sur la Terre ? »

« Oui, sans aucun doute, vous avez encore le droit de *gagner votre vie,* comme vous le dites ! Les choses se mettent en place *doucement et sûrement* et J'aime utiliser cet adage des humains qui reflète bien le processus de maturation de votre société matérialiste vers un mode de fonctionnement davantage tourné vers la solidarité, l'entraide et l'ouverture du cœur. »

Les idées et les concepts qui germent et prennent forme dans la matière au sein des groupes d'êtres éveillés se bousculaient en moi.

Mon Guide de Lumière fit descendre sa Lumière bleu cobalt et s'exprima :

« L'art va consister pour chacun d'entre vous à poursuivre son travail – ou d'ailleurs à en changer s'il ne correspond plus à l'aspiration de son âme – et ainsi à continuer à recevoir une rémunération en contrepartie de ce travail, sans pour autant s'accrocher à cet argent ni chercher à thésauriser toujours plus. En considérant cette rémunération comme la façon de subvenir à vos besoins et à ceux de votre famille, il n'y a pas d'attachement matériel. A côté de cela, vous pouvez vous adonner de plus en plus à **l'échange de services** entre vous, chacun offrant ce qu'il sait faire. C'est le troc qui, lorsqu'il devient vraiment désintéressé – chacun offrant réellement le meilleur de ce qu'il peut offrir– devient le **troc Divin**. Ainsi, lorsque vous pratiquez le troc Divin, vous élevez votre propre vibration et vous permettez, par effet ricochet, à l'onde Christique qui émane de vous de toucher l'entourage puis l'humanité. La vibration des âmes s'élève alors faisant monter la vibration globale de l'humanité jusqu'à atteindre à un moment donné la cinquième dimension ! »

« Est-ce qu'alors les communautés de Lumière pourront fonctionner en totale harmonie ? »

« Oui assurément ! Lorsque les êtres humains auront fait grandir encore davantage **leur lâcher-prise et leur confiance en le Plan Divin jusqu'à ce que la confiance devienne absolue**, toute peur de manquer disparaitra car l'être incarné en confiance absolue en le Plan Divin sait en permanence en son cœur que **l'abondance** sera mise sur son chemin s'il agit en allégeance à Dieu. »

Immédiatement me revenaient les mots de mon Guide de Lumière : *« Nous sommes la tête et vous êtes les jambes ! »*

« Exactement ! s'exclama Christ'Al Shaya en éclatant de rire. Ceci ne signifie en rien que vous perdez votre liberté ou que vous devez vous comporter comme des esclaves, non ! Cela veut simplement dire que votre positionnement intérieur au service du Plan Divin est primordial et qu'une fois installé, entretenu par la prière et concrétisé par vos pensées, vos paroles et vos actions, vous n'avez plus à consommer votre énergie pour réfléchir ; vous avez tout simplement à suivre votre guidance qui vous conduit au meilleur endroit, à la meilleure situation entrainant le meilleur dénouement heureux pour votre plus grand bonheur. »

« Ce fameux lâcher-prise ! » ponctuai-je joyeusement.

D'un sourire malicieux, mon guide de Lumière reprit :

« **Le lâcher-prise est réellement la clef centrale, le sésame qui ouvre toutes les portes**. Même si vous êtes très intelligent, votre mental ne connait ni les tenants ni les aboutissants des situations de vie, des karmas, des liens d'affinité, des mandats d'âme. Vous en ressentez une partie de la teneur par votre intuition, votre analyse et votre synthèse, le reste vous échappe et cela est normal, là où vous êtes sur votre chemin d'ascension. Le rôle de votre guidance est justement de vous emmener au sommet de votre chemin de Lumière.

Plus le mental lâche, – c'est-à-dire moins vous vous posez de questions sur qui, quand, quoi, où, comment – plus les freins du mental s'effacent, et **plus votre avancée sur votre route de Lumière est facile, paisible, rapide et joyeuse.**

Lorsque la **confiance absolue en le Plan Divin** est là, vous ne vous posez plus de questions du tout car vous savez que **l'Amour Divin vous conduit vers le bonheur,** même et surtout si cela passe par des initiations de vie à valider au quotidien *(revoir Tome2, chapitre 6).* »

« Le lâcher-prise dans la confiance absolue que le Plan Divin pourvoira à tous nos besoins si nous agissons dans le cœur Christique », ajoutai-je avec joie.

« CQFD ! renchérit allègrement mon Guide de Lumière. Ce qu'il fallait démontrer ! Voilà nous y sommes, tout est dit. Toute action généreuse au service du Plan Divin attire en retour une cascade de récompenses Divines. Cette action généreuse est faite **avec le cœur**, sans calcul. Elle peut être gratuite ou se voir récompenser sur le plan terrestre par de l'argent. Peu importe, **pourvu qu'elle vienne du cœur**. L'argent donné par la personne qui reçoit le service est une marque de reconnaissance et peut aider l'être qui a agi à pourvoir aux besoins de sa famille, tout est juste !

De quoi un être incarné sur Terre en allégeance à Dieu pourrait-il manquer ? L'abondance emplira sa vie. Oh pas forcément l'immense richesse matérielle – bien qu'elle ne soit pas un obstacle à l'ascension si elle est gérée à bon escient – plutôt **l'abondance au quotidien dans tous les domaines de la vie**. N'est-ce pas cela **l'essentiel pour être heureux** ? »

« Quelles sont les orientations qui conduiraient à une **gestion de la richesse matérielle à bon escient** ? » demandai-je.

« Les êtres humains connectés à la Lumière et qui jouissent d'une aisance matérielle peuvent investir dans de jeunes entreprises porteuses d'un projet noble et servant le bien commun ou encore placer leur argent dans le sens d'une aide à la construction de logements sains et dignes, de mise en relation de l'humain des villes avec la nature, dans des associations saines d'aide à l'éducation éclairée de la jeunesse. Surtout, ils peuvent investir dans les communautés de Lumière débutantes afin de permettre au projet d'éclore. »

Je mesurais ô combien il devenait crucial de faire des **choix courageux dans notre positionnement entier et absolu pour la Lumière.**

« Et le **lâcher-prise** en est le numéro un ! ponctua malicieusement Christ'Al Shaya. Arrive ensuite **l'assainissement de vos relations** en famille, en couple, entre amis, entre collègues, entre voisins et connaissances, entre êtres humains inconnus afin de permettre aux communautés de Lumière d'éclore partout sur la planète ! L'on peut parler d'un rodage pour vous actuellement en ce sens qu'**en fluidifiant tous les nœuds existant encore dans vos relations**, vous vous entrainez efficacement à votre future vie dans les **communautés de Lumière**. Et dans ces communautés de Lumière, la **fluidité** sera le maître-mot et très vite s'installera la **télépathie** avec transparence incontournable. » *(Tome 3, chapitres 11 et 12)*

Je me plongeai dans la vision d'une humanité vivant en télépathie dans la 5D, puis la multi dimensionalité et le parallèle avec la société actuelle était très contrastant. J'imaginais l'imbroglio qui existerait actuellement si les personnes étaient télépathes, détectant quasi en continu le hiatus entre la vraie pensée de l'interlocuteur et sa parole exprimée. Toutes les pensées cachées et les jugements seraient visibles comme le nez au milieu de la figure. Un bref instant de découragement m'envahit et je me ressaisis aussitôt.

« Plus vous élevez votre vibration, enchaina avec force mon Guide de Lumière, plus vous aidez les êtres encore endormis à s'éveiller pour vivre le déclic de l'âme. Ainsi la vibration globale de l'humanité monte, rendant alors progressivement possibles, solides et durables les communautés de Lumière.

Avec les mots du cœur qui parlent à l'âme, Je vous le répète encore : lorsque **20 %** de l'humanité se seront éveillés avec un positionnement au service du Plan Divin solide comme le roc, alors la cinquième dimension pourra s'installer de façon pérenne et diffuse sur la planète. Les communautés de Lumière pourront fonctionner en paix et dans l'amour du cœur Christique. »

Je souhaitais des précisions sur ce processus qui allait permettre cette transition d'une dimension à l'autre.

« En vue de l'ascension vers la Lumière, le corps des êtres humains connectés à l'énergie Divine va progressivement s'éthériser ; de même, la planète Terre va également s'éthériser. » me dit Christ'Al Shaya tout en m'infusant de son rayon bleu cobalt.

Je ressentais déjà profondément ces changements vibratoires au sein du corps physique et de l'aura.

Mon Guide de Lumière poursuivit :

« Ce processus d'allègement de la densité ou éthérisation se fera progressivement. Il a déjà **débuté** pour nombre d'artisans de Lumière sur votre planète ; il est plus **avancé** pour certains êtres humains aujourd'hui très éveillés et qui œuvrent déjà en cinquième dimension, voire davantage, pour une partie de leurs pensées, de leurs paroles et de leurs actes. Ce processus d'allègement n'a pas encore commencé pour les êtres humains encore endormis bien que porteurs du germe Christique. »

Saisissant mon désir d'apporter le maximum d'éclaircissements aux lecteurs, Christ'Al Shaya démarra une longue explication sur ce processus concret d'**éthérisation de la matière** :

« Ce sujet est très important. L'éthérisation est un processus qui s'installe progressivement chez l'être humain bien incarné sur Terre, c'est-à-dire acceptant pleinement son incarnation et heureux de remplir sa mission d'âme. »

Je me rappelais immédiatement la première partie du mandat d'incarnation, **commune** à tout être humain et qui consiste à lever le voile de l'oubli, à soigner les blessures de son âme et à apprendre à s'aimer pour pouvoir aimer les autres. Puis alors seulement venait la seconde partie du mandat **propre** à chacun selon ses choix d'âme et ses dons. *(Tome 4, chapitre 1).*

« Effectivement, l'acceptation pleine et totale de l'incarnation sur la Terre est la première condition qui permette la réalisation du mandat d'âme. C'est la condition incontournable au processus de **l'ascension qui passe par l'éthérisation progressive du corps physique**. »

Christ'Al Shaya marqua une pause et reprit :

« Lorsque l'artisan de Lumière incarné sur la Terre élève sa vibration par son ancrage quotidien à la Terre, par sa prière sincère et par la guérison de ses blessures de l'âme, l'**amour** grandit en lui et, selon la logique Divine du **triangle or Divin sacré**, cet amour présent en son cœur Christique englobe l'amour à soi-même, l'amour de l'autre puis l'amour inconditionnel *(Tome 3, Chapitre 8)*.

L'**amour universel inconditionnel est un feu solaire** qui brûle les scories devenues inutiles dans l'aura et qui sont donc prêtes à être évacuées à l'extérieur du corps. »

L'évocation du feu solaire connecta soudain mon âme à Jeshua et mon Guide de Lumière renchérit :

« Oui ! Cela est juste ! Le feu solaire de l'amour inconditionnel a littéralement embrasé le cœur de Jeshua, dit Jésus lors de sa vie chez les esséniens. Lorsque Jeshua, mon cousin bien-aimé, est devenu Christ, son **aura tout entière** était un **feu solaire** ! »

Une mélancolie s'empara de moi, me rappelant la fin de la vie terrestre de Jeshua, condamné par les hommes pour leur avoir enseigné comment aimer. Par son rayon de Lumière bleu cobalt, Christ'Al Shaya m'invita à me recentrer dans mon cœur, évacuant ainsi toute tristesse inutile, et à me focaliser sur l'exemple à suivre que représente Jeshua pour tous les humains de la Terre. Il me montra que pour voir l'humanité et la planète un jour ascensionner, il suffisait de suivre **au quotidien** de notre vie l'exemple de Jeshua, vivre **à son image**, le placer chaque jour comme **modèle** dans nos pensées, nos paroles et nos actions.

Christ'Al Shaya revint à l'être humain artisan de Lumière :

« Plus la vibration de l'âme de l'être incarné monte, plus **ce feu solaire de l'amour inconditionnel** est autorisé à envahir ses corps énergétiques et son corps physique. Ce feu solaire allège alors la densité du corps de matière, avec pour conséquence une **diminution de la quantité de carbone** du corps, au profit d'une **quantité croissante de cristal** en son aura. La montée vibratoire de l'âme de l'être incarné permet l'installation chez cet être d'une nouvelle **architecture cristalline**. »

Ce phénomène m'était devenu familier et j'invitai mon Guide de Lumière à poursuivre.

« Cette nouvelle architecture cristalline de l'être pleinement relié au Divin permet aux particules cristallines nombreuses dans l'atmosphère en cette époque de se fixer le long de la colonne vertébrale de l'être humain puis dans son système nerveux, sa glande pinéale et son thymus, puis également dans les autres glandes, dans le système circulatoire sanguin et lymphatique et enfin dans les différents organes, en particulier le cœur. »

Je visualisais ce corps cristallin quand Christ'Al Shaya ajouta :

« Le cristal est pur ; il est solide comme la roche et il est extrêmement conducteur de l'onde de Lumière Divine.

Cette nouvelle architecture cristalline de l'être humain connecté à la Lumière favorise grandement la télépathie ! »

J'eus un déclic ! Je captai soudain le lien entre la pureté du cristal parfaitement conducteur d'une part et l'authenticité vraie de la pensée transmise et reçue à travers ces cellules cristallines, d'autre part. J'assimilai alors la **pureté et la clarté du cristal minéral** à **la transparence authentique des pensées nées dans le cœur** et émises par le système nerveux cristal.

« Oui c'est cela ! s'exclama Christ'Al Shaya. La télépathie ou authenticité absolue de la communication entre deux êtres vivants est l'équivalent de la conduction pure et transparente à travers le cristal. L'onde Divine circule d'un être humain à un autre être humain connecté à la Lumière de la même façon totalement fluide que la Lumière traverse le cristal qui la transmet et la répercute à l'identique. »

Ma conscience s'expansa vers le Cosmos. J'y voyais l'être humain avec son architecture de plus en plus cristalline accompagner l'éthérisation de la planète Terre qui, par le même phénomène et dit d'une façon imagée, se rapprochait du Ciel.

Mon guide de Lumière conclut :

« Dans cet univers cristallin de pureté, **l'infiniment grand du Cosmos** est intimement lié à **l'infiniment petit de l'ADN** de la cellule et le **ciment scellant cette union dans l'unité, c'est l'amour inconditionnel.** »

Chapitre 19

QUÊTE DE L'INFINI PAR LES SONS ET LA LUMIÈRE. LES CENTRES DE SANTÉ

L'avenir proche était prometteur, pourvu que **l'éveil** touche encore davantage d'êtres humains et qu'une **résistance active pacifique** s'installe chez tous les éveillés, ceci de façon à renverser la vapeur de ce train de la gouvernance maléfique actuelle de la planète et revenir ainsi sur le vrai chemin Christique de l'ascension, voie strictement alignée aux Lois Divines, avec éthérisation de la Terre et de l'humanité.

J'aimais tant ce terme de résistance active pacifique !

« Oui **la clef de la sauvegarde de l'humanité** passe par ce stade de l'ouverture de conscience des êtres humains afin que suite à leur positionnement entier au Plan Divin, ils **refusent de cautionner tout ce qui n'obéit pas au Plan Divin**, ceci en manifestant leur positionnement – dans le discernement – par un refus général d'obtempérer aux ordres, lois humaines et injonctions qui ne servent pas le bien commun. Lorsque cette résistance active **pacifique** sera partagée par les corps de **la police et de la gendarmerie**, à ce moment-là, surviendra la bascule vers le monde de la beauté, aidée par les **nouveaux leaders et meneurs éveillés** de la génération montante qui vont bientôt pouvoir prendre les commandes de certains pays de la planète. »

Mon cœur était léger ! Entrevoir ce nouveau monde me mettait en joie !

« De ton côté, poursuivit mon Guide de Lumière, il sera bientôt le moment de dispenser les **cures de santé** de **médecine naturelle spirituelle** aux êtres qui le souhaitent et en ont besoin. Dans ce but, tu ouvriras avec ton compagnon de complément Divin des centres de santé dans différents pays, proposant des cures de santé holistique sur cinq jours. Tous les aspects de la santé holistique y seront abordés, depuis le corps physique, le corps émotionnel, le corps mental, le corps karmique et les corps de Lumière de l'âme. »

Je réalisais ô combien le vécu riche d'expériences apportant maturité et sagesse de toutes ces dernières années à l'école du Ciel dans l'incarnation de ma vie sur Terre me préparait à ce mandat de soins du corps, du cœur et de l'âme !

« Tu es prête maintenant ! Tu es emplie de sagesse. La compassion et l'humilité habitent ton cœur. La synthèse de toutes tes connaissances de soins t'offre une fondation solide. L'aide Divine dans sa puissance se déploie pleinement à travers ton canal de Lumière. »

Je restai silencieuse, consciente de la responsabilité qui sera la mienne.

« Ne crains rien, me dit Christ'Al Shaya d'un ton chaleureux et confiant. Tu es aidée, tu seras constamment guidée ! »

Des volutes de Lumière jaune d'or, rouge sublime et violet profond tournoyaient autour de moi et m'enveloppaient d'une paix profonde.

« Tant que tu resteras dans ton alignement au Plan Divin, tu baigneras dans Notre amour, cet amour puissant qui descend depuis ce royaume d'où Je te parle, communément nommé Le Paradis.

Selon les groupes constitués lors des cures de soins, selon les types de pathologies et les soins vibratoires adéquats, tu recevras l'énergie thérapeutique d'amour du Paradis de différents maîtres ascensionnés : Marie, Marie-Madeleine/Lady Nada, Jeshua /Sananda, Anna/Lady Portia, Saint Germain, El Morya et moi-même Jean le Baptiste/Christ'Al Shaya.

Tes mots et tes gestes seront guidés.

Les remèdes naturels seront en synergie vibratoire avec **l'essence de vie** des plantes, des minéraux, des animaux, ceci par tes connexions à ces différents règnes vivants lors de tes vies pré-Inca, de Haute-Egypte, également sur les terres sacrées d'Angleterre, ainsi que par ta reliance à La Lémurie de l'Intra-Terre, Vénus, Les Pléiades, Arcturius, Sirius et le Paradis. La puissance d'action des remèdes naturels le plus souvent à l'état vibratoire, l'impact énergétique du toucher par tes mains et par le rayon issu de ton cœur, ton troisième œil et ton hara seront guidés, nourris, enrichis par Nous Tous, êtres de Lumière de La Lémurie, de Vénus, des Pléiades, d'Arcturius, de Sirius et du Paradis.

En ton canal, en plus des mots guérisseurs, descendront les sons guérisseurs canalisés diffusés par les Hathors et par Nous, maîtres ascensionnés du Paradis.

L'action guérisseuse de la Lumière blanche Divine étincelante à travers ton canal, associée à la compassion et à l'humilité de ton cœur, se fera en touchant le cœur et l'âme des êtres humains de bon vouloir dont le cri sincère de l'âme appelle la guérison. Les soins vibratoires se feront à la fois de façon individuelle et collective. Tu canaliseras Mon enseignement ainsi que Mes soins vibratoires qui, **associés** à ta propre vibration d'âme, seront hautement guérisseurs pour les êtres sincèrement réceptifs. Tu canaliseras aussi les autres maîtres ascensionnés cités lorsque le groupe réuni autour de vous le justifiera.

Les soins guérisseurs durant les cures de santé se vivront dans **la joie et la bonne humeur**. Ton compagnon de complément Divin dispensera également des soins énergétiques et coanimera avec toi des chants sacrés, des moments de détente avec danse, des exercices physiques, du yoga, du Qi Gong, des conseils en hygiène alimentaire, de la méditation, l'ancrage et la connexion intense à la nature.

Entraide, solidarité, bienveillance, non jugement et joie seront au rendez-vous.

Votre amour de couple parèdre, **de complément Divin** rayonnera et **sera à lui seul un soin guérisseur** puissant pour les êtres humains qui vous côtoieront.

Moi, Christ'Al Shaya, ton Guide de Lumière heureux de notre duo Ciel/Terre et Terre/Ciel, t'accompagnerai de mon amour inconditionnel à chaque instant jusqu'à ce que nous nous retrouvions -si tu as, vous avez, suivi le juste chemin chaque jour - ici au Paradis où Je suis !

J'étais en totale gratitude, infiniment reconnaissante de l'aide Divine du Ciel et de la Terre. Je me sentais comblée et ma foi en Dieu illuminait ma vie, balayant d'un revers de main toutes les interrogations d'ordre pratique.

« *Quête de l'infini par les sons et la Lumière* ! reprit Christ'Al Shaya, n'est-ce pas le but de tout être incarné sur la Terre et en chemin vers l'ascension ? »

Tandis que je méditais sur ces paroles sages, Christ'Al Shaya fit un rappel, une synthèse ultime pour le lecteur :

« A l'origine, l'âme créée par Dieu est parfaite. L'amour incommensurable de Dieu Divin Père Mère offre à chaque âme l'expérience unique de quitter la source Divine première afin d'effectuer librement ses propres pérégrinations au sein du Cosmos, en différentes vies sur les étoiles et/ou sur la Terre Mère. La liberté de l'âme est **totale**. Cependant toutes ses pensées, ses paroles et ses actions sont soumises aux Lois Divines qui régissent implacablement l'Univers. Ainsi se dessinent le karma, les enrichissements expérienciels suite aux différents vécus en allégeance ou non au Divin.

Dieu Divin Père Mère aide l'âme en l'accompagnant sur le chemin de l'ascension par la guidance du Ciel et les initiations proposées par l'Univers au fil de sa vie quotidienne et facilite ainsi le retour ultime à la maison du Père, c'est-à-dire au Paradis.

Et vous savez désormais que l'âme atteint le **Paradis** au terme de ses pérégrinations dans le Cosmos, lorsque l'être vit **l'illumination**, c'est-à-dire l'alchimie de la Lumière Divine dans chacune de ses cellules, installant **l'état de Christ**. »

La sagesse et l'amour inconditionnel Divins m'enveloppaient, me pénétraient.

Le cheminement de l'âme dans le Cosmos m'apparaissait fabuleux, palpitant et Divinement merveilleux ! L'humanité tout entière était concernée par cette progression sur le chemin de l'ascension vers le Paradis et j'entrevoyais avec joie tous ces réseaux d'aide lumineuse qui déjà se développaient partout et de plus en plus sur la Terre, parcourus par l'onde de l'amour inconditionnel.

« Oui, l'élan est là ! L'humanité se réveille !

Votre contribution, en tant que couple de complément Divin, à cette grande aventure humaine du retour à la maison du Père, offerte par le Plan Divin à l'humanité, s'effectuera au travers des livres ***Quête de l'infini par les sons et la Lumière*** publiés en langues française, anglaise, espagnole, italienne, russe, portugaise, roumaine et plus, ainsi que par les activités d'enseignement *Infinity Quest*. Elle se matérialisera plus concrètement par l'aide à purifier l'aura et à avancer sur le chemin de la guérison des corps et de l'âme, aide délivrée au cours des **cures de santé holistique** en médecine naturelle spirituelle. Elle se manifestera enfin et surtout par votre **rayonnement d'amour de couple parèdre**. »

Responsabilité, joie, gratitude, bienveillance, amour et compassion s'unissaient en mon cœur.

« Vous serez aidés, accompagnés, soutenus, aimés et remerciés !

Allez de l'avant et vivez cette aventure humaine dans l'amour du cœur et la sagesse de la conscience ! »

Épilogue

Que les mots du cœur qui parlent à l'âme dans ce livre *La Trahison* invitent chaque lecteur à suivre la voie de son cœur, cette voie pure, exempte de parasite mental, éclairée par le discernement sage en conscience et sans complaisance. La voie du cœur guérit tout et conduit à la réalisation de qui l'on est vraiment. Elle permet l'accomplissement du mandat de l'âme.

A la lecture attentive de ces lignes par l'être de bon vouloir et sincère, s'effectue un soin vibratoire qui installe des guérisons émotionnelles, mentales, karmiques.

Comme pour les trois premiers tomes, une relecture permettra une meilleure intégration et une plus grande intensité du soin vibratoire reçu, pénétrant de plus en plus profondément vos corps physique et énergétiques.

Avec joie, je vous donne rendez-vous prochainement, dès que cela sera possible dans la réalité de la matière terrestre, pour les cures de santé de médecine naturelle spirituelle et ultérieurement, pour le cinquième et dernier tome de cette série *Quête de l'infini par les sons et la Lumière*, d'ores et déjà intitulé *L'Accomplissement*.

Que la sublime Lumière blanche Divine descende sur chacune et chacun de nous !

Que la **puissance** et la **beauté** de la **sublime Lumière blanche Divine** nous propulsent à notre vraie place, en déploiement de notre **plus haut potentiel**, dans **l'humilité** la plus totale !

Une cascade de Lumière blanche Divine fit alors danser les mots de mon Guide de Lumière :

« Soyez toutes et tous profondément **remerciés** de ce travail de **purification** et de **guérison** qui se fait sur vous à travers la lecture attentive avec le **cœur**, des **mots du cœur qui parlent à l'âme** écrits dans ces livres !

Je vous aide et Je vous aime ! »

Merci à vous tous, chers amis lecteurs, pour votre fidélité à la série *Quête de l'infini par les sons et la Lumière* !

TOME 4 : LA TRAHISON

Avec joie, je vous donne rendez-vous sur nos différentes plateformes et réseaux sociaux :

Site web : www.infinity-quest.com

ChaîneYouTube InfinityQuest :
https://www.youtube.com/@infinityquest

- pour consulter la newsletter mensuelle du maître Christ'Al Shaya reçue en canalisation,

- pour recevoir l'actualité sur les livres, en particulier le cinquième tome à venir,

- pour participer aux diverses méditations collectives,

- pour être informés de l'évolution des futurs centres de santé.

TOUS UNIS PAR LE LIEN DU CŒUR :

AMOUR, PAIX ET LUMIÈRE !

Table des matières

Préface 5

Chapitre 1 7

   Le mandat de l'âme ou mission de vie 7

Chapitre 2 35

   Les pathologies psychiatriques 35

Chapitre 3 69

   Alternatives thérapeutiques pour les pathologies psychiatriques 69

Chapitre 4 131

   Strate de lumière orange or lumineux d'Arcturius 131

Chapitre 5 149

   Les trois vagues de turbulences énergétiques. Les maladies neurologiques 149

Chapitre 6 165

   L'Agartha, monde de la Lémurie 165

Chapitre 7 183

   Les zones d'énergie négative en Intra-Terre. Les faux prophètes. 183

Chapitre 8 197

   La méditation et la prière 197

   L'avenir de la Terre 197

   La Kundalini et Les couples 197

Chapitre 9 223
   Les désorientations sexuelles 223

Chapitre 10 259
   Ascension planétaire ou apocalypse ? 259

Chapitre 11 277
   La Russie et le Moyen-Orient 277

Chapitre 12 287
   Le Royaume de mille ans 287

Chapitre 13 305
   Sirius 305

Chapitre 14 317
   Le Manoir du Graal et la Très Haute Sphère Divine 317

Chapitre 15 323
   Le handicap 323

Chapitre 16 331
   Le suicide 331

Chapitre 17 343
   Famille terrestre et famille d'âmes de Lumière 343

Chapitre 18 357
   De l'argent à l'éthérisation des corps et de la planète................357

Chapitre 19 368
   Quête de l'infini par les sons et la Lumière. Les centres de santé
.... 368

Épilogue 375

Table des Illustrations

Illustration A : La connexion d'un être humain aux différentes nébuleuses ou égrégores 14
Illustration B : Le triangle satanique de l'ombre et le triangle or Divin de la Lumière 16
Illustration C : La croix de vie à deux branches égales et symétriques et le karma 20
Illustration D : Strates de l'Au-delà avec élévation progressive de la vibration depuis la Terre jusqu'au Paradis 141
Illustration E : Sirius reliant le Royaume de mille ans d'Arcturius au Paradis 315
Illustration F : L'Arche d'Alliance reliant la Terre au Paradis et les Arches de Lumière unissant le Paradis au Manoir du Graal et le Manoir du Graal à la Très Haute Sphère Divine .. 319

Remerciements

QUÊTE DE L'INFINI PAR LES SONS ET LA LUMIÈRE

J'exprime ma profonde gratitude
au maître Christ'Al Shaya de la Fraternité Dorée pour
Son amour incommensurable,
Sa Protection merveilleuse
Sa Sagesse immense et
Son Accompagnement Divin au quotidien.

TOME 4 : LA TRAHISON

Merci à mon compagnon

pour notre couple de complément Divin

béni par Marie !

Que notre amour rayonne autour de nous

chaque jour de notre vie !

Merci à mes quatre enfants

pour leur beauté d'âme

et leur quête de l'infini par les sons et la Lumière.

Merci aussi à Delphine

pour l'aide informatique précieuse à la mise en page

et à la qualité de la couverture.

Ouvrages de l'auteure déjà parus :

Quête de l'infini par les sons et la Lumière, Tome 1, La Réparation

Quête de l'infini par les sons et la Lumière, Tome 2, L'Immersion

Quête de l'infini par les sons et la Lumière, Tome 3, La Beauté

Livre traduit en langue anglaise :

Infinity Quest with sounds and Light, first volume, Redressing

Pour accéder à des informations complémentaires, rendez-vous sur le site : www.infinity-quest.com

Édition : BoD · Books on Demand GmbH, In de Tarpen 42,
22848 Norderstedt (Allemagne)
Impression : Libri Plureos GmbH, Friedensallee 273,
22763 Hamburg (Allemagne)

Dépôt légal : **Décembre 2024**